高等职业教育"广告和艺术设计"专业系列教材
广告企业、艺术设计公司系列培训教材

广告公司
工作流程与管理

鲁彦娟　主　编
王洪瑞　谷　雨　副主编

G

GUANGGAO GONGSI
GONGZUO LIUCHENG YU GUANLI

清华大学出版社
北　京

内 容 简 介

　　本书结合广告行业发展的新形势和新特点，针对广告公司对职员的专业素质的实际需求，借鉴4A级广告公司的实战管理案例，按照广告公司运作和管理的基本规律与流程，系统介绍广告公司的组织结构、职能部门、工作流程、客户管理、主要类别、工作计划、组织与管理、人力资源管理、广告法律法规等基本知识，并通过实际案例解析，启发学生开拓思路，提高广告企业从业者和学生的认知水平与综合应用能力。

　　由于本书具有理论适中、知识系统、案例鲜活、通俗易懂、贴近实际等特点，并依据广告职业能力的需求，注重课堂教学与实际应用的紧密结合，因此本书既适合于专升本及高职高专院校广告艺术设计和经济管理等专业的教学，也可以作为广告公司从业者的职业教育与岗位培训教材，对于广大社会读者来说也是一本非常有益的读物。

图书在版编目(CIP)数据

广告公司工作流程与管理/鲁彦娟主编；王洪瑞，谷雨副主编. --北京：清华大学出版社，2011.7

(高等职业教育"广告和艺术设计"专业系列教材)

(广告企业、艺术设计公司系列培训教材)

ISBN 978-7-302-25833-9

Ⅰ.①广…　Ⅱ.①鲁…②王…③谷…　Ⅲ.①广告公司—企业管理—高等职业教育—教材

Ⅳ.①F713.8

中国版本图书馆CIP数据核字(2011)第100463号

责任编辑：章忆文　陈立静
装帧设计：山鹰工作室
责任校对：周剑云
责任印制：王秀菊
出版发行：清华大学出版社　　　　　　　　　　地　　　址：北京清华大学学研大厦 A 座
　　　　　http://www.tup.com.cn　　　　　　邮　　　编：100084
　　　　　社　总　机：010-62770175　　　　　邮　　　购：010-62786544
　　　　　投稿与读者服务：010-62776969,c-service@tup.tsinghua.edu.cn
　　　　　质 量 反 馈：010-62772015,zhiliang@tup.tsinghua.edu.cn
印 刷 者：北京鑫丰华彩印有限公司
装 订 者：三河市新茂装订有限公司
经　　销：全国新华书店
开　　本：190×260　印　张：18.5　字　数：438 千字
版　　次：2011 年 7 月第 1 版　　印　　次：2011 年 7 月第 1 次印刷
印　　数：1～4000
定　　价：42.00 元

产品编号：042231-01

随着我国改革开放进程的加快和市场经济的快速发展，各类广告经营业也在迅速发展。1979年中国广告业从零开始，经历了起步、快速发展、高速增长等阶段。2006年全年广告经营额达2450亿元人民币，比上年增长20%以上；2007年全国广告市场经营额为3500亿元人民币，比上年又大幅度地增长了40%；全国广告经营单位143129户，比上年增长了14%；全国广告从业人员超过100万人，比上年增长了10.6%。

商品促销离不开广告，企业形象也需要广告宣传，市场经济发展与广告业密不可分；广告不仅是国民经济发展的"晴雨表"，也是社会精神文明建设的"风向标"，还是构建社会主义和谐社会的"助推器"。广告作为文化创意产业的关键支撑，在国际商务交往、丰富社会生活、推动民族品牌创建、促进经济发展、拉动内需、解决就业、构建和谐社会、弘扬古老中华文化等方面发挥着越来越大的作用，已经成为服务我国经济发展的重要的"朝阳"产业，在我国经济发展中占有极其重要的位置。

当前，随着世界经济的高度融合和中国经济国际化的发展趋势，我国广告设计业正面临着全球广告市场的激烈竞争。随着发达国家的广告设计观念、产品、营销方式、运营方式、管理手段及新媒体和网络广告的出现等巨大变化，我国广告从业者急需更新观念，提高技术应用能力与服务水平，提升业务质量与专业素质，广告行业和企业也在呼唤"有知识、懂管理、会操作、能执行"的专业实用型人才。因此，加强广告经营管理模式的创新、加速广告经营管理专业技能型人才培养已成为当前亟待解决的问题。

由于历史原因，我国广告业起步晚，但是发展却非常快。由于目前在广告行业中受过正规专业教育的人员不足2%，因此使得中国广告公司及广告实际作品难以在世界上拔得头筹。根据中国广告协会学术委员会对北京、上海、广州三个城市不同类型广告公司的调查表明，在限制广告业发展的各方面综合指标排行中，缺乏广告专业人才居首位，占77.9%。人才问题已经成为制约中国广告事业发展的重要瓶颈。

针对我国高等职业教育"广告和艺术设计"专业知识老化、教材陈旧、重理论轻实践、缺乏实际操作技能训练等问题，为适应社会就业急需和满足日益增长的广告市场需求，我们组织多年在一线从事广告和艺术设计教学与创作实践活动的国内知名专家教授及广告设计公司的业务骨干共同精心编撰本套教材，旨在迅速提高大学生和广告设计从业者的专业素质，更好地服务于我国已经形成规模化发展的广告事业。

本套系列教材定位于高等职业教育"广告和艺术设计"专业，兼顾"广告设计"企业职业岗位培训；适用于广告、艺术设计、环境艺术设计、会展、市场营销、工商管理等专业。本套系列教材包括：《广告学概论》、《广告策划与实务》、《广告文案》、《广告心理学》、《广告设计》、《包装设计》、《书籍装帧设计》、《广告设计软件综合运用》、《字体与版式设计》、《企业形象（CI）设计》、《广告道德与法规》、《广告摄影》、《数码摄影》、《广告图形创意与表现》、《中外美术鉴赏》、《色彩》、《素描》、《色彩构成及应用》、《平面构成及应用》、《立体构成及应用》、《广告公司工作流程与管理》、《动漫基础》等24本书。

　　本套系列教材作为高等职业教育"广告和艺术设计"专业的特色教材，坚持以科学发展观为统领，力求严谨，注重与时俱进；在吸收国内外广告和艺术设计界权威专家学者最新科研成果的基础上，融入了广告设计运营与管理的最新教学理念；依照广告设计活动的基本过程和规律，根据广告业发展的新形势和新特点，全面贯彻国家新近颁布实施的广告法律法规和广告业管理规定；按照广告企业对用人的需求模式，结合解决学生就业、加强职业教育的实际要求；注重校企结合，贴近行业企业业务实际，强化理论与实践的紧密结合；注重管理方法、运作能力、实践技能与岗位应用的培养训练，采取通过实证案例解析与知识讲解的写法；严守统一的创新型格式化体例设计，并注重教学内容和教材结构的创新。

　　本系列教材的出版，对帮助学生尽快熟悉广告设计操作规程与业务管理，对帮助学生毕业后能够顺利走上社会就业具有特殊意义。

编委会

Editors

编委会

广告业作为文化创意产业的关键支撑，在国际商务交往、商品展示交易、经济技术合作、投资融资、丰富社会生活、推动民族品牌创建、促进经济发展、拉动内需、解决就业、构建和谐社会、弘扬古老中华文化等方面发挥着越来越大的作用，已经成为服务我国经济发展的重要的"朝阳产业"，在我国经济发展中占有极其重要的位置。

随着经济全球化的快速发展，国际广告业的市场竞争日趋激烈，加强广告公司工作流程的科学化、规范化，加强广告公司管理的不断创新，加速广告公司运营操作与管理专业人才的培养，已成为当前亟待解决的问题。

为了满足广告业迅速发展的市场需求，培养广告行业急需的高素质、高技能应用型人才，我们组织多年在一线从事广告公司工作流程与管理教学及实践活动的专家教授，共同精心编撰了此教材，旨在迅速提高广告设计专业学生及广告企业从业者的专业素质和工作技能，更好地服务于我国广告事业。

本书作为高职高专广告和艺术设计专业的特色教材，坚持以科学发展观为统领，在借鉴国内外优秀教材的基础上，强调将广告公司工作流程与管理的基础理论教学与实践应用相互融合，按照广告公司工作流程与管理应遵循的原则，注重开发学生的创新思维，同时注重训练和培养学生的动手能力。此教材的出版，对帮助学生尽快熟悉广告公司工作流程与管理操作规程、毕业后能够顺利就业具有特殊意义。

全书共分九章，以培养学习者的管理能力为目标，根据广告行业发展的新形势和新特点，结合著名国际广告公司的管理经验，按照广告公司运作与管理的基本规律和流程，系统介绍广告公司的组织结构、职能部门、工作流程、客户管理、主要类别、工作计划、组织与管理、人力资源管理、广告法律法规等基本知识，并通过实证案例解析来启发学生开拓思路，提高广告企业从业者和学生的认知水平与综合应用能力。

由于本书融入广告公司工作流程与管理的最新教学理念，力求严谨，注重与时俱进，具有理论适中、知识系统、案例鲜活、通俗易懂、贴近实际等特点，并从广告职业能力的需求出发，注重课堂教学与实际应用紧密结合，因此本书既适合于专升本及高职高专院校广告艺术设计及经济管理等专业的教学，也可作为广告企业从业者的职业教育与岗位培训教材，对于广大社会读者也是一本非常有益的读物。

本教材由李大军进行总体方案策划并具体组织，鲁彦娟主编并统稿，王洪瑞和谷雨为副主编，由具有丰富教学和实践经验的马继兴教授审定。作者编写分工为：谷雨(第一章、第二章)，鲁彦娟(第三章、第四章)，喜庆、许海钰(第五章)，王洪瑞(第六章、第九章)，范洁(第七章、各章导读案例)，佘怡宁(第八章、各章实训习题)，马瑞奇、周鹏、赵研(附录)。华燕萍负责全书修改和版式整理，李晓新负责本教材课件的制作。

在编著过程中，我们翻阅和参考了大量国内外有关广告公司工作流程与管理方面的书刊资料，收集了近年来广告业界具有实用价值的典型案例，并得到有关业内专家和教授的具体指导，在此一并致以衷心的感谢。为了方便教师教学和学生学习，本书配有教学课件，可以从清华大学出版社网站免费下载使用。因作者水平有限，书中难免存在疏漏和不足，敬请各位专家和广大读者批评指正。

编 者

Contents

目 录

目录

Contents

Contents 目录

第一章

广告公司概述

学习要点及目标

- 了解广告作为一种传播活动具有的特点和特性。
- 掌握广告公司的主要类型。
- 了解广告公司的组织结构。

本章导读

随着市场经济的不断发展，市场竞争也日益激烈。广告公司不仅要完全融入市场操作的每一项行为中，同时还必须能够客观地观察自己的行为。广告是一个五彩缤纷的万花筒般的行业，投身于这个行业，你的才能会得到多方面的发挥，但同时也要认识到，广告工作不是任何一个人都能够胜任的。广告是科学也是艺术，需要一个团队协作完成。

通过本章的学习，我们可以了解到广告代理公司的主要类型，弄清广告产业中的不同组成部分以及它们彼此的关系；了解广告传播活动与人类基本传播活动之间的区别。

01

引导案例

"可口可乐"台湾广告计划书

"可口可乐"在台湾推销的广告计划的内容有以下几部分。

一、在人口统计方面

我们认为"可口可乐"在台湾的最大购买潜力为上等收入与中等收入的家庭成员，此类人士于台湾总人口1300万中，约占303万人，年龄10～39岁，男女在内。兹将统计数字列举如下。

(1)外省人约共260万人，10～39岁约占三分之一，共130万人。

(2)本省人共1040万人，10～39岁约占二分之一，共520万人，上等或中等收入家庭成员，约占三分之一，共173万人。

由于缺乏人口统计的社会经济资料，我们只能根据观察，作以下假定：所有外省人士均属于上等或中等收入阶层；本省人中，约有三分之一属于上等或中等收入阶层。

本省人口虽占人口总数百分之八十，但自第二次世界大战之后，国语已成为台湾的法定语言，事实上全省通用国语，由于语言统一，广告所用文字绝无问题。

二、产品质量方面分析

"可口可乐"与台湾现有的"荣冠果乐"、"七星"、"黑松可乐"等，虽均属于同类饮料，但是"可口可乐"具有最优良品质，口味亦较其他类似饮料更佳。因此，"可口可乐"在质量方面具备在市场上竞争的更有利的条件。

三、消费心理方面分析

"可口可乐"亦远较其他类似饮料更为有利。尤其外省人,对此名字及其优良品质与最佳口味的印象仍深。

(一)"可口可乐"在顾客心理方面的优势

(1)"可口可乐"为美国生产的最优良饮料,拥有世界性声誉,在全球市场上处于领导地位。

(2)每瓶六两半装,只售新台币四元,堪称价廉物美。

(3)四季咸宜,令人心旷神怡,万事如意。

(二)根据推销对象的广告目的

(1)使社会人士普遍知道"可口可乐"已在台湾上市。

(2)使"可口可乐"品质优良的特色深入人心。

四、广告内容建议

应使用最具影响力的内容及文字,扩大宣传,使更多人饮用"可口可乐"。在内容方面,根据质量与心理分析,应包括以下各点。

(1)"可口可乐"是美国最佳饮料,驰誉全球,畅销世界。

(2)"可口可乐"品质最优良,永远保持最高水准,口味最好,令人心旷神怡。

(3)"可口可乐"令你享受到美妙的生活情趣。

五、广告阶段策略

1. 第一阶段(初上市时期)

普遍宣传"可口可乐"已上市,通过各种方式方法,令社会人士对本品名称及瓶装式样产生深刻印象,使社会人士对"可口可乐"的广告主题有深切认识。

2. 第二阶段(上市以后)

继续加深顾客对本产品名称及瓶装式样的印象,继续发挥广告主题的影响力。

六、广告主题的策略原则

"可口可乐"台湾宣传主题,应与世界各地一致。即"可口可乐令你万事如意"。

(1)本主题目前在世界各地使用,获得极大成功。

(2)本主题能将"可口可乐"的特点,如品质优良,怡神妙品,随时随地均可享受等,巧妙地传达出来。

(3)由于利用年轻活泼人士出现于各种欢乐情景的广告画中,其动人形象,必须深入年青一代的心坎。

(4)主题曲节奏轻松,活泼而愉快,旋律美妙,感染力极强,给人以生活是美妙的感觉。

七、广告媒介策略

在地区方面,根据客户的意见,以台湾北部为主,中部及南部为次。至于杂志方面,我们建议读者文摘在七月、八月的月刊登四色全页广告;台湾电视周刊则从五月份起至九月,均每两星期刊登两色全页广告一次。

总之,我们的广告分量极为充足。在开始的五月及七月、八月的旺季,广告量尤为集中。

(资料来源:http://www.brandcn.com/yingxiao/pinpaiyingxiao/200902/172404.html,有修改)

点评：

计划是一个确定目标和评估实现目标最佳方式的过程。它包括广告目的、广告对象、广告媒体运用等内容。广告计划书需要广告公司各个部门的通力合作，根据前期大量的信息收集和分析，为后期的广告执行奠定基础。

第一节　广 告 概 说

背景资料

自1979年中国广告市场重开以来，我国专业广告公司获得比较大的发展空间，成长迅速。专业广告公司的发展有着深层的经济和社会背景，中国的经济在改革开放以来突飞猛进，人民的生活水平有了明显的改善，消费水平迅速提升，进而改变了整个社会的消费观念和消费行为，中国社会开始由生产社会向消费社会过渡，这些因素有力地拉动了我国广告业市场的增长。

01

一、什么是广告

为了吸引自己的现有顾客和潜在顾客并与他们保持联系，企业会运用各种传播工具，促销信函、报纸广告、赞助活动、电话营销、手机短信息、说明书、优惠券、抽奖等只是其中的一部分。作为消费者，每天都要面对成千上万条这类广告信息，许多人简单地把它们全都视为"广告"。但实际上，从严格意义上讲，所有这些不同的工具应该统称为营销传播工具，广告只是其中的一种。

1. 广告的定义

今天，广告的定义已经大大扩展。例如，新闻记者可能把广告定义为一种传播过程、公关过程；工商人士又可能把广告视为一种营销过程；经济学家和社会学家还可能把广告当作一种经济表象、社会表象或伦理表象；而有些消费者则可能干脆把广告看成垃圾。每一种观点都应该引起我们的重视，但现在，我们采用下面这个定义。

广告是由可识别的出资人通过各种媒介进行的有关产品的、有偿的、有组织的、综合的、说服性的、非人员的信息传播活动。

让我们将这个定义分解开来，对其中的各部分进行分析。

首先，广告是一种传播活动，是一种非常有组织的应用传播形式，由文字和非文字元素构成，以填充由资助人控制的预定空间和时间。

其次，广告针对的一般是群体而非个体，因此，是非人员的，或者说是大众化的传播。这些群体可能是消费者，也可能是拥有和经营这些企业的公司或转手销售的生意人。

绝大多数广告都是有偿的，也有一些广告主不必付钱，如美国红十字协会、美国癌症协会等这类全国性组织，他们的公益信息是免费发布的。同样张贴在公共布告栏上的舞会公告也无须付费，但这也是一种广告，是一种有组织的非人员性的劝说传播过程。

大多数广告都会力图劝服人——说服某人改用某一产品、服务或观点。有些广告，如法律公告则仅仅进行告知而非劝说，但它们仍然属于广告，因为它们符合广告定义的所有其他要素。

2．信息传播的方式

广告经由我们称为媒介的某一传播渠道到达受众，广告媒介是一种用于向其目标受众来表现某一广告的有偿手段，因此，我们拥有广播广告、电视广告、报纸广告等。口头传播虽然也是传播手段，但并不是一种广告媒介。

过去，广告主利用传统的大众媒介——广播、电视、报纸、杂志、海报等来传递信息，今天，科学技术的发展使广告可以通过各种媒介(如直邮)特别是互联网有效地到达受众。除此之外，广告主还利用大量新兴的非传统媒介将信息传达给自己的受众，如购物推车、充气模等。

图1-1所示为麦肯·光明广告有限公司为自己所做的广告。画面上被涂抹掉的广告使建筑呈现出斑驳的衰败状态，人们东倒西歪地垂死在路上，褪色的画面效果……这些共同传递着这样的信息：没有我们麦肯·光明广告公司为大众做广告，世间到处都会死气沉沉，人们将如何生存呢？

图1-1　麦肯·光明广告有限公司招贴广告

小贴士

有趣的广告语

一个成功的广告宣传会有强大的生命力，多年来，广告公司为客户创作了许多经典的产品广告语，有的甚至成了时下流行文化的一部分。

看到以下耳熟能详的广告语，是不是又唤起了你尘封的记忆、会心的微笑呢？试试看，你能认出几条广告语的广告主？

1．"杀死害虫"。

2．"想干就干"。

3．"钻石恒久远，一颗永流传"。

4．"它一直不停、不停、不停"。

5．"手机中的战斗机"。

答案：

1．雷达；2．耐克；3．戴尔比斯；4．劲量电池；5．波导手机

拓展知识

科技与广告

一、高科技与广告

21世纪，高科技以各种形式渗透于人们的生活和工作中，我们对高科技的依赖也变得越陷越深，甚至将一些复杂精密的仪器称为"工具"或"玩具"。

媒体出版、电话、广播和电视传播、互联网领域内的显著进步极大地影响着我们的思维和行为方式，然而，当我们愉快地享用这些高科技更为迅速、便捷地沟通时，我们也在不知不觉中付出了代价。例如，突然间人们发现辐射影响着我们的健康，自己已制订好的计划被他人无休止的电话打乱了。

那么技术革新的动力是什么？这些新技术又是怎样影响着我们的未来呢？

二、马歇尔·麦克卢汉的理论

马歇尔·麦克卢汉，这位信息技术领域内的著名学者在他经典的系列丛书中描述了科技对现代文明的广泛影响。今天，他所提出的"地球村"的概念已广为人知。

根据麦克卢汉的理论，人类的创造发明仅仅是人类自身能力的提高和身体的延展。例如，汽车使我们具备了比过去走得更快、更远的能力。但奇怪的是，使我们能够更快完成一项任务的技术却造成了我们思维上的某种倒退。先进的设备不但未把我们从更多的工作中解救出来，反而让我们要亲自处理更多事情，"我们现在亲自做着19世纪交给仆人或女佣做的事"，他解释说。

麦克卢汉是在桌面计算机普及的前30年阐述这一观点的。桌面计算机的应用使小公司得以承接以往花费过大的项目，在今天的市场营销和广告领域，数据库市场营销与促销品的制作恰好反映了这一理论。这些工作以往都是承包给有能力购置中央处理计算机和排版印刷设备的大型专业化公司的。

这个相对突然的变化对广告业有着非常深远的影响。正如麦克卢汉所说："在全新的信息与程序化生产的电子时代，商品自身具有越来越多的信息特征。"现今，每个人都承担起了批判商品质量与安全性的职责。消费者取代了昔日广受信赖的屠夫、面包师和烛台制造商，自己在购买商品前仔细评估比较广告、品牌历史、标识信息、杂志评述和网站上的相关信息。

二、广告的独特性

广告是一种传播活动。可口可乐的广告代理公司——麦肯广告公司认为，广告是"巧传真实"。这就意味着有良心、讲道德的广告主及其广告代理公司必须同心协力，找出并运用最好的富有创意的方法将自己的故事真实地告诉市场。为了取得成功，他们必须对广告传播过程有所了解，而广告传播过程又是从人类的基本传播过程发展而来的。

（一）人类信息的传播过程

从我们出生的第一声啼哭开始，我们的生存便要告诉别人、吸引别人的注意力。随着我们的长大，我们逐渐学会倾听别人发出的信息并做出反应。图1-2所示的人类信息的传播过程概括了人们在非正式口头传播过程中所经历的程序。

01

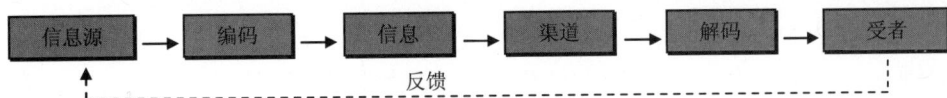

图1-2　人类信息的传播过程

当我们称为信息源的一方形成观点，将信息源编码为信息，然后通过某一渠道传递给受者，传递活动便开始了。受者必须将信息解码才能理解信息，为了做出反应，受者还要形成新的观点，将其编码，然后将新的信息通过某一渠道或媒介送出，对信息源的理解或反应构成反馈(这可以影响到下一个新信息的编码)。

如果将这一传递过程应用于广告，我们可以将信息源理解为出资人，信息即广告，渠道便是媒介，而受者便是消费者。但这个过程对于广告传播过程来说显得过于简单。作为广告传播还有许多相关的复杂因素。

(二)传播过程在广告中的应用

图1-3所示为广告传播的过程。在广告传播过程中，出资人、作者、人物属于信息源，在广告文案中的不同表达形式属于信息，而受者则包含预定消费者、资助性消费者和实际消费者。

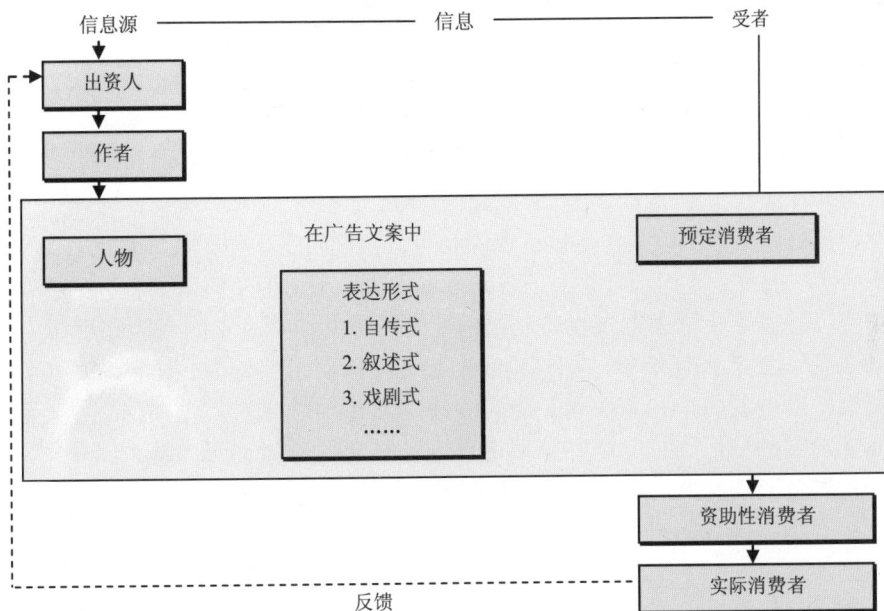

图1-3　广告传播的过程

1．信息源

信息源层面包括出资人、作者和人物。在口头传播活动中，信息源是指讲话的某个人；但在广告活动中，信息源是指出资人，即广告主。广告主要对信息传播过程负法律责任。从广告传播的过程中可以看出，从出资人通往实际消费者是一条漫长的循环路径。从一开始，出资人一般并不制作信息，这个角色一般由广告代理公司或其他专家扮演，因此，传播活动的作者实际上是某个文案人员、美术指导或广告公司的一群创作人员，他们接受出资人的代理费，为出资人创作广告信息。

与此同时，广告文案又包含着一些真正的或虚构的代言人——人物，他们赋予广告某种声音或基调。对消费者而言，这些代表着出资人的人物就是信息中的信息源，但人物的讲话又是由广告的作者创作的，其目的是为文案服务。

2. 信息

信息包括自传式、叙述式和戏剧式。广告的信息表现形式也具有多个层面，广告是对现实生活的艺术模仿，因此，其信息一般采用一种或几种形式结合表现。

由此可以看出，广告信息的作者要做出最重要的决策之一便是选择什么样的人物和表现形式来表达广告主的销售信息。创意小组首先要考虑是哪些情感和态度及动机因素在驱动着目标受众，然后运用自己的传播符号创作出相应的人物、信息和形象，将这些图形符号进行组合编排，并安排在适合的媒介上。若想让广告获得成功，创意人员必须具备丰富的技巧，而正是这种创造使广告有别于其他传播形式。

3. 受者

受者包括预定的、资助性的和实际的消费者。广告的接受者同样具有多面性，首先，每一条广告都假定有接受者，这些预定消费者虽然是广告人物讲话的对象，但并不真实，创意人员把他们想得很理想，几乎完全符合广告文案的要求。实际上，他们只是广告的组成部分。

当我们置身于广告表现之外时，最先的受众实际上成了出资方的一群决策人，这些资助性消费者是决定广告是否发布的守门员。因此，在广告尚未真正获得机会去劝服某位真正的消费者之前，广告的作者首先要劝服出资方的主管或经理，他们具备认可广告活动并为此提供资助的权力。

实际消费者——相当于口头传播过程中的受者。在现实生活中构成广告的目标受众，出资人的信息最终针对的就是他们，只有在出资人同意的条件下他们才能看到、听到或读到信息。

实际消费者在思维和行为方式上与预定消费者、资助消费者不同，因此广告主(及其创意小组)必须对实际消费者如何选择、如何理解信息有所了解，广告主最不愿看到的结果便是被人误解。可惜广告中的词汇和象征物只能对理解信息起部分作用，媒介也同样会起作用。在如今科技飞速发展的情形下，印刷媒介和电子媒介之间的界限正变得越来越模糊，我们在计算机屏幕上看到文案，很快，人们便可以将电视屏幕上出现的画面打印出来。

此外，受者本身的独特性也相当重要，但出资人对他们知之甚少。实际上受者的态度、感知、个性、自我评价及文化素养是影响接受和反馈信息的重要因素。

4. 反馈与互动

只有通过反馈才能完成一个循环，证明信息确实被对方接收到了。除了传递的方向是从受者到信息源外，反馈采用"信息源——信息——受者"的传递模式。

广告的反馈有多种表现形式：兑换优惠券、电话查询、光顾商店、询问详情、销售增长或对调查做出反应等。如果某一广告的反响过低，说明其传播过程中的某一环节中断了，因此，我们就要问：产品是否对路？信息是否明确？我们使用的媒介是否恰当？如果没有反馈这个环节，这些问题便无从回答。

商业社会初期，消费者的反馈很少能采用与信息传播相同的渠道，而如今，凭借科学技术，广告的受者不再是冷冰冰的大众信息的被动接受者，他们现在已成为主动的决策人，有能力掌握自己要接受的传播活动，选择自己所需的产品信息，随着互动媒介的发展，他们甚至可以利用初始信息发送人的渠道立即将反馈送回信息源。这使广告主有机会与自己的顾客建立更深入的关系，这对出资人或消费者将更为有利。

第二节　广告公司的组织结构设计

背景资料

社会化大生产的发展推动了商品市场的进一步繁荣。由于市场竞争激烈，广告活动任务繁重，在这种形式下，如何加强管理就成为广告行业的一个重大课题。

广告公司的经营管理涉及广告公司的正常业务活动中各环节的管理工作。其主要内容包括广告公司的机构设置与职能划分、行政管理、人事管理制度、财务管理和广告业务管理等。这些管理工作的内容大都关系到广告公司的机构是否健全、运转是否良好等。

因此，首先应建立完善的广告公司组织结构以保障正常运行。经营广告公司首先必须搞好企业的经营管理，运用科学的管理知识和方法，管理好企业，从而使企业保持业务水平稳定发展、企业信誉水平不断提高，才能在市场竞争中立于不败之地。

一、组织结构的概念

组织结构是组织中正式确定的使工作任务得以分解、组合和协调的框架体系，主要的组织结构类型有直线制、职能制和事业部制。

组织结构设计就是为实现组织目标而对组织结构这一框架体系进行设计、发展和变革。其工作内容主要包括确定组织中的各个构成要素并按一定原则对其进行排列、组合，明确管理层次，分清各构成要素的职责及相互间的协作关系等。

广告公司的组织结构就是指在广告公司的组织中，对构成组织的各要素进行排列组合，明确管理层次，分清各部门、各岗位之间的职责和相互协作关系，为顺利实现战略目标提供保证。

二、组织结构设计的原则

不同的广告公司，因其战略目标、业务结构、经营模式等的不同而会设计不同类型的组织结构形式，以适应业务的开展和组织的发展。同时，广告公司的组织结构设计应该是一个变化的过程，它要根据市场、客户群等因素的变化而不断地对组织结构进行优化和变革，进而提高公司的运行效率与经济效益。

那么广告公司该如何进行组织结构的设计并应遵循哪些原则呢？

1. 应服从公司战略发展需要

组织结构设计要服从公司的发展战略，还要体现公司的战略目标并为之服务。当组织的发展战略发生变化时，就需要对组织结构进行调整和设计。

2．应与广告行业特点密切相关

组织结构是根据组织内的工作内容进行设计的。不同行业，因其工作流程和工作内容上的差异性，其组织结构形式是不一样的，组织结构设计应与组织所在行业密切相关。像广告公司这类提供服务的企业，内外部环境具有很大的不稳定性，其工作方式也无须按部就班，而是需要充分发挥组织成员的主观能动性、创造性，因此应选择相对宽松、适应性强的组织结构。

3．必须与内外部环境相适应

组织所处的环境包括内部条件和外部环境，它们是组织存在和发展的基础。组织结构的设计必须结合所处的外部环境和内部条件进行。因为环境是不断发展变化的，因此组织结构也必须与不断变化的环境相适应，这样才能确保组织的生存。

三、组织结构设计的步骤

组织结构设计过程从开始到最后结束主要包括确定组织目标、确定业务流程、确定组织结构、配备职位人员、规定职责权限、确定沟通关系六个步骤，如图1-4所示。

1．确定组织目标

分析组织的内外部环境，合理地确定组织的总体目标及各具体的派生目标。

2．确定业务流程

明确组织的具体工作内容和工作流程，并对工作进行分工。

3．确定组织结构

根据行业特点、组织环境等，确定采用何种组织形式、应设置哪些部门，还要将性质相同或相近的工作内容进行优化组合。

4．配备职位人员

根据部门的工作性质和对职务人员素质的要求，为各部门配备人员，并明确其职务和职称。

5．规定职责权限

规定各职位的权利、责任和义务。

6．确定沟通关系

规定各部门之间、上下级之间和同级之间的职权关系，以及相互之间的沟通方法与原则。

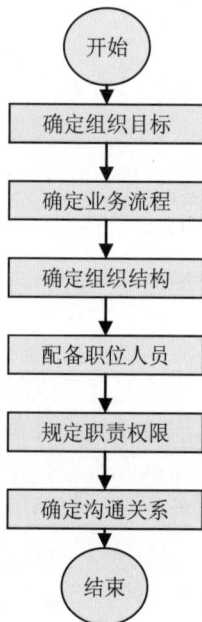

图1-4　组织结构设计步骤图

四、广告公司的组织结构设计

广告公司的组织结构设计包括四种常见的类型和两个需注意事项。

(一)广告公司组织结构的常见类型选择

下面介绍广告公司四种不同的组织结构类型,每种结构类型都有其特点和适用性,广告公司应根据自身的具体情况来选择合适的组织结构。

1．团队式组织结构

团队式组织结构强调以项目小组的形式,通过小组内各专业人员的合作来为客户提供全面的服务。这种组织结构形式极具灵活性,能对外界的变化迅速做出反应,并能更好地满足客户的特殊要求。

因此,团队式组织结构适用于专门服务大、中型客户的广告公司,每个团队与各自的客户可以建立长久的合作关系,向自己的客户提供全面专业的广告服务。图1-5所示为团队式组织结构图。

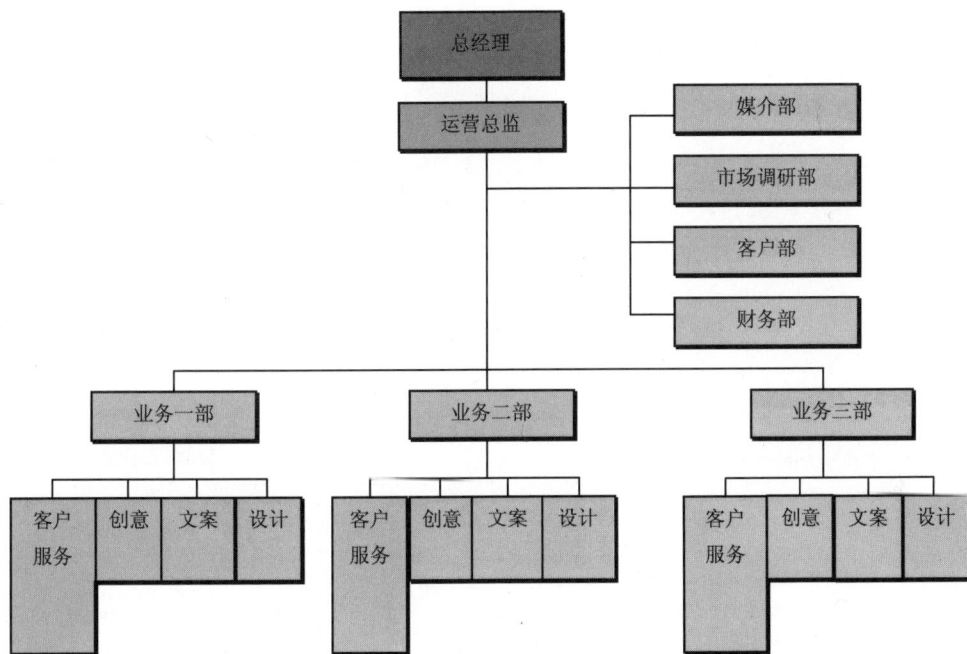

图1-5 团队式组织结构图

2．职能制组织结构

职能制组织结构是按照分工原则进行设计的,广告公司中属于不同职能的员工和部门各自分工,并通过流程部来统一协作。职能制组织结构能充分发挥专业人员的专业知识,提高管理的专业化。

职能制组织结构形式一般适合大型的提供全面服务的广告公司。此类公司一般员工众多、业务范围广泛,而在职能制组织结构下,公司便于进行日常管理和业务协调工作。图1-6所示为职能制组织结构图。

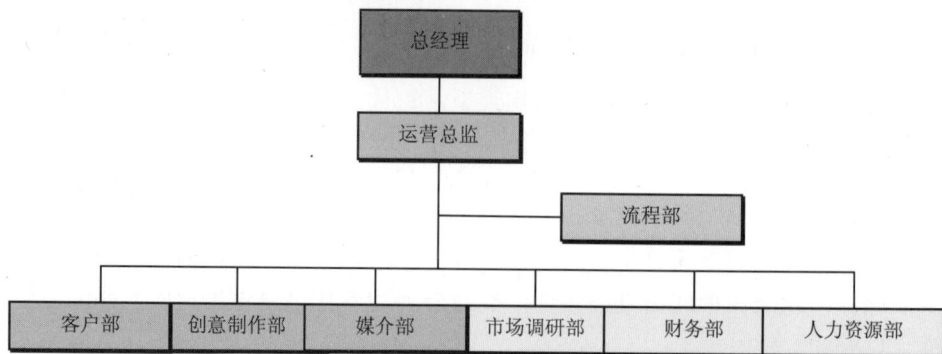

图1-6 职能制组织结构图

3. 以产品或服务为中心的组织结构

以产品或服务为中心的组织结构形式是依据广告公司给客户提供的产品或服务来设置部门，将与某项服务或产品相关的各项业务工作组成一个部门。其优点在于广告公司的注意力能够集中在产品或服务上，有利于公司适应竞争激烈、不断变化的市场环境，同时利于广告公司对各部门的业务、利润进行目标管理；其缺点是管理成本较高，各部门权利较大增加控制难度，部门间因业务发展不平衡而使公司整体性受到破坏。

那些优势突出、给客户提供专业服务的广告公司和单项媒介代理公司通常采用这种组织结构形式。图1-7所示为专业媒介代理公司常用的组织结构形式。

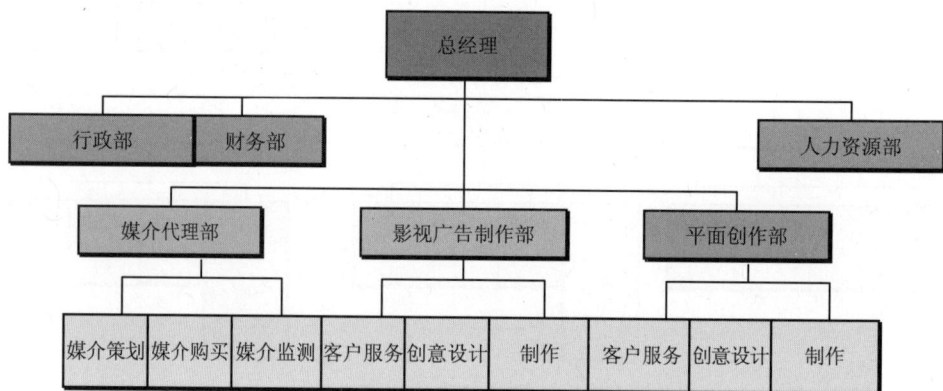

图1-7 专业媒介代理公司常用的组织结构形式

4. 矩阵式组织结构

矩阵式组织结构是职能设计和以产品或服务为中心的组织结构形式的一种组合。因为广告公司按照职能设计组织机构形式，在需要为某个客户服务或完成某项任务时，就需要设置专门部门。图1-8所示为矩阵式组织结构图。

矩阵式组织结构形式的优点是：便于为客户提供优质服务，有利于集中各部门的优势力量争取客户，有利于公司积累服务不同客户的经验；不足之处在于员工可能会因受项目经理和职能经理的双重领导，有时会出现矛盾或扯皮现象。因此，采取这种组织结构形式应明确项目经理与职能部门经理的关系和职责权限，以避免上述现象。

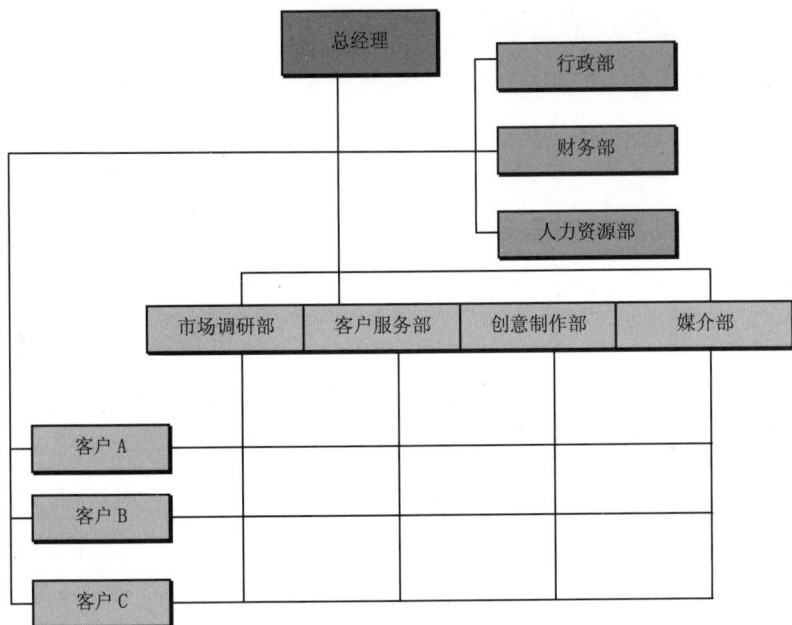

图1-8 矩阵式组织结构图

总之，广告公司所处的内外环境千差万别，不存在一种适用于所有广告公司的组织结构，只有相对适合的。因此，广告公司应根据自身的具体情况，设计选择高效率、有利于实现公司战略经营目标的组织结构形式。

小贴士

全美规模第二的广告与传播集团Interpublic的组织结构设置

创意部：每组由一至两位创意总监(CD)或副创意总监(ACD)带领，其中一位是文案出身，另一位是美术出身，但也有不少人身兼两职。其工作除构思广告外，也负责指导及培训下属。

创意总监下会有不同的小组，每一小组由一位文案(CW)及一位美术指导(Art Direct)组成。基本上两人会共同构思广告。由于美术指导的执行工作一般都较繁复，所以大都有一位助理美术指导(Associated Art Director)协助。

创意部还包括电视制作(TV Production)、平面制作(Print Production)、工作室(Tudio)及平面统筹(Traffic)四个小部门。电视制作部设有监制(Producer)，负责电视广告的统筹。平面制作部设有平面制作经理(Print Production Manager)，主要负责跟进平面广告的印制工作。工作室设有绘图员(Viualizer)、计算机绘图员(Computer Viualizer)、正稿员(Artist)等职位。平面制作统筹(Traffic Coordinator)则负责统筹平面制作事宜。

客户服务部：重点人物是客户主管(DC)，其下按不同客户划分为不同的客户总监(Account Director)、副客户总监(Associated Account Director)、客户经理(AM)及客户主任(AE)。

媒介部：重点人物是媒介主管(Media Director)，下设媒介主任(Media Upervior)及媒介策划(Media Planner)等。

(二)广告公司组织结构设计需注意的事项

由于广告公司的经营模式和规范不同,在组织结构设计时要注意以下两点。

1. 与经营模式相吻合

广告公司的经营模式分为提供全面服务和提供专业单项服务两种,在设计组织结构时要体现出广告公司所选择的经营模式的特点。例如,在提供专业性创意服务的广告公司里,创意制作部是其核心部门,因此,在人员配备、权责分配上都要体现出创意制作部的核心地位。

2. 与客户特性相符合

广告公司提供的产品服务,其运作是围绕客户的需求进行的。广告公司必须对客户的需求及需求的变化有灵敏的感应和迅速的反应。因此,广告公司组织结构设计时要考虑如何设置职能层次和工作流程,以使客户的信息传递通畅。

(三)广告公司各部门组织结构设计范例

下面结合广告公司规模大小,列举几个组织结构图。

1. 客户部组织结构

1) 小型公司

小型广告公司规模小,客户相对也少,客户部的组织结构更清晰。其结构如图1-9所示。

2) 大型公司

大型广告公司鉴于规模和客户较多,可以根据客户多少配置相应的客户主管进行分类管理。其客户部组织结构如图1-10所示。

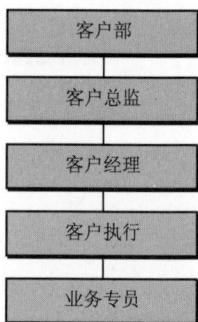

图1-9 小型公司客户部组织结构图

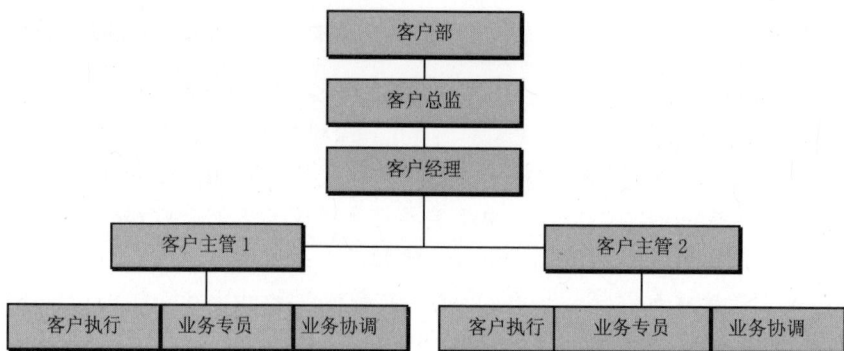

图1-10 大型公司客户部组织结构图

2. 创意制作部组织结构

在广告公司中创意制作部是个核心部门,包括文案、设计和制作,在组织结构的设置上会由于公司规模不同而有所差别。

1) 小型公司

小型公司创意部门由于人员少,组织结构相对简单,如图1-11所示。

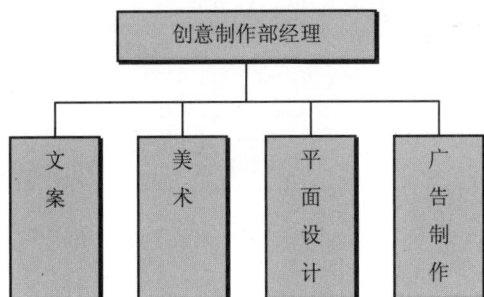

图1-11 小型公司创意制作部组织结构图

2) 大型公司

大型公司由于创意制作部门员工较多，承接设计项目也多，可以按照公司内部流程细分工作。其创意制作部组织结构如图1-12所示。

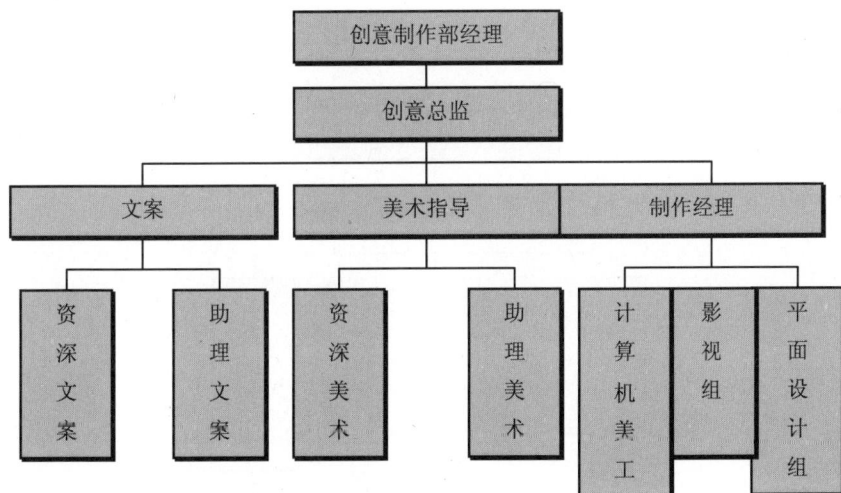

图1-12 大型公司创意制作部组织结构图

3．媒介部组织结构

媒介部的组织结构设计由于广告公司规模不同而有所不同。

1) 小型公司

小型公司承接业务相对规模小且项目类型较为单一，媒介部的结构主要有三层，如图1-13所示。

2) 大型公司

大型公司由于承接项目多且复杂，会涉及多种媒介，所以媒介部可以根据媒介类型进行组织细化，这样更便于工作的进展，便于与媒

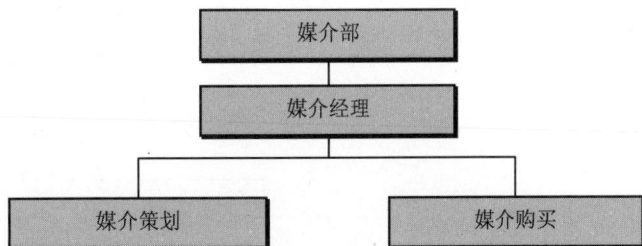

图1-13 小型公司媒介部组织结构图

介保持良好的关系。其媒介部组织结构如图1-14所示。

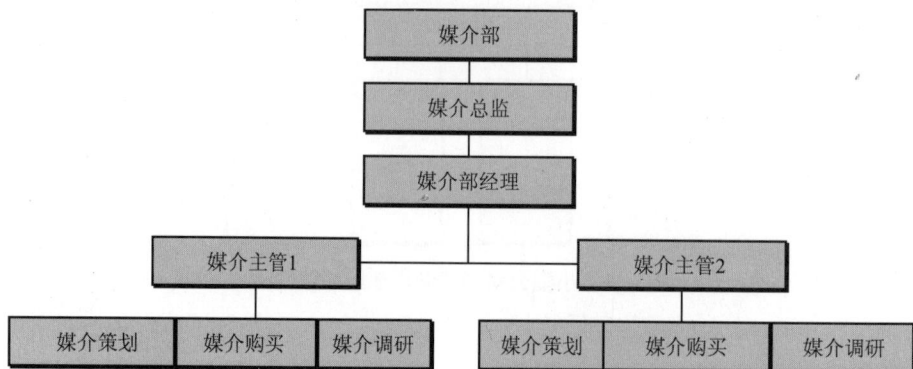

图1-14 大型公司媒介部组织结构图

4．流程部组织结构图

流程部组织结构图看起来也是非常清晰，级层较少，不受公司规模大小的影响，如图1-15所示。

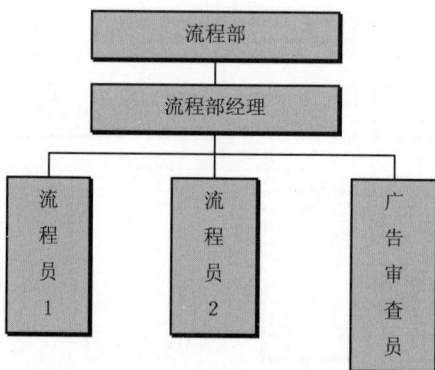

图1-15 流程部组织结构图

5．市场调研部组织结构图

市场调研部组织结构也不太受公司规模大小的影响，如图1-16所示。

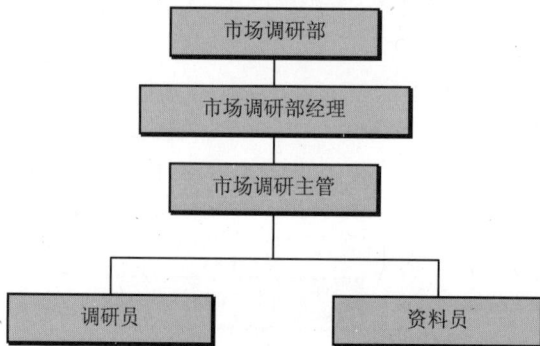

图1-16 市场调研部组织结构图

6．财务部组织结构图

财务部的组织结构根据公司规模不同会有所不同。

1) 小型公司

小型公司财务部门的组织结构最基本的构成模式如图1-17所示。

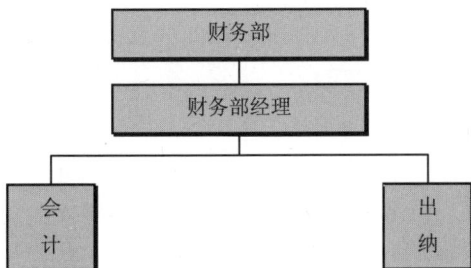

图1-17 小型公司财务部组织结构图

2) 大型公司

大型公司的财务部门是非常重要的，鉴于业务多样，项目复杂，财务部门也呈现出复杂性。其组织结构如图1-18所示。

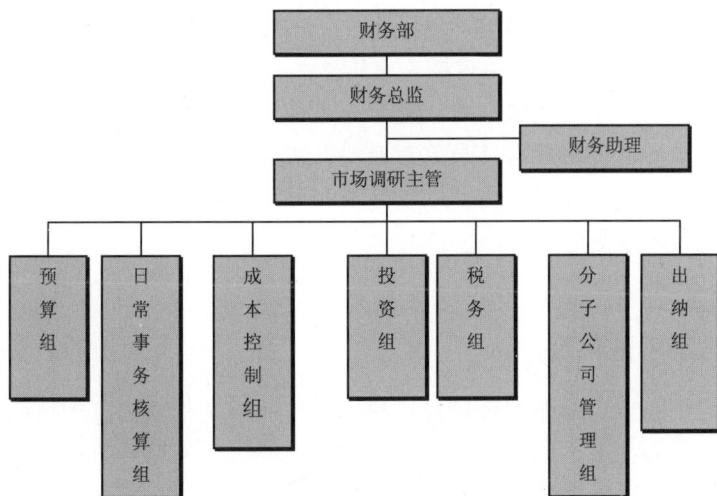

图1-18 大型公司财务部组织结构图

7．人力资源部组织结构图

人力资源部的组织结构会根据公司规模大小有较大的区别，组织结构图也有简单和复杂之别。

1) 小型公司

小型公司人力资源部的结构简单，工作不细分，如图1-19所示。

2) 大型公司

大型公司人力资源部门工作细化，岗位设置类型多，如图1-20所示。

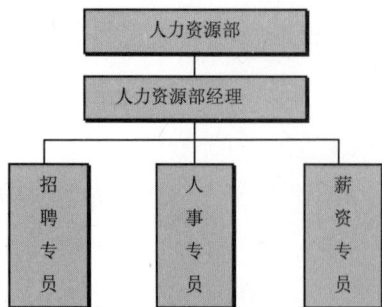

图1-19　小型公司人力资源部组织结构图　　　图1-20　大型公司人力资源部组织结构图

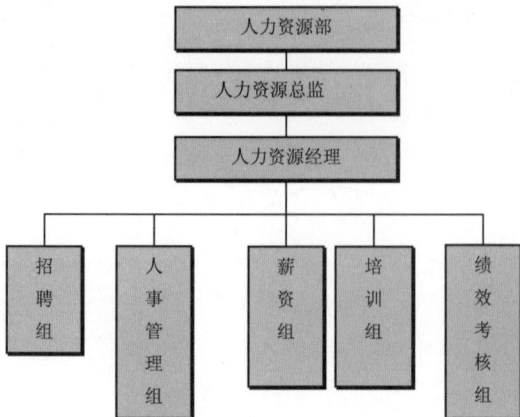

第三节　广告公司知多少

背景资料

为什么像本田这样的企业要雇用广告公司？为什么不将投入广告这部分资金节省下来，用自己的员工创作广告？难道客户必须很多才能使广告公司有钱可赚吗？

专业广告公司又称为广告代理公司，是指专门从事广告和经营计划、广告作品以及其他促销工具的制作与准备，由创意人员和工商业人员组成的独立机构。广告公司代表不同广告主——广告公司的客户向各种媒介购买广告空间和时间，为他们的商品和服务寻找顾客。广告公司具有不可替代性和专业性。

一、广告公司的不可替代性

广告是为了实现销售目标而带有较强自我展现特征的说服性信息传播活动，通过改变或强化人们的观念和行为，来达到其特定的传播效果。现代广告是与信息社会紧密相连的一个历史范畴，它是维持与促进现代社会生存与发展的一种大众性的信息传播工具和手段。因此广告公司在现代企业的生存发展过程中具有不可替代性。

二、广告公司的专业性

广告公司拥有各方面的专业人才，包括工商业方面的行政管理人员、财务人员、营销主管、调研人员、媒介分析人员以及文案和美工等创意方面的人才。他们每天与公司外部专门进行图片创作、摄影、修版、广告拍摄、录音和印刷等工作的专业下游公司保持着联络。

广告公司还为客户提供市场调查，代客户与各种印刷、电子媒介和数字媒介进行谈判，签订广告时间、空间合同。正是因为其出色的媒介专业服务，为客户节省了时间和资金。

广告公司为自己的客户服务。正像一家经营良好的企业向律师、会计师、银行家或经营专家寻求专业帮助一样，广告主利用广告公司也是出于维护他们的自身利益，因为广告公司在创作广告和选择媒介方面比广告主本人更有能力。

　　现在，无论其规模大小，几乎所有的广告主都依赖广告公司提供专业化的、客观的咨询和独特的创意技巧，作为自己的"品牌保镖"。

　　广告工作者所做的工作远不止我们每天在电视上看到的那些，实际上，那不过是冰山一角，还有许多人和许多机构也与广告行业有着千丝万缕的关系，这是因为，每一个成功的企业都要做广告。图1-21所示为某广告公司的办公区域。

图1-21　某广告公司的办公区域

小贴士

国际4A广告公司的来历

　　国际4A广告公司原是美国代理商协会的简称(全称为American Association of Advertising Agencye)。该协会在1917年成立于美国，是全世界最早的广告代理商协会。该协会呼吁媒介保证支付广告刊登费的15%的佣金给广告公司作为媒介代理费，以促进广告主雇用广告公司提供专业服务(如日本是在1944年确立了15%的代理费制度)。所有的4A广告公司都是规模较大的综合性跨国广告代理公司。

　　广告主直接找到媒体购买版面的价格与通过广告公司购买的价格一样，广告主并不能因此而省钱。从此时开始，广告公司从单纯的媒介代理和创作服务逐渐发展为全面广告代理服务。表现在能够为广告客户提供市场调查、广告总体策划、制定媒介组合计划和促销活动计划、设计和制作广告效果等全面服务。

　　美国4A的协会自律规定，违反会规者就要被开除会籍，以此来约束会员遵守道德标准。在1995年全球营业额前25位广告公司中，前15家都是总部设在美国的公司，而且都是4A广告公司。

　　在日益规范的竞争环境中，美国4A在业界的影响越来越大。由于4A的成员必须是综合广告代理商，所以发展到后来，人们把4A当作综合服务型广告公司的统称。

拓展知识

广告中不正当的欺骗行为

　　1．虚假承诺

　　提出无法保证的广告承诺，诸如"恢复青春"或"防止癌症"之类。

　　2．片面描述

　　对产品的部分而非全部内容加以说明，例如宣传一种"实心橡木"桌子，却不提只有桌面是实心橡木，其余部分为松木。

3．虚假或误导性比较

以或明或暗的形式进行虚假比较。如"像泰诺一样，爱得胃不会让我反胃"。这是在暗示爱得胃在避免肠胃反应上与泰诺相同，而实际上，泰诺的效果更好。在所有的人听来，爱得胃的承诺还可能给人以泰诺有肠道反应的印象，这是误导。

三、广告代理公司的种类

广告公司通常按其服务范围、地理和服务对象来进行分类。

(一)地方性广告公司

任何一个地区，无论其规模大小都有几家不错的广告公司，可以为地方广告主提供专业方面的支持。有实力的地方性广告公司可以帮助地方广告主完成以下工作：

第一，分析广告主的市场销售状况。

第二，评估广告业务市场，包括流通渠道。

第三，判定地方性广告主在市场中的竞争实力，并为其提供解决问题的战略。

第四，评估选择传播媒介，提出合理的建议。

第五，设计整合传播计划，并连贯而富有创造性地加以实施。

第六，代理媒介会谈、分析、核对、付账和记账等工作，节省广告主的时间。

第七，实施销售竞赛、宣传、开业庆典和其他活动，在广告和促销活动的其他方面予以支持。

(二)区域性与全国性广告公司

每个大城市都拥有能制作并发布适于全国性广告活动的优秀广告公司。区域性广告公司和全国性广告公司一般会加入4A或其他一些类似的同业组织。

(三)国际广告公司

最大的全国性广告公司也是国际广告公司，它们在世界各地的主要传播中心均设有办事处或下属公司，在必要时可以为自己的客户提供国际化或全球化服务。例如，当今最大的广告公司集团总部设在伦敦，美国的好几家顶尖广告公司都属于该集团，如奥美和智威汤逊。

(四)全面服务公司

全面服务公司提供传播和促销方面的全方位的广告和非广告服务。广告服务包括策划、广告创意、广告制作、市场调查和媒介选择；非广告服务范围广泛，从包装到公关直至制作销售推广材料、撰写年度报告、准备交易展示会以及销售培训材料等。随着整合营销(IMC)的日益普及，许多大型的广告公司今天都处在互联媒介的最前沿。

全面服务公司可以专门为某一类客户服务，不过，按常规，绝大多数全面服务公司可以分为普通消费者广告公司和企业对企业广告公司。

1．普通消费者广告公司

普通消费广告公司代表着绝大部分客户，但主要针对消费型客户——消费者提供商品的企业(例如肥皂、麦片、汽车、宠物食品生产企业)，它们的绝大多数广告通过消费者媒介发布(如电视、广播、海报、报纸和杂志)，媒介付给广告公司代理费，普通消费者广告公司主要从代理费中赚取收入。

2. 企业对企业广告公司

企业对企业广告公司(又称高技术广告公司)代表着那些将产品销售给同行业其他企业的客户，例如卖给计算机生产商的电子部件，用于石油和天然气精炼的设备，以及放射医学所用的核磁共振设备等。这类广告要求广告创作人员不仅要具备一定的专业技术知识，还要具备将这种知识转换成精确的、有说服力的语言的沟通能力。

企业对企业广告公司，有大型国际化的公司，如多伦多的麦克拉伦/灵狮公司；也有专做一种行业的小公司，如做招聘广告、生物药品广告或电子产品广告的公司。

(五)专业服务广告公司

许多小广告公司只能为客户提供有限的不同类型的服务。20世纪90年代初，专业化盛行，推动了众多小公司机构——创意工作室、其他专业服务社、媒介购买服务社和互联网设计公司的发展。

1. 创意工作室

一些天才的艺术家(如图片设计师和文案人员)自己成立了创意服务工作室。他们直接为广告主服务，有时也转包广告公司的业务。他们的任务是推敲出绝妙的创意并制作出新颖别致的广告信息。

广告的效果取决于广告观念、设计和写作上的独特性，虽然这类创意工作室比较经济，但它们一般无法提供调研、营销、销售和顾客追踪方面的服务。因此，工作室只能局限于扮演创意提供人的角色。

2. 媒介购买服务公司

有些资深媒介专家成立了媒介购买公司，购买或买断电台、电视台的广告时间。美国最大的媒介购买公司是洛杉矶的西方国际媒介公司，它每年为客户发布16亿多美元的广告。

电台、电视台的时间是无法保留的。因此，电台、电视台都预先尽量把时间卖出去，对批量购买还有折扣优惠。媒介购买公司与媒介商定一个折扣幅度，然后把时间转售给广告公司或广告主。

媒介购买公司向自己的客户提供详细的媒介购买分析。一旦媒介时间卖出去，媒介购买公司便负责指定播出时间，核查播出情况，监督电台、电视台是否"漏播"了广告。

3. 互联网广告公司

随着互联网的飞速发展和对整合营销的日益关注，产生了一种新的专业服务公司，即互联网广告公司。这种公司便是众多擅长页面设计、制造花样、提供信息性互联网广告的公司。

四、与广告有关的人员

一说到广告，我们会联想到在广告公司里进行广告创作的文案人员和艺术指导。其实

01

许多企业都拥有广告部，哪怕这个部门只有一个人。此外，还有不少人为下游公司和媒介工作。实际上广告是一个相当大的行业，在其中工作的有销售人员、调查人员、管理人员、会计人员、计算机专家、法律专家以及各种传播艺术方面的专家——艺术家、作家、图片摄影师、音乐家、演员以及电影摄影师等。

小贴士

广告的社会作用

　　广告推动了新产品与新技术的开发与进步，增加了就业机会，为消费者和商家提供了更大的选择余地，促进了生产，降低了物价，刺激了生产厂家的健康竞争，使买主受益。广告还提高了生活水平，支持了新闻媒介与艺术的发展，为宣传重大的健康问题与社会问题提供了机会。

　　在大多数情况下，广告可以为人们提供丰富的信息内容，因而也有利于广告主和受众双方自身的利益。如图1-22所示为交通公益宣传广告，其含义是提示人们注意行人的出行安全。

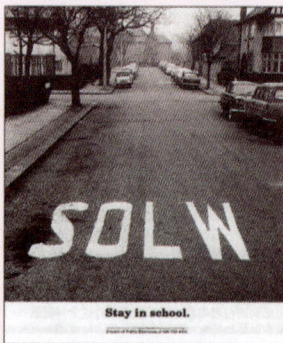

图1-22　交通宣传广告

拓展知识

如何编写有效调查问卷

——列出具体的调查目标，避免花费资金收集资料。

——写出简短的问卷。调查对象没有义务保持耐心，问卷过长有可能使他们不认真或草率地回答问题。

——清楚地表达问题。避免误解的可能，应避免笼统或模棱两可的问题。

——先写出大概提要，然后再润色。

——运用简短的调查说明，包括访问员的姓名、实施者的姓名和问卷目的。

——让受访对象轻松自在，例如用一两个轻松易答的问题作为开始。

——问题的编排应逻辑流畅，在问具体问题之前先问一般性问题。

——避免诱导性问题，因为这种问题会使结果出现误差。

——安排几个查验性问题，用于检查前面的答案，以确保答案的效度。

——将人口性问题(年龄、收入、教育状况等)和个人问题安排在问卷的最后。

——事先测试问卷。用20～30个样本，检查他们能否正确理解问题，所需的信息是否都包含在内。

本章小结

　　本章重点介绍广告公司的组织结构、广告代理公司的种类以及它们的不同特点。通过本章节的学习，我们可以认识到广告公司的重要性，广告公司都由哪些部门构成，从而为我们了解广告行业以及今后致力于广告行业打下理论基础。

思考题

1. 广告是如何传播信息的?
2. 简述广告代理公司的种类。

实训课堂

成功广告案例分析

项目目的

　　通过广告案例的选择与分析，巩固本章节的理论知识。成功的广告案例可以为初学本课程的同学们提供广告策划、设计理念的实际例证。

项目要求

　　分组收集整理不同行业成功广告案例并集体汇报交流。

　　分组不少于4组，每组不多于3人。每组收集的广告案例行业要求各不相同，先讨论确定行业，不能更改。为期一周，以最后一组为单位进行汇报。

　　案例分析最后做成PPT进行不少于10分钟的汇报，并以图片形式呈现。要求结合行业特点，分析其传播途径、特点以及优势和劣势。

项目分析

　　成功的广告案例是具有社会影响力的商品和优秀的广告策划、制作团队的成果，可以集中在不同的领域，同学们可以通过网络搜索、书籍资料查阅等方式进行收集和整理。

第二章

广告公司各职能部门

学习要点及目标

- 通过本章学习，使同学们了解广告公司有哪些职能部门，各部门有哪些主要的工作岗位，以及各个部门所从事的具体工作。
- 通过本章学习，掌握广告公司各个部门所需的人才，这些部门对相关的工作人员的能力要求。
- 了解广告公司中各项工作的性质。

本章导读

本章将对广告公司的职能分解、职能分解的过程和职能分解表的编制以及广告公司各个部门各岗位的基本任务、职责进行了详细描述。广告人可以根据自己的能力在不同的岗位扮演不同的角色，找准自己的定位。

通过本章的学习，学生可以了解广告公司中各项工作的性质；弄清广告公司如何安排职位，认识广告公司职位的分解对广告公司的发展所起的作用；了解广告公司各个职位所从事的具体工作。

02

引导案例

在企业经营发展中企划部门的职责

企划部对一家企业来说是十分必要的，目前国内一些企业建立了企划部。企划部按照计划的要求准备广告活动所需要的文案、报刊平面、电视广告片、海报、横幅等的设计与制作；公关专题活动所需要的标准文本、现场用品等；促销活动所需的礼品、传单、POP用品等。

在国内部分地区小一点的企业里，企划部的职责就是收集渠道商的需求信息，如某经销商需要终端POP几张，需要产品画册几本，需要做一个专卖店门头设计，企划部把信息收集后，然后交给广告公司做好，再发给经销商。

在规模大一点的企业里，企划部除了上面的工作外，部门人员比较健全，自己可以设计些平面上的东西，在收到经销商的信息后，根据实际情况决定是否自己设计或交给广告公司，做好后再发给经销商。

企业规模上去了，品牌方面的建设要求企业的企划部设置更完善些，这时候有了媒介专员、设计专员、文案和策划专员等。

但是这些职能的企划部都无法完成企业品牌的战略规划，从事的工作也仅仅是表面性的，其实在大的企业里会设置品牌经理或品牌总监，全面负责品牌的战略规划工作，这个时候企划部的职责是站在营销的高度为整个品牌的发展把握方向，在国际性企业里，没有营销总监，只设有品牌经理。例如在宝洁公司里，海飞丝、飘柔、潘婷等十几个品牌都各有一个品牌经理，负责品牌的推广和销售等全面的工作。

其实企划是为决策按效益化原则设计的方案，企划部是公司经营体系中的一个重要组成部分，它是公司战略制订及实施的重要部门，肩负着品牌建设、企业文化建设、企业形象建设等方面的重要责任，它是通过智慧和创意的组织使品牌得到有效的推广，通过有效的运营管理实施所有的营销活动。

企业在招聘过程中，并没有意识到企划部经理的重要性，我们看看以下两则招聘广告。

招聘广告一：泉州某服装企业招牌企划部经理的岗位说明。

1. 熟悉品牌运作流程，对PHOTOSHOP及CHEWLEJOWER等平面设计软件精通。
2. 服饰流行资讯收集和信息整理，具备一定的文案撰写能力等。
3. 善于商业促销案的制作及执行，能承受一定的工作压力。

招聘广告二：北京市国内知名公司招聘企划部经理岗位说明。

(一)工作职责

负责公司市场营销计划的制订及监督实施。

负责公司企业形象设计、品牌推广。

制定公司各阶段企划方案。

建立并完善公司市场营销策略、客户服务政策。

策划实施本行业市场研究工作。

协助开展客户服务工作。

制订本部门各阶段工作计划。

完善本部门对外交往、对内协调沟通。

(二)任职要求

大专以上学历，市场营销或相关专业毕业。

两年以上相关工作经验(有连锁店市场推广经验者优先)。

良好的沟通、协调、管理能力。

具备市场研究及分析能力。

具备客户关系管理、财务、市场营销等方面的知识和经验。

(资料来源：新浪财经，http://finance.sina.com.cn/leadership/case/20051104/17392095047.shtml)

点评：

从以上第一则招聘广告，我们可以看出该服装公司招聘的人的要求是既懂平面设计，同时还要懂文案，基本上是全能型的，在现实中能找到这样的人吗？什么都懂的人就什么都不精，这种人是没法给企业的发展带来很大的作用的。第二则广告则全面道出了企划部门的职责，基本上具备品牌驱动型企业的特征。但是在这两则广告中，对企划部经理的要求都没有提升到品牌战略的规划上来。

目前存在国内企业的企划部经理不断更换的现象，企业花费了上千万元的广告费，甚至几亿元的费用，但品牌传递出来的是什么，品牌核心价值是什么，代表什么，谁也说不清楚。在福建啤酒行业，雪津啤酒和惠泉啤酒是两大竞争企业，20世纪90年代，惠泉凭借不断创新赢得了福建市场的第一位，1999年以后，企业每年都推出两支不同的广告片，但是每次宣传的主题都不一样，到现在为止没人知道惠泉品牌代表什么。2002年，雪津以一句"真情的味道"占领消费者的心，取得了消费者的共鸣，迅速超越了惠泉。2005年初，惠泉聘请梅高(中国)进行品牌规划，推出了"福见惠泉，新标新形象，魅力新体验"，"福见"在梅高的创意里，是见福了，福到了，有福的意思，但消费者看到它，第一联想是福建，而不会是深入挖掘背后的意思，因为消费者不是专家，也不是品牌专家。"新标新形象"说明梅高的创意还停留在表面的现象，"魅力新体验"来源于1999年惠泉的广告语"有实力当然有魅力"，但6年过去了，惠泉被雪津抛在了后面，还能有实力吗？普通的消费者是不是都能感觉惠泉和雪津的差距。

我国目前经济呈现快速发展的趋势，顺应时代经济的发展，企业也就能跟着潮流前进，一位深谙品牌发展之道的企划部经理将能促进企业的发展，也会让品牌推广更有效、品牌规划更完善，广告费也会更有效。

第一节　职 能 分 解

背景资料

广告公司各个职能部门的设置是广告公司开展业务的保障，不同规模的广告公司在职能部门设置上会有所不同，但是在工作职能上都是相似的。

通过本章的学习，读者可以了解到一般广告公司的各部门职能要求和职能内容，掌握如何进行职能分解，制作职能表。

一、职能分解的相关概念

职能分解是在基本职能设计的基础上将公司应具备的各项基本职能细化为独立的、可操作的具体业务活动，围绕职能分解有以下几个相关概念。

1. 组织职能

组织职能是指为有效实现组织目标而建立组织结构和配备人员，使组织协调运行的一系列活动，是组织赋予其内部的人、事物和机构所应有的作用和能力。

2. 职能设计

职能设计，就是依据组织的性质和目标战略，确定组织的总体任务和各项职能及其结构，并分解为各个管理层次、部门、岗位的职责。职能设计的主要内容包括基本职能和关键职能设计。

3. 职能分解

职能分解是指将职能设计时确定的基本职能和关键职能逐步细分为具体的、可操作的二级职能和三级职能等工作，为组织内各个管理层次、部门、管理职务及岗位规定相应的职能，是组织结构的后续、细化工作。

02

二、职能分解的要点

在进行职能分解时，要注意以下问题。

1．明确职能分解的工作对象

职能分解的基础是职能设计，其工作对象是各部门的基本职能，职能分解就是将各部门的基本职能逐步分解成一个个独立的、可操作的具体工作活动。

以广告公司的媒介部为例，媒介部的基本职能是媒介资源管理，将其分解成二级职能，主要包括媒介调研、媒介策划、媒介购买和媒介检测，而三级职能则是"二级职能"工作项目的进一步细分，那么"媒介购买"这一"二级职能"被分解为三级职能则为参加媒介订购会、与媒介签订合作协议、建立良好合作关系等多个工作事项。

总之，基本职能是表达部门的主要业务和管理职能的，"二级职能"作业项目的细分，是一些具体的可以操作的工作项目。

2．遵循职能分解的基本要求

职能分解的基本要求为相对独立性、可操作性、不重复和不脱节。

通过职能分解得出的各项具体工作活动必须是性质单一的，可使各部门的业务工作相对独立又责任清晰，并且要尽可能地便于员工直接执行。

另外，每项具体活动都要由明确的部门和员工来负责完成，不应有重复的现象，也就是分解后的各项工作不能出现"无人领导"或"几个领导"的情况。

3．依据流程进行职能分解

广告公司进行职能分解时，应以公司的主导业务流程为中心来进行，围绕公司的主导业务流程来合理划分各部门的职能。如果每个部门按照各自流程不但能独立顺利运转，并且通过连接各部门的流程使整个公司顺利运转，那么就说明职能分解是正确的、合理的。

三、职能分解的注意事项

广告公司职能分解注意事项包括以下两方面。

1．保持灵活性

对于广告公司的职能分解要注意灵活性，这与广告公司的工作特点相关联。因为广告公司的工作内容本身具有很大的灵活性和创造性。在一个创作团队中，各个岗位人员的分工不是一成不变的，一个出色的创意往往是由文案和美术相互切磋而成的。

因此，广告公司进行职能分解后，明确地规定了某一部门、某一岗位的具体工作职能，但在实际工作中要给予员工充分的自由，避免因职能分解而使他们受到约束的情况发生。

2．建立沟通渠道

广告公司的核心部门是专业性极强的部门，如创意制作部和媒介部。每一项广告业务的完成都需要各个部门的通力协作，而进行职能分解时，需要为彼此相对独立的各项具体工作"牵线搭桥"，建立沟通的渠道，把分解后的各项职能搭接起来。

四、职能分解的过程

在职能分解的原则指导下，广告公司对各部门进行职能分解的过程有以下四个步骤，从开始到结束分解为职能调查、职能识别、职能总汇和编制职能分解表，如图2-1所示。

1．职能调查

职能调查就是收集完成一个完整的业务流程所需要的工作数量和具体工作内容。收集资料的方法有问卷调查法、主管人员分析法、实际考察法和主观观测法等，其中问卷调查法是使用最广泛的一种方法。通过让每一位员工填写问卷调查表格，了解其日常的具体工作内容。

下面针对广告公司的日常经营活动，设计一份职能调查表(见表2-1)供参考。

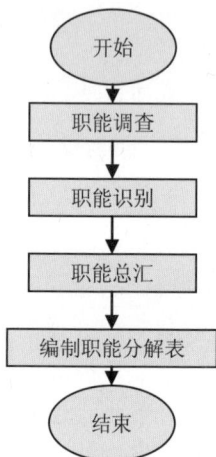

图2-1 职能分解的步骤

表2-1 职能调查表

部门名称	×××	上级或分管上级岗位名称	×××	下属部门名称	×××
本部门日前设置的职能	主管职能		具体工作内容		
	一般职能		具体工作内容		
与其他部门之间的关系	为本部门提供支持或服务的部门		具体支持与服务的内容、要求或方式		
	为本部门提供支持或服务的部门		具体支持与服务的内容、要求或方式		
履行本部门所需的工作条件与权限	工作条件				
	需要的权限				
日前部门工作中存在的问题	问题描述				
	原因分析				
	改进建议				
对部门职能调整的建议	应增加职能		理由		
	应调整职能		理由		
其他需要说明的事项					

2．职能识别

职能调查结束后，通过对职能调查表的相关信息进行整理、汇总和有序排列，分析当前工作安排是否科学、合理，是否存在"多头领导"或"无人负责"和"越权"等情况，再通过职能的分解与组合，将不合理的职能重新设计安排，确认各个工作内容最适合由哪个部门、哪个职位去承担，这就是职能识别。

通过职能识别，可将各部门职能进行重新组合分解，进而使各部门、各岗位职责更清晰明朗。

职能组合——对于内容相近的作业项目可以组合成一个大的作业项目，这些作业项目就演化成一个职能。

职能分解——将一个大的作业项目分解成若干个小的作业项目，这些小的作业项目就形成下一级的职能。

3．职能总汇

在职能识别的基础上进一步归纳，把属于同一职位和属于同一部门的工作汇总到一起，形成如表2-2所示的职能汇总表，这样就可清晰了解组织结构中各个部门的具体职位及每一职位的工作项目，从而为职能分解表的编制提供依据。

表2-2　职能汇总表

部门名称	职位名称	工作内容
部门1	职位1	工作1
		工作2
		……
	职位2	工作1
		工作2
		……
部门2	职位1	工作1
		工作2
		……
	职位2	工作1
		工作2
		……

4．编制职能分解表

职能分解的最后一个环节是编制职能分解表，将一个部门的三个职能等级通过表格描述清楚。

一级职能是总体概括一个部门的业务和管理职责，是部门的基本职能。二级职能介于一级和三级之间，既是对一级职能一定程度的分解(这种分解不一定是按职位来分解)，又是对三级职能一定程度的总结。三级职能是调查上来的各项具体工作。

总之，职能分解是一个自上而下层层分解，再从下而上逐步归纳的工作过程。

五、职能分解表的编制

广告公司的职能部门一般可划分为客户部、创意制作部、媒介公关部、业务流程部、市场调研部、财务部和人力资源部。

实际上，由于各个广告公司在规模、业务内容等方面存在差异，所以有的广告公司的职能部门也不完全是这七个，如某广告公司把流程部和市场调研部的职能并入客户部或媒介部，或因业务的关系增设会展部，而大型的跨国广告公司会增设战略发展部、国际业务部等。

1．客户部的职能分解

客户部负责客户开发与服务，其职能包括开发客户、发布广告、沟通协调、广告费用管理等，见表2-3。

表2-3 客户部的职能分解表

编号：

一级职能	二级职能	三级职能
客户开发与服务	1. 开发客户	(1)根据目标客户定位，不断寻找新客户，建立合作关系。 (2)根据公司的发展目标和方向，拓展更多的合作领域。 (3)根据客户的具体情况，不断挖掘老客户的需求，扩展合作范围和方式
客户开发与服务	2. 发布广告	(1)依据客户的要求，协同各部门为客户制订广告计划并实施策略。 (2)提交广告策划书，接受客户意见和建议，修改完善广告计划，直到客户满意。 (3)依据客户认可的广告计划，进行广告的按时发布
客户开发与服务	3. 沟通协调	(1)与客户不断商洽、谈判，直到双方建立合作关系。 (2)向客户汇报广告项目的进展情况。 (3)向客户传递公司的相关信息，如优惠政策、合作方式等。 (4)协调客户与公司各部门之间的关系，如将客户意见及时传递给创意制作部，以便制作出客户满意的广告作品，向客户传达媒介战略，并把客户意见反馈给媒介部等
客户开发与服务	4. 广告费用管理	(1)采取各种方式评估客户的信用情况。 (2)依据合同及时收款、催收拖欠款，尽量避免呆账、坏账的发生
客户开发与服务	5. 维护客户关系	(1)提出广告策略、广告计划的改进建议。 (2)提出各种营销建议，制订市场计划，帮助客户经营。 (3)向客户提供并分析调研部关于广告效果的调查结果。 (4)同客户建立和保持在工作及个人感情上的长久的良好关系。 (5)替客户着想，为客户解决合作过程中出现的各种问题

编制：　　　　　　　　　　　　核准：

2. 创意制作部的职能分解

创意制作部是广告公司的核心部门之一，负责广告宣传的创意表现与制作，职能包括撰写创意纲要、完成广告创意、设计制作广告等，见表2-4。

表2-4 创意制作部的职能分解表

编号：

一级职能	二级职能	三级职能
创意与设计制作	1. 撰写创意纲要	(1)依据客户产品定位、特性及客户的营销策略等因素，确定广告诉求、主题及表现形式。 (2)根据客户方确定的广告策略，针对广告的不同传播渠道，撰写广告创意纲要
创意与设计制作	2. 完成广告创意	(1)广告文案的构思和撰写。 (2)广告画面的构思、版式设计等

一级职能	二级职能	三级职能
	3．设计制作广告	(1)按照广告创意要求设计广告样稿、效果图。 (2)根据客户确认的广告形式进行广告制作、拍摄和印刷。 (3)各类广告的后期制作、合成

编制：　　　　　　　　　　　　　　核准：

3．媒介公关部职能分解

媒介部门是决定广告宣传媒介的职能部门，职能包括媒介调研、策划和购买等，见表2-5。

表2-5　媒介公关部的职能分解表

编号：

一级职能	二级职能	三级职能
媒介资源管理	1．媒介调查研究	(1)与公司市场调研部或专业调查公司合作，获取各种媒介信息并做出分析和研究。 (2)掌握媒体变化，随时为公司提供有创意的媒介选择，为媒介购买策略提供相关数据和可行性分析报告。 (3)调查客户竞争对手媒介的选择、发布时间、次数和费用情况等
	2．媒介策划	(1)充分了解客户市场情况，为客户选择合适的广告媒介(印刷、电子、网络和户外媒介)，或确定媒介组合。 (2)与客户一起商讨、确定客户广告发布的区域(国家、城市)。 (3)明确广告的有效到达率和广告的频次。 (4)确定媒介排期、投放时间及长短(或版面及大小)、频率和周期。 (5)综合媒介调查内容，为客户撰写媒体策划书
	3．媒介购买	(1)了解媒介的操作方式。 (2)参加媒体订购会，与媒介商谈价格、服务等相关事宜，向媒体发出订购单，签订合同。 (3)年度媒介费用的预算和支配。 (4)按时向媒体提交广告素材(播出带/菲林片等)。 (5)与媒介建立和保持良好关系
	4．媒介监测	(1)检查执行保证书，检测广告的刊登、播放是否正确并处理出现的问题。 (2)对媒体的监测结果进行总结分析，撰写媒体检测报告。 (3)及时向相关部门汇报媒介变动情况

编制：　　　　　　　　　　　　　　核准：

4．业务流程部职能分解

业务流程管理部门是负责广告业务协调和监督的职能部门，具有协调各部门之间工作和建立监督、检查机制的职能，见表2-6。

表2-6 业务流程部的职能分解表

编号：

一级职能	二级职能	三级职能
业务流程管理	1. 内部的作业流程连接与协调	(1)协调客户部、创意制作部、调研部之间的工作。 (2)开立工作号(Job Number)、建立工作袋(Job Bag)。 (3)检查各部门的工作简报(Brief)，包括客户简报、创意简报、调研简报、制作简报，并转发给相应部门。 (4)检查工作任务单(Job Order)，并转发下一部门。 (5)完成各个环节的存档工作(创意作品存档、各种单据存档)
一级职能	二级职能	三级职能
业务流程管理	2. 监督广告业务完成情况	(1)审核工作完成时间是否合理，制定各星期工作进度表，并通知各部门。 (2)了解每一环节的工作报价、成本和监督预算执行情况，并向财务部报告。 (3)跟踪工作进度，确保每一项工作环节都按时、保质保量地完成

编制：　　　　　　　　　　　核准：

5. 市场调研部职能分解

市场调研部主要负责提供数据和信息支持，该部门的职能关系到创意策划部的工作安排和进展，具体职能见表2-7。

表2-7 市场调研部的职能分解表

编号：

一级职能	二级职能	三级职能
提供数据和信息支持	1. 为广告策略提供支持	(1)客户的产品市场定位、目标受众、社会美誉度调查。 (2)市场需求、潜力和竞争调查。 (3)客户及其竞争对手的调查，如竞争优势、竞争劣势、机会、威胁调查
	2. 为广告创意提供支持	(1)广告创意测试，调查广告的核心观点是否明显。 (2)广告文案测试，调查信息的传达方式是否有效
	3. 为媒介策划提供支持	(1)调查各种媒介的覆盖区域和覆盖率。 (2)调查媒体的到达率和曝光频次。 (3)调查各种媒体受众的数量和层次。 (4)调查电子媒体的收视(听)率和印刷媒体的发行量。 (5)调查各种媒介载体的数量(主要是电视台/电台/杂志社的数量)
	4. 广告效果调查	(1)客户品牌的知名度调查。 (2)广告接触率调查(是否看到了广告)。 (3)对广告的理解情况调查(是否看懂了广告)。 (4)客户及消费者对广告的评价调查(赞美还是批评)。 (5)客户产品销售额变化调查
	5. 与专业调查公司合作	负责委托专业调查公司调查或直接向其购买相关数据

编制：　　　　　　　　　　　核准：

6.财务部职能分解

财务部具有制订广告公司财务制度、计划、核算等职能,见表2-8。

表2-8 财务部的职能分解表

编号:

一级职能	二级职能	三级职能
公司财务制度与管理	1.制订财务制度	(1)制订各项财务制度(广告费用的收取办法、现金管理办法、预算执行与监督办法等),报领导审批后执行。 (2)制订财务考核办法及财务控制措施。 (3)定期和不定期地对财务管理的规章制度的执行情况进行检查
	2.日常会计核算	(1)组织会计核算与财务处理。 (2)准确编制会计报表,及时向董事会及相关政府部门上报会计报表。 (3)进行公司资产的账目管理 (4)广告费用的收取与管理。 (5)公司各项支出管理
	3.财务计划	(1)组织制订公司的年度财务计划。 (2)制订年度、季度、月度财务收支与预算。 (3)监督落实年度预算的执行情况并进行分析,上报董事会
	4.财务分析	(1)定期进行财务综合分析和预测。 (2)针对问题,及时提出财务控制措施和建议,并上报公司领导参考。 (3)对公司新的业务项目进行财务预算与分析
	5.财务考核	(1)设定财务考核标准。 (2)根据标准对财务部员工进行考评
	6.财务监督	(1)严格执行有关财务制度。 (2)严格监督各项财务收支。 (3)对违反财务纪律的事件及时处理,发现重大问题及时上报公司领导并提出处理意见。 (4)做好审计工作
	7.提案建议	(1)参与公司的经营决策,为公司领导提供决策备选方案。 (2)协助公司领导做好经营前景的预测分析。 (3)做好同行业相关信息的搜索与整理,及时向公司领导提出建议
	8.税务工作	(1)及时了解、掌握国家有关税务政策,收集相关信息。 (2)组织公司的报税工作。 (3)协调好与税务部门的关系
	9.融资管理	(1)根据公司董事会及总经理的指示,做好资金筹备、供应和使用管理工作。 (2)与有关金融机构保持密切联系,积极开拓融资渠道,为公司建立有效的融资途径

编制: 核准:

7.人力资源部职能分解

人力资源部具有公司人事制度的制订、员工管理、员工培训开发等职能,见表2-9。

表2-9 人力资源部的职能分解表

编号:

一级职能	二级职能	三级职能
公司人员管理	1．人力资源规划	(1)根据公司业务发展情况，编制公司人力资源规划，报领导审批后执行。 (2)根据公司业务发展情况及员工的变动情况，定期或不定期地对人力资源规划进行修订，报领导审批后执行
	2．员工日常管理	(1)组织、指导与审核公司各部门编写职位说明书。 (2)根据各部门需要制订招聘计划、进行招聘工作。 (3)负责办理员工的入职、调转、晋升、奖惩、辞职的相关手续。 (4)员工劳动合同和档案管理，办理员工人事档案的调转手续。 (5)制订公司的人力资源管理制度，报领导审批后监督执行情况。 (6)根据公司的相关规定，组织与员工签订或续签劳动合同。 (7)处理公司员工有关经营活动的建议和方案，并根据董事会决定，对员工有价值的提案给予相应奖励。 (8)协助行政部门做好相关工作
	3．员工培训和开发	(1)根据各部门提交的年度员工培训计划，编制公司年度培训计划，报领导审批后执行。 (2)培训费用预算，确定费用来源。 (3)制订和安排实施年度培训计划。 (4)培训效果评估
	4．绩效考核	(1)根据公司各部门的职能分解和员工的职位说明书，制订考核标准，组织实施业绩考核。 (2)配合相关部门，依据年度经营目标和计划对中层以上管理者进行考核。 (3)考核结果的反馈和运用。 (4)对员工进行考勤管理
	5．人员工资待遇	(1)制订公司薪酬福利政策，报领导审批后执行。 (2)进行薪酬福利结构设计(薪酬调查、定位、分级)，报领导审批后执行。 (3)确定员工的工资发放制度，编制员工工资表

编制:　　　　　　　　　　　　　　核准:

第二节 广告公司的职位设置与说明

背景资料

广告公司各部门具有不同的职能，不同的职能决定了各部门的具体工作不同，因此，相对工作的员工岗位在广告公司中的划分是十分详细的，例如，职位的名称、负责工作的具体内容、权利与职责等。

一、工作分析

做好工作分析，能保证员工在公司的工作和发展，保障管理职能的规范化，提高公司人力资源的使用效率，降低人力资源的使用成本。

(一)工作分析的概念

工作分析是以组织中的工作职位为研究对象，对组织中某一职位设置的目的、任务、职责、权力和隶属关系、工作条件、任职资格等相关信息进行收集与分析，并对该职位的工作做出明确的规定，确定完成该工作所需的条件和人员的过程。

(二)工作分析的内容

广告公司在进行工作分析时应从以下六个方面来考虑：职位名称、工作地点；工作的性质、内容、流程、完成需要的时间；员工的任职资格与条件；权利与责任；沟通关系；工作环境与条件及危险性。

(三)工作分析的基本流程

一般广告公司进行工作分析的工作流程从开始到结束分为三个步骤，如图2-2所示。

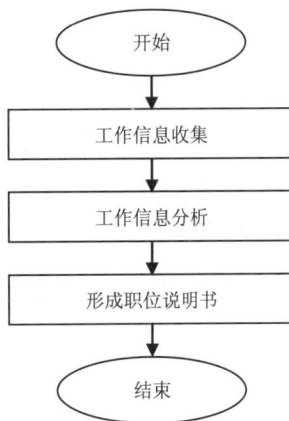

图2-2 工作分析流程图

1. 工作信息收集

工作信息收集是进行工作分析的基础性工作，一般是先通过书面调查来收集第一手数据，再运用访谈法和观察法对第一手数据进行修正。

书面调查即事先设计好工作分析问卷调查表(如表2-10所示)，由相关职位的员工填写后收回获取的信息资料的过程。

访谈法是调查者通过与被调查者面对面地交谈，直接了解被调查者职位信息的方法。

观察法即指调查者深入工作现场，进行如实记录、勘测、抽样等工作，进而对所获得的相关数据进行分析和归纳的方法。

表2-10 工作分析问卷调查表

姓名		职称		责任职务		工龄	
性别		部门		直接上级		进入公司的时间	
年龄		学历		月均收入		从事本工作的时间	
工作时间要求							

工作时间要求：
1. 正常工作时间每日从( )时开始至( )时结束。
2. 每周平均加班时间为( )小时。
3. 所从事的工作是否忙闲不均(是，否)。
4. 若工作忙闲不均，则最忙时经常发生的时间段是( )。
5. 外地出差情况：每月平均( )次，每次平均需要( )天。
6. 本地外出情况：平均每周( )次，每次平均需要( )天。
7. 出差时所使用的交通工具按使用频率排序。
8. 其他需要补充说明的问题

工作目标	主要目标			其他目标		
	1. 2.					

工作概要	用简练的语言描述一下您所从事的工作:

工作活动程序	

工作活动内容	名称	结果	占全部工作时间百分比	权限(请打"√"选择)		
				承办	报审	全权负责
	1.					
	2.					

失误的影响	若您的工作出现失误,会发生下列哪种情况	说明
	1. 不影响其他人工作的正常进行。 2. 只影响本部门内少数人。 3. 影响整个部门。 4. 影响其他几个部门。 5. 影响整个公司	如出现多种情况,请按影响度由高到低依次填写在下面的括号中 (　　　　　　　　　)
	公司形象损害	
	经营管理损害	1　　2　　3　　4　　5 轻　较轻　一般　重　较重
	其他损害	

接触单位和人	内部
	外部

监督	1. 直接和间接监督人员数量( )。 2. 被监督的管理人员数量( )。 3. 直接监督人员层次:一般职工、基层领导、中层领导、高层领导

工作基本特征	责任性	1. 只对自己负责。 2. 对职工有监督指导的责任。 3. 对职工有分配工作、监督指导的责任。 4. 对职工有分配工作、监督指导和考核的责任
	决定性	1. 在工作中时常做些小的决定,一般不影响其他人。 2. 在工作中时常做些决定,对有关人员有些影响。 3. 在工作中时常做些决定,对整个部门有影响,但一般不影响其他部门。 4. 在工作中时常做些大的决定,对自己部门和相关部门有影响,但一般不影响其他部门。 5. 在工作中要做重大决定,对整个公司有重大影响

工作基本特征	权限	1. 有关工作的程序和方法均由上级详细规定，遇到问题时可随时请示上级解决，工作结果需报上级审核。 2. 分配工作时上级仅指示要点，工作中上级并不时常指导，但遇到困难时仍可直接或间接请示上级，工作结果仅受上级要点审核。 3. 分配任务时上级只说明要达成的任务或目标，工作的方法和程序均由自己决定，工作结果仅受上级原则审核。	
	方法步骤	(1)完全相同(2)大部分相同(3)有一半相同(4)大部分不同(5)完全不同	
	在工作中您所接触的信息经常为以下哪种	1. 原始、未经加工处理的信息。 2. 经过初步加工的信息。 3. 经过高度综合的信息。	如出现多种情况，请按"经常"的过程度，由高到低依次填写在下面括号中 （　　　　　　　　）
	在您做决定时常根据以下哪种资料	1. 事实资料。 2. 资料、模糊的相关资料。 3. 难以确定是否相关的资料。	如出现多种情况，请按"依据"的过程度，由高到低依次填写在下面括号中 （　　　　　　　　）
	在工作中，您需要做计划的程度	1. 在工作中无需计划。 2. 在工作中需要做一些小的计划。 3. 在工作中需要做部门计划。 4. 在工作中需要做公司整体计划。	如出现多种情况，请按"做计划"的过程度，由高到低依次填写在下面括号中 （　　　　　　　　）
	在您的工作中接触资料的公开性程度	1. 在工作中所接触的资料均属公开性资料。 2. 在工作中所接触的资料属于不可向外公开的资料。 3. 在工作中所接触的资料属于机密资料，仅对中层以上领导公开。 4. 在工作中所接触的资料属于公司高度机密，仅对少数高层领导公开。	如出现多种情况，请按"公开"的过程度，由高到低依次填写在下面括号中 （　　　　　　　　）

任职资格要求	您常起草或撰写的文字资料	(1)通知、便条、备忘录 (2)简报 (3)信函 (4)汇报文件或报告 (5)总结 (6)公司文件 (7)研究报告(8)法律文件 (9)合同 (10)其他	等级	频率 1. 极少 2. 偶尔 3. 不经常 4. 经常 5. 一直
	学历要求	高中 职专 大专 大本 硕士 博士		
	为顺利履行工作职责，应进行哪些方面的培训，需要多少时间	培训科目	培训内容	最低培训时间(月)
	一个刚刚开始从事某工作的人，要多长时间才能基本胜任该工作			

任职资格要求	为了顺利开展您所从事的工作，需具备其他哪些方面的工作经历，工作年限多长	工作经历要求	最低时间要求
	在工作中您觉得最困难的事情是什么，您通常是怎么样处理的	困难的事情	处理方法
	您所从事的工作有何体力方面的要求	(1)轻　(2)较轻　(3)一般　(4)较重　(5)重	
	专业技能的要求（如计算机等）		
	其他能力要求	(1)指导能力　　(2)激励能力 (3)授权能力　　(4)创新能力 (5)计划能力　　(6)资源分配能力 (7)管理技能　　(8)时间管理 (9)倾听敏感性　(10)人际关系 其他	重要性排序
考核	对于您所从事的工作，您认为从哪些角度进行考核，基准是什么	考核角度	考核基准
建议	您认为您所从事的工作有哪些不合理的地方，应如何改善	不合理处	改进建议
备注	您还有哪些需要说明的问题		
	直接上级确认符合事实后，签字		

工作日志调查表是调查者运用观察法进行工作信息收集所使用的工具，如表2-11所示。

表2-11　工作日志调查表

姓名：　　　　　　　　　职位：　　　　　　　　　部门：

序号	岗位名称	工作程序	时间消耗	重要程度(一般/重要/很重要)

2．工作信息分析

工作信息分析主要是对收集来的工作信息进行整理、统计、分析，包括工作日志分析、任职资格分析、考核要素分析、培训要素分析四项内容。

1) 工作日志分析

工作日志分析是指核实、整理有关工作特征、内容、程序和时间等方面的信息，并从中发现每项工作的关键部分，便于公司相关管理部门控制。

2) 任职资格分析

任职资格分析是指量化、具体化各项资格要求，以便于公司进行招聘和培训。

3) 考核要素分析

考核要素分析是指找出各项工作的工作成果和决定工作成果的关键要素，便于公司对各职位员工进行考核和奖惩。

4) 培训要素分析

培训要素分析是指根据某项工作的要求和任职资格等明确员工所需的培训领域。

3．形成职位说明书

工作信息分析完成后，企业就要根据其职位列表，进行职位说明书的编制。职位说明书是企业对其所设置职位的各种要求进行说明的文件，是对各职位任职者的职位名称、任职条件、上下级关系、主要职责范围、责任程度等方面的描述。工作分析与职位说明书的编写是一个连续的、统一的工作过程。

二、广告公司的职位设置

职位设置是广告公司正常运营的保障，它根据广告公司实际工作的需要，系统化、科学地进行职位的配置。

(一)职位设置的相关概念

1．职位的概念

职位是组织的基本单位，它是根据组织目标为个人规定的一组任务及相应的职责。设置职位的目的不单是要从事某项特定活动，还要达成某种特定的工作目标。

2．职位设置的概念

职位设置就是组织为实现自身目的，根据实际需要，科学、系统地进行职位的合理配置，以满足组织正常运作的需要。

广告公司的职位设置就是为实现公司的战略发展目标，根据自身运转、发展的需要，结合本公司的业务经营模式、客户特性等因素，对各部门职位进行科学合理的安排。

(二)职位设置的原则

广告公司在进行职位设置时要遵循以下四个基本原则。

1．相符原则

公司赋予每一职位的权利和责任必须是相符合、相适应的，要避免出现权责不符的情况。

2．能级原则

能级原则是指上级职位对下属职位的工作职责拥有绝对的权威，上级有对下属工作进行指导、监督、控制和管理的责任。下级职位要服从上级职位的领导与监督，当然也有提出建议的权利。

3．协调原则

职位设置的目的是为了实现公司的发展目标。因此，上下级职位、同级职位必须相互协调，形成系统，共同完成公司的整体目标。

4．因事择人原则

公司应该是为了实现特定工作目标、成果来设置职位并选择担任该职位的人，而不应是因人设岗的，因此进行职位设置时要遵循"因事择人"的原则。

(三)进行职位设置

广告公司进行职位设置时，应遵循如图2-3所示的工作流程步骤。

1．职能分解

职位设置前，应从上到下，把职能分解到各个部门，再从部门分解到各个小组和每个员工，最终把职能分解成相对独立、能够衡量和操作的具体工作项目，并详细列出工作职责和任务。

2．工作组合

在职能细分的基础上，把性质相近、难易程度与责任相似且相互联系的具体工作项目组合成一个职位的工作任务。

3．确定职位层次

职位层次一般按决策层、专业管理层和执行层来确定。在确定职位层次时要做到层次分明、分工明确、结构合理，如图2-4所示。

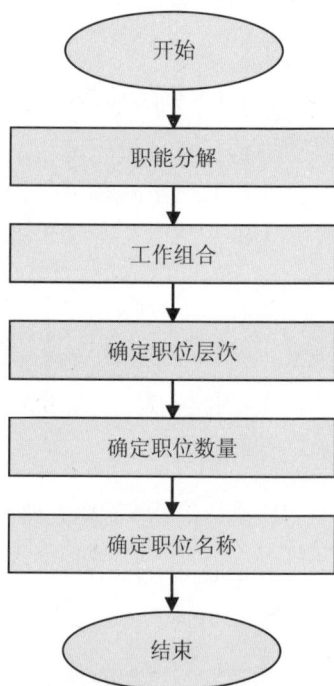

图2-3　职位设置工作步骤

4．确定职位数量

根据公司规模、发展规划和管理幅度等方面的需要，在"最低数量原则"的指导下，合理确定职位的数量，使公司的职位数量既能满足现实需要，又能使人力成本和管理成本最小化。

5．确定职位名称

职位名称必须简明、规范，能体现出该职位的特点和所处的层次。

6．广告公司的职位列表

广告公司七个最重要部门的主要职位如表2-12所示，其中所列职位是一般广告公司都会设置的。实际上，各个公司应根据本公司的规模、发展阶段和战略等因素来确定职位的类型和数量。

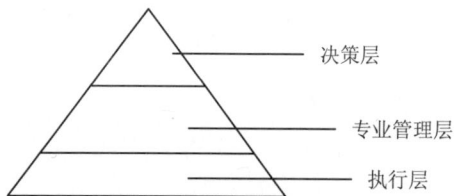

图2-4　职位基本层次图

表2-12 广告公司职位列表

部 门	职位编号	职位名称	建议人数(人)
公司总部	M-01	总经理	1
	O-01	运营总监	1
			合计人数2人
客户部	A-01	客户总监	1
	A-02	客户经理	1
	A-03	客户执行	3
	A-04	业务专员	10
			合计人数15人
创意制作部	C-01	创意总监	1
	C-02	文案	3
	C-03	美术	3
	C-04	影视广告监制	2
	C-05	平面广告监制	2
	C-06	电脑美工	2
		其他	
			合计人数13人
媒介部	M-01	媒介总监	1
	M-02	媒介经理	1
	M-03	媒介策划	1
	M-04	媒介购买	1
	M-05	媒介调研员	1
			合计人数5人
流程部	T-01	流程部经理	1
	T-02	流程员	1
	T-03	广告审查员	2
			合计人数4人
市场调研部	R-01	市场调研部经理	1
	R-02	市场调研部主管	1
	R-03	调研员	1
	F-04	资料员	1
			合计人数4人

续表

部 门	职位编号	职位名称	建议人数(人)
财务部	F-01	财务总监	1
	F-02	财务部经理	1
	F-03	财务助理	1
	F-04	会计师	3
	F-05	应收账款专员	1
	F-06	成本管理专员	1
	F-07	出纳	1
			合计人数9人
人力资源部	HR-01	人力资源经理	1
	HR-02	人力资源助理	1
	HR-03	招聘专员	1
	HR-04	人事专员	1
	HR-05	培训专员	1
	HR-06	绩效考核专员	1
	HR-07	薪酬福利专员	1
			合计人数7人

三、广告公司的职位说明书

职位说明书通过职位描述，把工作中直接的实践经验归纳总结上升为观念形式，使之成为指导性的管理文件。通常职位说明书一式三份，一份为员工自己保管，另两份分别保管在人力资源部和用人部门负责人手中。

1．职位说明书的编写说明

在完成工作分析和职位设置之后，企业就可以编写职位说明书了。职位说明书的编写并没有一个统一的格式可循，不同行业的职位说明书各有其侧重点。一般来说，职位说明书可包括职位标识、工作描述和任职资格这三方面的内容。

2．一般企业职位说明书的内容

这是广告公司职位说明书的编写内容要求范本，如表2-13所示。

表2-13　职位说明书

内　容	包含项目	具体说明
职位标识	职位编号	企业根据自己的情况自行设置的内容，如某公司中的一岗位编号为HR-03-02，其中HR表示其属于人力资源部，03表示的是主管级别，02表示处于该职位上的员工在该部门全体员工中的顺序号
	职位名称	反映该职位的主要职责内容，应尽量简洁、明确、具体

续表

内　容	包含项目	具体说明
工作描述	职位概述	即对某职位主要职责进行简要说明，描述工作的总体性质，列出工作的主要功能或活动。在描述过程中，应尽量避免使用诸如"执行需要完成的其他任务"等模糊性语句，以免造成工作中责任归属上的纠纷
	履行职责	即职位概述的具体化，将职位承担的职责及每项职责的主要任务和活动描述出来。例如，可将人力资源部经理"进行员工招聘、面谈、甄选"的任务具体为"对应聘者简历进行初步筛选"、"组织应聘者面试和二次筛选"、"考核新员工试用期内的业绩并决定最终录用人选"等
	业绩考核标准	描述企业对员工所从事的各项工作的业绩期望，应列出业绩衡量要素和衡量标准。衡量要素表明业绩考核应从哪些方面进行，而衡量标准则规定了到何种程度时工作才算完成
	沟通关系	主要说明职责与组织内外部人员之间的联系情况。但要注意，不应将偶尔发生联系的部门和职位列入沟通关系的范围之内
	工作条件	包括工作时间、地点要求、工作的物理环境条件以及为完成工作所需要使用的各种仪器、设备和工具等
任职资格	胜任该职位的要求	包括专业背景、学历水平、资格证书、工作经验、必要的知识与能力以及身体状况等，既是胜任该职位的基本要求，也是最低要求

02

四、广告公司的职位说明书范例

根据上述职位说明书内容的介绍，广告公司就可在职能分解的基础上，通过工作分析和职位设置，进行职位说明书的编制工作。

(一)总经理职位

总经理一职要负责领导制订和实施公司中长期战略规划，组织制订公司年度经营管理计划，实施目标分解，运用组织、领导、协调、沟通、监察、检查等管理手段，组建、培养高效的管理团队和业务团队，全面提高公司的管理水平，增强公司的市场竞争力，确保公司的各项目标顺利完成。

任职条件：学历大学本科以上，五年以上广告、媒体行业从业经验，三年以上广告公司高层管理经验，具有国际4A广告公司相关工作职位工作经历者优先，熟悉国家有关广告的政策规定、法律知识及广告行业组织的运作模式；精通广告业务的整个流程；熟悉广告行业的发展趋势和整个外部市场的发展特点。

总经理职位职能的明确要求详见表2-14。

表2-14　总经理职能要求表

职责范围 (按重要顺序依次列出每项职责及其目标)	负责程度(全责/部分/支持)	建议考核内容 (考核标准)
1.制订和实施公司发展战略 提出和制订公司的中长期战略规划，并根据内外部环境的变化及时进行调整，报请董事会审批后组织、监督战略的实施	全责	董事会满意度评价在4分以上，年度经营目标的实现率达到100%

续表

职责范围 (按重要顺序依次列出每项职责及其目标)	负责程度(全责/ 部分/支持)	建议考核内容 (考核标准)
2. 制订和实施年度经营计划 根据公司发展战略规划和董事会下达的年度经营指标，组织制定、实施和监督公司年度经营计划	全责	年度经营计划指标完成率达到100%
3. 主持日常运营工作 按时组织公司各项工作计划的制订，召开相关会议或下发相关文件，布置计划的实施；制订年度预算方案和利润分配计划；处理重大突发事件；协调各部门间的相互配合与支持，确保年度经营目标的实现	全责	公司正常运转，下属工作积极性高，各部门之间合作顺畅；计划目标完成率达100%
4. 监督检查 负责召集总经理办公会议，通过各部门及各分、子公司的工作汇报，监督检查经营管理的执行情况和公司财务收支计划的执行情况，及时总结经验并提出有效的改进措施，确保年度经营目标的实现	全责	考核的财务与非财务指标评分达100分
5. 资源管理 依据现代企业管理规范，全面管理、调配公司资源；负责审批营销管理、人力资源管理、作业流程管理、财务管理等决策和经营管理模式变革的方案，确定专人落实实施，使资源管理纳入公司规范化管理的轨道	全责	考核的财务与非财务指标评分达100分
6. 经营层干部管理与开发 指导开发人力资源，负责经营层管理人员的聘任、培训、管理、考核，并通过逐级负责的原则，全面提升公司员工的素质，提升公司的市场竞争力	全责	经营层干部的考核结果平均得分达到90分以上
7. 公司高层级的对外联络 负责与董事会保持良好沟通；负责建立并协调处理与媒体、政府部门、大客户等的重要关系	部分	良好的运作与发展的外部环境

职位编号M-01

(二)运营总监

运营总监要根据公司的发展战略目标，按照董事会批准的工作计划和经营目标，在总经理的领导下，负责公司的日常运营，对各个部门的工作进行宏观指导与协调；建立良好的媒体关系和客户关系；塑造企业和服务形象；建设高效的业务队伍；有效地进行成本控制工作，以便为公司获得最大的经济效益。

任职条件：大学本科以上学历，企业管理等相关专业毕业，相关工作职位五年以上工作经验，有大型广告公司或国际知名4A广告公司相关工作经验优先，熟悉国家有关的行业规范及政策规定，全面了解本行业在国际、国内最新发展方向及市场动向；精通广告公司的运作流程，熟悉客户部、创意制作部、媒介部、调研部等各个部门的具体业务活动；熟悉广告、宣传公关等业务知识及相关的合同与法律知识等。

运营总监职位职能的明确要求详见表2-15。

表2-15 运营总监职位职能要求表

职责范围 (按重要顺序依次列出每项职责及其目标)	负责程度(全责/部分/支持)	建议考核内容 (考核标准)
1. 建立和完善公司的运营制度 组织制定公司的经营管理制作,并监督、检查和指导制度执行;优化和完善业务流程规划,并监督检查实施情况	全责	公司制度健全、可行;公司气氛好、运转效率高
2. 公司日常运营的统筹安排 指导、部署各部门经理的工作,指导各部门制订阶段工作计划和进度表,并督促执行;协调各部门之间的合作,协调解决处理重大问题	全责	业务流转、交接、部门间沟通顺畅,领导、员工满意度在4分以上
3. 制定经营计划 根据公司战略发展规划和董事会批准的公司年度经营指标,协助总经理制订营销战略规划和年度经营计划,组织各部门及各分、子公司制订本年度经营计划,并对下属公司的经营活动进行必要的调度、协调与监督;定期召开集团公司季度、月度经营计划会议	全责	年度经营指标完成达100%
4. 目标管理 制订公司年度目标管理计划、目标分解方案和考核方法,并组织实施,对目标实施情况进行检查、汇总	全责	年度目标管理计划实现率100%
5. 考核管理 以目标管理的各项指标作为考核的依据,对公司各部门、下属公司的经营效果进行考核和年度审计,并对各部门经理及子公司的管理层进行责任考核	全责	各项指标考核的完成率100%
6. 成本控制管理 主持公司的成本控制工作,制订成本控制的流程和管理办法;向各部门传达成本控制的措施,并监督、检查其执行情况	全责	运营成本降低率10%,公司利润完成率100%
7. 代表公司进行高层业务联络 与重要媒体的关系维护和发展,为公司业务发展创造宽松环境;重要客户的关系维护和发展	部分	良好的运作与发展的外部环境

职位编号O-01

(三)客户部

客户部是广告公司重要的部门之一,领导职位包括客户总监和客户经理。

1. 客户总监

客户总监的职位要求其依据公司年度经营目标,制订部门工作计划;与客户进行更高层次的沟通,有效维护重要客户关系;组织部门人员进行客户的开发、拓展,建立客户管理制度、客户结构,扩大公司经济效益。

任职条件:一般都要求学历本科以上,市场营销、经济学、企业管理等相关专业均可;五年以上广告业相关工作经验,三年以上大中型广告公司相应职位工作经验或4A广告公司工作背景优先。

客户总监的职位职能要求包括职责范围、负责程度和考核内容几项，详见表2-16。

表2-16　客户总监职能要求表

职责范围 (按重要顺序依次列出每项职责及其目标)	负责程度 (全责/部分/支持)	建议考核内容 (考核标准)
1. 制订销售计划、策略并实施 依据公司年度战略发展计划，制订本部门销售计划、策略，并组织实施	全责	年度销售目标实现率100%
2. 开发、维护目标客户，构建客户结构 开发新客户，维护与老客户的合作关系，并不断发掘老客户的新需求，扩大合作范围；构建公司良好的客户结构；定期拜访大客户，为客户提供切实可行的营销策略指导(市场策略、产品策略和广告策略)	全责	客户关系良好，客户结构合理
3. 业务团队建设和管理 业务团队的组建、培训指导、锻炼、培养高素质、高效率的业务销售队伍；对部门人员进行绩效考核、评估，建立高效的销售管理系统；带领业务团队完成部门年度销售指标	全责	员工业绩高，考核综合评价在4分以上；任务完成率100%
4. 建立客户管理制度 依据公司各业务的目标客户，建立科学的客户管理制度，对客户进行档案管理，有效提高客户开发的工作效率	部分	制度合理，客户开发成功率高
5. 关注竞争对手，适时调整销售方案 时刻关注竞争对手情况，寻找有价值的市场信息，调整销售方案，增强公司市场竞争力	部分	销售业绩稳定，领导满意度在4分以上

职位编号A-01

小贴士

如何赢得客户

广告公司的客户来源有几种途径：通过与高层管理人员的私交、其他中意客户的推荐、对近期成功广告活动的宣传、贸易广告、直邮或公司一向的声誉。

开发新业务最成功的三种办法是：力争客户对本广告公司的工作赞不绝口；具备高超的提案技巧；与高级主管建立私人交情。

图2-5所示为广告公司为了吸引客户所做的创意，这往往是吸引潜在顾客的有效方法，如前本田经销商的广告箱。法伦·麦克爱利高采用了类似办法来开发新业务，他们向潜在顾客邮寄了一只空盒子，里面印有他们的电话号码以及供顾客打电话的一枚25分的硬币。

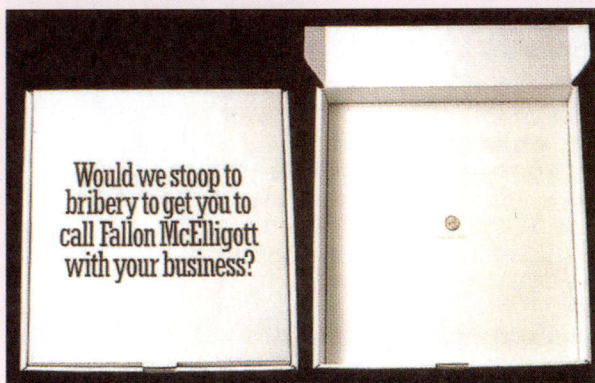

图2-5　本田广告

2．客户经理

客户经理依据公司的发展计划，与客户总监一起制订部门的年度工作计划并组织实施；维护与重要客户的关系；进行部门工作的协调与安排，挖掘客户资源，扩大合作领域，提高公司的经济效益。

任职要求：学历要求大学本科以上，广告传播、市场营销、企业管理等专业，三年以上广告公司从业经验，拥有一年以上国内大中型广告公司、公关公司等工作经历，客户资源丰富者优先。

客户经理职能要求详见表2-17。

表2-17　客户经理职能要求表

职责范围 （按重要顺序依次列出每项职责及其目标）	负责程度（全责/部分/支持）	建议考核内容 （考核标准）
1. 制订部门计划并组织实施 依据公司下达给部门的任务指标，制订年度、季度、月度工作计划，并组织下属实施，完成年度业务指标	全责	目标完成率达100%
2. 开拓市场，开发客户 依据公司业务特性，积极开拓市场，进行招商工作；扩展客户范围，积累客户资源，建立客户结构；收集市场信息，推广、开发公司业务项目	全责	客户资源增加，业务项目扩展，领导满意度在4分以上
3. 建立客户服务系统 建立、健全客户服务制度及客户管理制度，为签约客户提供全程服务；新老客户关系的维护与管理；针对客户需求提供量身定做的解决方案；协调媒体服务和客户服务的关系，在不影响公司利益的情况下尽量满足客户的要求	全责	客户关系顺畅，客户满意度4分以上
4. 把握行业动态，关注竞争对手 关注行业发展动态，及时总结，为公司提供建设性意见；了解竞争对手的情况，及时调整营销策略	部分	对市场变化明察秋毫，政策调整准确、及时

职责范围 (按重要顺序依次列出每项职责及其目标)	负责程度(全责/ 部分/支持)	建议考核内容 (考核标准)
5. 部门内部的管理协调 制订部门内部各项制度；指导培训下属，建立高效的项目团队；监督广告款项的回笼，避免呆坏账的出现；对下属员工进行绩效考核，充分调动员工的积极性	部分	员工完成任务率90%，综合评价在4分以上

职位编号A-02

3．客户执行

客户执行一职要依据公司业务制度的规定和客户要求，为客户制定广告宣传方案；负责客户与公司之间的各项沟通工作，保证与客户合作顺畅；监督广告制作的全过程，保证质量；关注市场的变化及竞争性活动。

客户执行任职要求：学历大学本科以上，广告学、市场营销学等相关专业，三年以上广告公司、公关公司同等职位工作经验，具有国内大中型广告公司或外贸同类公司工作背景者优先。

客户执行职能要求详见表2-18。

表2-18　客户执行职能要求表

职责范围 (按重要顺序依次列出每项职责及其目标)	负责程度(全责/ 部分/支持)	建议考核内容 (考核标准)
1. 撰写广告策划书 依照客户提供的资料与要求，与其他部门研究讨论后撰写广告策划书，其内容包括营销策略、广告目标、创意策略、媒介策略和广告预算	全责	策划书内容有创意，客户满意度在4分以上；策划书内容成功执行率达100%
2. 提交会议记录和进度报告 记录公司与客户会议的重要内容及达成共识的下一步工作安排，经客户总监审阅后提交给客户；每周一次的合作进度报告的撰写和提交，让客户对下一周工作一目了然	全责	报告提交及时，己方和客户满意度均在4分以上
3. 客户的沟通协调 代表公司与客户不断进行交流，将公司的各种规定、工作进度等及时反馈给客户；代表客户与公司沟通，将客户的要求传达给公司各个部门的工作人员；与客户建立和维持良好的、长久的合作关系	全责	客户满意度高；双方合作默契，信息交流顺畅；客户的忠诚度高
4. 项目过程控制 制订广告的预算和安排工作流程；控制广告制作的工作进度，对广告制作的每一阶段进行质量控制；围绕广告的制作协调公司资料和分派任务	部分	过程控制得合理，领导满意度评价在4分以上
5. 审视竞争状况 时刻留意市场上的竞争性活动，收集媒体、创意方面的信息资料，及时向公司和客户提交报告，以便针对变化及时调整策略，帮助客户盈利	全责	领导满意度评价在4分以上

职责范围 (按重要顺序依次列出每项职责及其目标)	负责程度(全责/ 部分/支持)	建议考核内容 (考核标准)
6.协助业务专员工作 协助业务专员签订广告合同并审核及会签；收集业务拟稿单报 流程部备案	部分	部门内员工评价在4分 以上

职位编号A-03

4．业务专员

业务专员一职要在客户经理的领导下，根据公司的相关销售政策，建立、维护、扩大客户资源，完成公司规定的销售计划，实现公司的销售目标。

任职条件：高中以上学历，专业不限，一年以上广告销售相关工作经验。

业务专员的职能要求详见表2-19。

表2-19　业务专员职能表

职责范围 (按重要顺序依次列出每项职责及其目标)	负责程度(全责/ 部分/支持)	建议考核内容 (考核标准)
1.寻找潜在客户，积累客户资源 根据公司业务特征，寻找潜在客户，积累客户资源；不断挖掘 老客户的新需求，扩大合作领域	全责	客户数量多，广告销售 额目标达成率达100%
2.与客户的日常接洽 预约、拜访客户；与客户签订合同；回访和收取广告款项；进 行合作过程中的联络，如送稿复审确认，让客户审核制作的样 稿，向公司各部门传递客户的要求等	全责	客户满意度高；工作及 时和准确，直接主管满 意度评价在4分以上
3.客户资料的存档管理 记录每一客户的详细资料，并整理存档，方便公司查询、业务 交接和售后服务工作的进行	全责	每个客户的资料准确全 面，领导满意度评价在 4分以上

职位编号A-04

小贴士

经济学家如何看待广告对销售的影响

一般说来，销售量大小取决于企业的广告资金投入的大小，在合理的界限内(如果广告活动不太矛盾的话)，企业花费的广告资金越多，销售量就越大。然而，就连最敬业的广告公司也不得不承认，虽然有点不情愿，广告主有可能要花费一些冤枉的广告资金。

经营者应该了解每增加一元钱的广告经费，可以增加多少销售量，什么时候这种效果会消失？不必用固定的数字来表明潜在的需求，只需一张图表或统计方式就可以说明销售与广告之间的关系。

销售曲线如图2-6所示，曲线的大部分向右呈上升状态(正弧线)，这意味着增加的广告费用会继续引起销售增长，直到(X预算数)信息达到饱和，此时，人们开始对信息无动于衷，不再将它与产品发生联系。

在企业提供的广告经费未达到饱和状态时，尚能维护销售增长，但随着广告费支出越来越大，曲线也会越变越平，达到平衡，直至出现饱和。

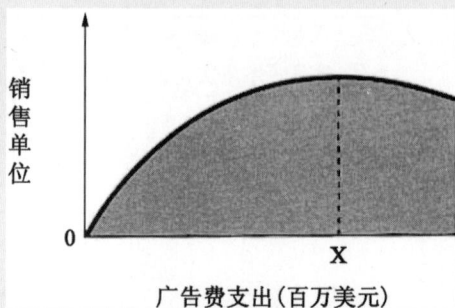

图2-6　销售曲线

曲线开始变平的点就是广告回报开始消失的那个点。在整个广告预算都很少的时候，每增加一美元的广告经费，就有可能增加10倍的销售量，但当市场接近饱和的时候，每增加一美元可能只会引起30美分的销售。

(四)创意制作部

广告公司创意制作部是广告公司的核心部门，该部门的负责人是管理着生产创意的最核心人员。

1. 创意总监

创意总监全面负责创意制作部的行政管理和业务管理，控制广告创作质量，使广告战略符合客户的营销战略需求。

任职条件：大学本科以上学历，广告、公关、管理等相关专业，五年以上广告创意相关工作经验，有过大型项目的策划、创意经历，精通广告设计流程，具有丰富的市场营销、创意概念与表现(文案与设计)的经验，熟悉广告战略和营销战略；了解成本控制及品质要求。

创意总监的职能要求详见表2-20。

表2-20　创意总监职能要求表

职责范围 (按重要顺序依次列出每项职责及其目标)	负责程度(全责/部分/支持)	建议考核内容 (考核标准)
1. 领导完成创意纲要 通过对客户产品或服务的分析，并根据客户要求，确定广告的基调和表现形式，以及要达到的营销与传播效果；参与广告策略的制定，提供有创意的方案	全责	客户满意度在4分以上，创意通过率80%以上
2. 指导下属，确保创意作品质量 挖掘、激发创意制作部员工的创作热情，指导员工创作方法，提高作品质量；收集版式设计资料，丰富图片资料库，保证创意灵感来源	全责	广告作品的评价高，客户满意度在4分以上
3. 推介创意提案 代表创意制作部门向客户和公司相关人员解说推介创意提案，力争得到客户的认可	全责	提案通过率90%以上

职责范围 (按重要顺序依次列出每项职责及其目标)	负责程度(全责/ 部分/支持)	建议考核内容 (考核标准)
4. 部门队伍管理 选聘、任命和考核创意人员，合理分配工作任务；制定下属的考核指标并组织实施员工考核，对员工进行培训指导和评估工作	部分	工作分配合理，下属工作积极性高，创作能力强
5. 监督广告制作过程 组织设计制作人员依据创意要求进行广告稿件的设计制作，保证按时高质量完成广告样稿	部分	广告样稿符合创意要求，客户满意度在4分以上

职位编号C-01

2. 文案

文案职位主要根据公司和客户要求，撰写文字介绍和软文及各类广告稿件的文字表现。

任职条件：大学本科以上学历，中文、美术等相关专业，三年以上文案工作经验，熟悉各类广告文字的表现形式；熟练操作计算机及各种设计软件；具备一定的文学修养和文字功底，了解各类媒体特点、广告形式特点。

文案的职能要求详见表2-21。

表2-21　文案职能要求表

职责范围 (按重要顺序依次列出每项职责及其目标)	负责程度(全责/ 部分/支持)	建议考核内容 (考核标准)
1. 文案编写 根据广告与公关策略，同创意制作部成员一同构思创意，负责完成公司所承接的各类具体涉及文字表达内容的文案编写与处理，包括电视广告文案、平面广告文案、产品说明书、单张文案、公关策划方案等	全责	文字表现力和信息传递力强，客户满意度高
2. 宣传软文撰写 根据公司文化建设需要，编撰公司内部信息，确保公司内部的信息交流；及时报道公司各类市场活动，并向指定媒体发稿，保证公司形象的宣传力度；应客户要求为其撰写宣传文章，在相关媒体上发布	全责	领导、客户满意度评价在4分以上
3. 与其他部门人员协作 与创意制作部探讨广告的表现形式；与客户部商讨广告策略和创意策略；与美术和制作人员合作完成广告样稿	部分	沟通顺畅，合作愉快，同事和领导的评价高
4. 资料管理 按照公司保密措施规定，保管、归档客户文案资料，做好客户资料以及公司对客户的创意文案、设计、策略等资料的保密工作，保管客户部提供的客户原始资料；保证资料的安全与完整性	部分	文字表现符合客户的要求，客户的满意度高

职位编号C-02

3．美术

美术依据广告创意要求，进行广告创意的视觉表现，使抽象的广告创意具体化。

任职条件：大学专科以上学历，美术、设计等相关专业，一年以上4A广告公司相应职位工作经验，具备美术知识、画面编辑能力、图形设计能力、广告传播专业知识等。

美术的职能要求详见表2-22。

表2-22　美术职能要求表

职责范围 （按重要顺序依次列出每项职责及其目标）	负责程度（全责/部分/支持）	建议考核内容 （考核标准）
1．广告画面构思和版式设计 根据广告创意文案内容，进行文字、色彩、图片、图案的选择编排、版式设计	全责	充分表现创意意图，信息传递有效性高
2．完成视觉表现工作 对所构思的版面内容通过绘画、声音合成、动画制作、影像拍摄等手段，实现视觉表现	部分	工作完成的时效性及领导满意度高
3．与其他创作人员合作 与文案共同完成所有表现的概念，并对客户进行作品提案讲解；与制作人员一起，完成广告创新制作；与客户执行一起商讨市场策略方向及创意认同	部分	沟通顺畅，合作愉快，同事和领导的评价在4分以上

职位编号C-03

4．影视广告监制

影视广告监制依据创意要求，制订影视广告的制作计划并组织实施，按时保质完成作品，提交给客户部，为公司创造经济价值。

任职条件：大学本科以上学历，三年以上相关工作经验，两年以上影视广告监制工作经验，具备影视制作知识、摄影摄像技术、美学知识、公关知识、广告传播知识。

影视广告监制的职能要求详见表2-23。

表2-23　影视广告监制职能要求表

职责范围 （按重要顺序依次列出每项职责及其目标）	负责程度（全责/部分/支持）	建议考核内容 （考核标准）
1．理解广告创意，制订拍摄计划 与文案和美术沟通，充分理解广告的创意图，据此制订拍摄计划	全责	对创意的理解到位，计划实施合理
2．影视广告制作的具体事宜安排 导演、演员、场地的选择；物料准备；棚景、外景的选择；突发事件预警及应对措施制订	部分	组织协调能力强，制作资金的使用率高
3．拍摄进度，过程控制 监督整个拍摄过程和后期制作过程，对影像的质量负责，出品错误的及时修正	部分	客户满意度高

职责范围 (按重要顺序依次列出每项职责及其目标)	负责程度(全责/ 部分/支持)	建议考核内容 (考核标准)
4. 报价 根据影视广告拍摄中各环节的费用制订合理的收费标准，提交给客户部，以便制订客户的广告策略	全责	所定价格具有竞争力，客户满意度高

职位编号C-04

5．平面广告监制

平面广告监制依据创意要求和客户需求，制订广告制作计划并组织实施，按时保质完成设计作品，提交客户审阅。

任职条件：大学专科以上学历，广告设计等相关专业，三年以上广告制作工作经验，两年以上大中型广告公司相关职位工作经验，具备广告传播知识、平面设计制作知识、排版知识、美学知识，了解各类平面媒体的版式风格特点，熟悉各类设计软件的使用，熟练操作计算机。

平面广告监制的职能要求详见表2-24。

表2-24　平面广告监制职能要求表

职责范围 (按重要顺序依次列出每项职责及其目标)	负责程度(全责/ 部分/支持)	建议考核内容 (考核标准)
1. 制订各项目制作计划 依据各广告项目要求，制订平面广告制作方案并组织实施	全责	计划的可行性强，执行率达100%
2. 平面广告制作过程控制 设计人员安排，费用预算和费用使用控制；广告作品的制作进程、质量控制，出品错误的及时纠正	全责	作品按时、保质地完成，费用的使用效率高
3. 与各相关部门协作 与项目的相关人员沟通交流，完全理解广告方案的创意理念和设计要求，力求广告作品满足要求	部分	沟通顺畅，设计作品质量高
4. 团队建设 选拔任用出色的设计人员；制定考核指标，对下属员工考核、指导；培训设计人员，提高其业务素质，创作优秀作品，为公司创造经济效益	全责	团队素质高，业务能力强，综合评价在4分以上

职位编号C-05

6．电脑美工

电脑美工依据广告创意要求，对美术和文案所作的广告创意内容进行电脑加工、修改、调整，完成终稿。

任职条件：大学专科以上学历，计算机、设计等相关专业，两年以上电脑美工、广告设计制作工作经验，具备电脑美术设计知识、广告制作知识、广告传播知识、设计软件应用知识等。

电脑美工的职能要求详见表2-25。

表2-25　电脑美工职能要求表

职责范围 (按重要顺序依次列出每项职责及其目标)	负责程度(全责/部分/支持)	建议考核内容 (考核标准)
1. 广告作品的创意加工 对美术构思和文案内容进行片式设计，处理、加工图片与文字	全责	软件运用熟练，处理效果好
2. 收集供应商服务资料 收集整理相关供应商的服务资料，建立档案，以便随时使用	全责	档案管理全面、清晰，资料准确
3. 图片库的建立与维护 收集、积累图片，建立图片库，并对其进行分类整理，以便增加创作灵感	全责	图片内容丰富
4. 相关用品的管理 电脑用品、创意制作所涉及的基本资料和材料、物料的管理；电脑器材的维护与电脑工作室环境的维护	部分	各项工作井然有序，员工综合评价在4分以上

职位编号C-06

(五)媒介部

媒介部的服务包括媒介调整、价格谈判、流程、媒介购买和发布等。许多产品的成功都受益于创造性的媒介购买而非广告本身。在招聘媒介部门的工作人员时，工作经验是很重要的。

1. 媒介总监

媒介总监依据公司的整体战略发展规划，不断开发媒介资源，建立合理的媒介结构和公司业务结构；维护与各媒体资源的良好合作关系，保证广告公司业务的稳定持续发展；为客户制定全面的、科学的媒介策略提供媒介服务，不断提高公司的经济效益。

任职条件：大学本科以上学历，传播学、企业管理等相关专业，五年以上广告媒介相关工作经验，有两年以上国内大中型广告公司或国际4A广告公司相关工作经验者更优。

媒介总监的职能要求详见表2-26。

表2-26　媒介总监职能要求表

职责范围 (按重要顺序依次列出每项职责及其目标)	负责程度(全责/部分/支持)	建议考核内容 (考核标准)
1. 媒体资源规划 　根据公司业务发展的策略，合理规划和统筹公司媒介资源与管理体系，建立、完善全国性的媒介网络系统；评估分析媒体投放流程，组织优化公司媒体资源体系与投放流程，提出传播形式的新建议；制订媒体工作年度、月度和季度的工作计划与目标，分配、落实工作任务，保证公司整个媒体管理体系的最优化，保证各项工作的按时顺利完成	全责	媒体资源运用顺畅，计划实现率达100%

职责范围 (按重要顺序依次列出每项职责及其目标)	负责程度(全责/部分/支持)	建议考核内容 (考核标准)
2. 媒体策划 根据客户及项目要求，主导策划大型客户的媒体策略与投放方案，制定投放进度及媒体投放预算；了解、把握客户意图，并采取相应的修改措施，保证投放的合理性与有效性，保证客户的满意度	全责	客户满意度在4分以上
3. 投放监督 根据各项目投放策略，监控公司各项目的媒体投放、发布进程，监控项目的媒体运作成本，控制预算，监督、指导媒介人员完成相关的计划、报告文本的撰写；协助下属拓展媒介资源	部分	媒介业务完成情况良好，领导满意度评价在4分以上
4. 关系开发与维持 根据公司媒介资源体系，管理、协调公司现有的媒体关系及各项目之间的媒体关系；负责组织联络各大主要媒体(电视台、报社、杂志社、网站等)，建立并巩固与重点媒体高层领导的关系，与媒体建立长期稳定的合作关系	部分	媒体资源稳定，公司业务稳定；领导满意度评价在4分以上
5. 信息跟踪 组织收集媒体的相关信息与数据，跟踪各大媒体的发展状况，及时发现媒体的最新动态；组织开展媒介研究工作，为具体项目的投放发布工作提供有价值的建议；保证实时、准确地为公司、客户提供有关城市各种媒体资料	部分	公司、客户的综合评价在4分以上
6. 团队建设 根据公司人员结构设置及业务发展情况，编制部门员工需要，招聘新员工，组织员工的培训学习，指导下属日常工作，帮助团队成员提高业务技能；负责考核评估部门员工，激励下属，保证部门的整体工作效率及员工的工作满意度	全责	部门运营状况良好，部属综合评价在4分以上

职位编号M-01

小贴士

企业设计招聘广告时的原则

　　招聘广告既是一种吸引人才注意的功能性广告，又是企业扩大社会和商业影响力的一种有效宣传方式，已经日益被更多企业所关注，是为企业人才、企业文化和品牌宣传战略的传播途径。

　　企业在设计招聘广告时应当遵循以下四个原则。

　　1. 注意——会不会引起别人注意，是否醒目？

2. 兴趣——会不会让人产生兴趣?

3. 渴望——会不会产生加入其中的愿望?

4. 行动——会不会采取行动?

2. 媒介经理

媒介经理协助媒介总监,全面统筹媒介业务活动,确保媒介策略的有效执行;规划本公司所负责媒体的业务发展,建立、发展良好的媒体关系,确保年度媒体拓展目标的完成。

任职条件:大学本科以上学历,传播学、市场营销、管理相关专业,三年以上广告公司相关岗位工作经验,了解国家对于广告、媒体等相关法律法规的规定;精通媒体代理业务,熟悉媒体市场环境和各种媒体的特点、适用性、成本效益值;掌握行政管理、传播学等相关专业知识。

媒介经理的职能要求详见表2-27。

表2-27 媒介经理职能要求表

职责范围 (按重要顺序依次列出每项职责及其目标)	负责程度(全责/部分/支持)	建议考核内容 (考核标准)
1. 制订媒介发展计划 根据媒体行业、广告行业发展趋势和本公司发展状况,制订公司媒介发展计划和所合作媒体的业务发展建议	全责	计划可行性高,领导满意度在4分以上
2. 制订媒体代理计划 根据媒体要求和公司情况,制订该媒体广告代理计划	全责	领导、媒体的综合评价在4分以上
3. 主管各项媒介业务的日常运作 主持、监管各媒介策略的执行;与媒体进行日常联系,协调媒体和公司业务部门,处理业务问题;组织召开业务会议,传达媒体方面有关业务的信息,落实工作计划	全责	各项业务有序进行,计划内容的执行率达100%
4. 与媒体洽谈 代表客户和公司与媒介方洽谈价格、付款方式、合作方式等内容,并制定和审核广告代理合同;不定期进行媒体拜访,听取、收集媒体对本公司业务的意见和建议;建立全国性的媒介平台	部分	与媒介的合作顺利;领导满意度评价在4分以上
5. 掌握媒体信息,为客户提供服务 组织了解、收集媒体广告效果、发行信息并及时向业务部门人员反馈;参与向客户介绍媒介情况,制定媒介预算方案;为客户提供专业的媒介建议和媒介资料	部分	建议和信息的专业性、有效、可靠;领导满意度评价在4分以上
6. 协助工作 协助客户总监分解业务计划和制定业务部门的考核指标,并提供考核数据	部分	数据准确,考核实现率达100%

职位编号M-02

02

3．媒介策划

媒介策划依据公司和客户的要求对媒介策划中各项因素进行调查和分析，制定具体可实施的媒介策划方案。

任职条件：大学本科以上学历，三年以上广告业媒介工作经验，熟悉影响广告投放效果的各类媒介因素；了解各类媒体的运作特点；熟悉国家相关部门对各类媒体发布广告的法律、法规的规定；掌握媒体评估工具。

媒介策划的职能要求详见表2-28。

表2-28　媒介策划职能要求表

职责范围 (按重要顺序依次列出每项职责及其目标)	负责程度(全 责/部分/支持)	建议考核内容 (考核标准)
1.媒介评估 对各类媒介进行成本效益分析(CPP/CPM)、覆盖率分析(CMM)、有效到达率和目标受众特点分析，撰写各媒体的评估报告	全责	媒介评估报告的准确、全面、有效，公司领导满意度评价在4分以上
2.媒介市场与竞争评估 掌握各类媒体的发展动向，分析各个市场的特点，分析竞争形式，为公司提供合理建议	部分	外部环境分析报告的准确性和全面性，公司领导满意度评价在4分以上
3.媒介选择和排期 综合成本收益、广告形式和广告目的，选择媒介和媒介组合，并确定媒介的安排日期表和实施计划	部分	制作合理媒体排期表及其有效实施。客户、领导满意实施，客户、领导满意度评价在4分以上
4.媒介效果监控 制订广告播出后的效果调查计划，并协助安排具体的调查工作，为公司和客户提交媒介监测报告	部分	广告效果调查的客观、真实，效果评价体系的科学合理

职位编号M-03

4．媒介购买

媒介购买一职依据公司和客户的要求对媒介策划中各项因素进行调查和分析，制定具体可实施的媒介策划方案。

任职条件：大学本科以上学历，广告传播、市场营销等相关专业，三年以上媒介工作或市场营销工作经验，具有两年以上国内大中型广告公司相关工作经验者优先，熟悉国家对各类媒体的相关法律、法规的规定；精通各类媒体的情况及特点，了解各媒体的操作方法和购买程序；了解国际、国内媒介发展的新动向；熟练使用媒介专业软件。

媒介购买的职能要求详见表2-29。

5．媒介调研员

媒介调研员一职需要依据公司业务发展的要求，制订媒介调研计划，为媒介部及其他部门提供媒介信息服务。

任职条件：大学专科以上学历，一年以上媒介工作或调研工作经验，熟悉媒介调研工作流程；了解各种调研方法；熟悉调查资料的统计分析；掌握调研报告的撰写。

02

表2-29 媒介购买职能要求表

职责范围 (按重要顺序依次列出每项职责及其目标)	负责程度(全责/部分/支持)	建议考核内容 (考核标准)
1. 制订媒体购买计划 依据公司战略发展计划,与媒介总监一起制订媒介购买计划;根据客户的临时需求,为客户提供媒介方案建议及媒介购买计划	部分	计划实现率100%
2. 组织进行购买活动 参加媒介的广告说明会和订购会,了解各主流媒体最新情况和动态;撰写媒介购买意向书,向媒介发订购单,与媒介总监等一起达成与媒介的合作	部分	媒介购买程序的合理,媒介信息反馈及时、有效,公司领导满意度评价在4分以上
3. 媒介购买过程控制 制定媒介购买预算;媒介购买的进程、价格、双方利益等的掌控;各项手续的规范化	部分	媒介购买顺利,效益最大,领导满意度在4分以上
4. 建立良好合作关系 与各个媒体建立并维护良好的关系,为客户和乙方购买提供极富竞争力的媒介价格;不断开拓新的合作媒体,增加公司的业务项目和利润来源	部分	客户和乙方领导满意度在4分以上
5. 关注媒体动向 时常关注各类媒体的变化,了解媒体的最新发展,为公司和客户提出有创意的媒介意见;了解各媒体的情况和特点,从而有针对性地选择购买	部分	媒介购买决策科学、合理

职位编号M-04

媒介调研员的职能要求详见表2-30。

表2-30 媒介调研员职能要求表

职责范围 (按重要顺序依次列出每项职责及其目标)	负责程度(全责/部分/支持)	建议考核内容 (考核标准)
1. 媒介调研 依据公司业务发展需要,定期对媒体数量、适用性、受众特点、发展动向等进行市场调查和研究,撰写调研报告并向相关部门汇报	部分	调研及时,数据全面、客观,员工综合评价在4分以上
2. 数据录入与分析 对市场调查数据进行分类、整理、录入,并利用分析工具进行分析和汇总	全责	数据的完整性与准确性,分析报告的可行性
3. 媒介数据库的建立 为公司建立媒介资源数据库,以便随时了解各媒介的情况	部分	数据库内容的全面性与有效性

职位编号M-05

拓展知识

吸引顾客的非常规媒介

广告现在随处可见，甚至在我们最想不到的地方也可以见到它的踪影。

(1)厕所广告：许多企业在厕所中使用广告，如在厕所的隔板里面或男厕所的小便池上方均可以看见广告。

(2)水果：许多大电影公司现在也把自己的电影名称贴在苹果的标签上。目前，可以在纽约和洛杉矶的杂货店中看到这种标签。

(3)出租车收据：从波士顿到丹佛，你可以在55个城市的出租车收据背面看见哥伦比亚广播公司新闻节目主持人的面孔。

(4)火车车厢：如今，火车车厢已被广告包裹了起来，在芝加哥，有辆八节的穿梭火车被喷上了伊利诺伊彩票的广告。

(5)垃圾回收器：用设计独特、装饰独特的各种垃圾容器来传递广告主的广告标志或信息。在有些大城市的商业繁华地区，广告主可以在水泥垃圾容器上做广告。

(六)市场调研部

市场调研部是个重要的部门，公司业务所需的数据以及其他信息均由这个部门提供，该部门对公司的经营发展起到很重要的作用。

1.市场调研部经理

市场调研部经理一职需要依据公司业务发展及客户需求，制订市场调研计划，指导调研工作的开展，为各相关部门提供准确的市场、媒体监测信息和报告。

任职条件：大学专科以上学历，三年以上市场调研相关工作经验，两年以上广告公司相关工作经验，熟悉市场调研工作，熟练使用各种调研方法和调研工具；了解广告公司业务特点和调研需求；掌握调研报告的撰写。

市场调研部经理的职能要求详见表2-31。

表2-31 市场调研部经理职能要求表

职责范围 (按重要顺序依次列出每项职责及其目标)	负责程度(全责/部分/支持)	建议考核内容 (考核标准)
1.制订调研计划 根据公司业务发展需要和客户要求，制订市场调研计划并组织实施，顺利完成各项调研工作	全责	调研目的明确，目标达成率100%
2.调研工作管理 指导调研工作的实施，定期向总经理或客户企业高级人员汇报调查结果，提出市场策略建议和广告策略建议；监测当地或全国媒体广告发布情况并出具分析报告	部分	领导、客户满意度评价在4分以上
3.媒介数据库的建立 为公司建立媒介资源数据库，以便随时了解各媒介的情况	全责	部门员工综合评价在4分以上

职责范围 (按重要顺序依次列出每项职责及其目标)	负责程度(全责/部分/支持)	建议考核内容 (考核标准)
4. 收集信息，深度访谈 收集市场信息，制作媒体剪报；负责入户深度访谈，做媒体发展的可行性分析，为公司发展的可行性提供科学数据	部分	数据、信息准确、及时
5. 与外部调研机构联系合作 与专业调查公司的高层商谈合作事宜，建立良好的合作关系	部分	双方合作愉快，实现利益最大化

职位编号R-01

2．市场调研部主管

市场调研部主管要为客户制订、实施各项市场调研计划以及市场调研项目，为相关部门人员提供所需的市场信息支持。

任职条件：大学专科以上学历，三年以上广告业市场调研相关工作经验，精通广告调研的各项业务，熟悉调查和资料收集方法，有数据统计和数据分析能力。

市场调研部主管的职能要求详见表2-32。

表2-32　市场调研部主管职能要求表

职责范围 (按重要顺序依次列出每项职责及其目标)	负责程度(全责/部分/支持)	建议考核内容 (考核标准)
1. 制订调研计划 根据调研目标，制订出调研的工作计划(含时间步骤、人员安排、工作内容)，组织策划市场调研项目，监督调研计划的实施	全责	调研计划的实现率达100%
2. 负责和监督调研工作的进行 确定调研的工具和方法；制定调查问卷、明确调查对象、选择统计方法等，对调查工作的质量负责	全责	调研工具和方法的合理性，结果客观、参考价值高
3. 为客户提供整套的信息支持 对客户进行全面调查(WOT)、产品调查、消费者调查和外部环境调查(市场情报、行业信息)，为其营销决策提供支持	部分	客户满意度高，提供的信息客观、全面、重点突出
4. 为公司其他部门提供信息支持 提供媒介调查、创意调查和营销调查，协助客户部、媒介部和创意制作部制定广告策略、媒介策略和创意策略；并对广告效果进行监控	部分	各类调查简报内容客观、重点突出，参考价值高。领导满意评价高
5. 指导数据收集和分析工作 定时收集各类相关的市场数据，并对数据进行深入分析，建立数据库供各部门查询	部分	数据收集完整，准确率达100%；分析深入，有相当参考价值，领导满意评价高

职位编号R-02

3．调研员

调研员一职依据调研计划，组织进行调研工作的具体实施；进行数据的整理、录入和分析，撰写调研报告。

任职条件：大学专科以上学历，两年以上市场调研相关工作经验，精通调研的工作程序，熟练使用软件进行数据整理和分析，有一定的战略、营销分析能力。

调研员的职能要求详见表2-33。

表2-33　调研员职能要求表

职责范围 (按重要顺序依次列出每项职责及其目标)	负责程度(全责/部分/支持)	建议考核内容 (考核标准)
1. 具体调查方案的拟订和开展 根据调研计划和目标，与调研主管一起拟定调查方案；确定调研的地点、时间和人员等，并具体实施	全责	调查方案的可行性，方案完成率达100%
2. 具体的调查工作 根据已定的调查方法和工具，进行调查问卷的发放和收集、访问调查对象、收集数据等具体的调查工作	全责	具体工作完成的时效性和质量；领导满意度评价在4分以上
3. 数据与信息的整理和分析 及时录入收集来的资料，按一定的原则进行整理，利用专业知识和软件工具进行数据分析，形成报告提供给客户或相关领导、部门	部分	数据报告的建设性、客观性；领导满意度评价在4分以上

职位编号R-03

02

4. 资料员

资料员一职依据本部门市场调研工作要求，进行调研资料的收集与整理，建立资料档案，辅助部门其他人员进行调研工作。

任职条件：大学专科以上学历，两年以上广告业市场调研相关工作经验，熟练使用各办公软件和搜索工具；熟悉资料的收集和分类方法；了解科学的档案管理知识；了解广告公司各项业务的运作情况、模式和特点。

资料员的职能要求详见表2-34。

表2-34　资料员职能要求表

职责范围 (按重要顺序依次列出每项职责及其目标)	负责程度(全责/部分/支持)	建议考核内容 (考核标准)
1. 对调查资料的编辑、整理、汇总 及时对调查资料信息进行录入、分类和汇总，以便调研人员随时取用	部分	资料录入的准确性，同时便于查询，领导满意度评价在4分以上
2. 收集相关资料 利用网络、媒体、信息查询机构等收集资料，并及时整理出对公司和客户有价值的部分	全责	资料查询的时效性和参考价值高
3. 资料的建档管理 对各种调查资料和档案资料进行建档管理，便于查询	部分	存档资料的完整与合理，准确率达100%

职位编号R-04

(七)流程部

流程部是广告公司中重要的"后勤"保障部门,为公司各部门提供流程监管、管理等支持和服务。

1. 流程部经理

流程部经理一职依据公司业务进展规定,控制各个广告项目的进度,确保广告按时保质地完成;做好合同审核与档案建立。

任职条件:大学本科以上学历,管理等相关专业,三年以上广告公司相关工作经验,熟悉国家有关广告的法律法规;了解广告合同的内容及签订程序;熟悉广告公司运作流程和广告制作过程;熟练使用办公软件。

流程部经理的职能要求详见表2-35。

表2-35 流程部经理职能要求表

职责范围 (按重要顺序依次列出每项职责及其目标)	负责程度(全责/部分/支持)	建议考核内容 (考核标准)
1. 组织各部门制订业务计划并监督实施进程 组织部门提交工作计划,制定工作进度表,每周参加工作进度会议,告知当周各部门工作安排,并监督实施	全责	工作进度正常,各计划按时完成
2. 各部门间的工作联系 负责部门间的业务工作交接、冲突处理,使各广告项目顺利进展	全责	流程进展的顺利情况;整体控制能力与协调能力
3. 部门建设 指导下属工作,制定直接下属业绩指标并对其进行考核;对下属进行培训,并对其工作结果负责	部分	部门工作效率高,下属业务能力强
4. 广告合同的审核与管理 负责审核客户合同,并对符合相关法律和规章的合同进行盖章;负责合同、客户档案的归档,以及档案管理	全责	合同签订及时、合法,档案管理有条理

职位编号T-01

2. 流程员

流程员一职依据公司各项业务的工作要求,进行部门间业务衔接和宏观控制,确保各广告项目顺利进行。

任职条件:大学专科以上学历,一年以上广告业相关工作经验,熟悉广告公司运作流程和广告制作过程,了解广告公司业务运作及各部门、岗位工作职责;熟练掌握办公软件的使用技术。

流程员的职能要求详见表2-36。

表2-36 流程员职能要求表

职责范围 (按重要顺序依次列出每项职责及其目标)	负责程度(全责/部分/支持)	建议考核内容 (考核标准)
1. 开立工作号,监督广告项目进展 按照公司的业务流程,开立、跟踪工作号,监督广告制作过程和项目进展情况	全责	各项目进展顺利,员工综合评价在4分以上

职责范围 (按重要顺序依次列出每项职责及其目标)	负责程度(全责/部分/支持)	建议考核内容 (考核标准)
2.督促各部门完成工作报表 监督各部门工作简报、工作任务单的完成情况,并负责转交给下一环节	部分	工作简报的合理,转交工作的准时
3.负责整理资料和档案 整理和保管广告资料、广告作品(创意初稿、修改稿、确认稿)和各类单据(发票、凭证)等	全责	档案资料的完整性,方便查询,准确率达100%
4.协助流程部经理完成具体工作 按照工作时间表,检查各个部门完成工作的质量和时间,并签名确认;跟踪工作进度,完成工作进度表;监督费用使用情况	部分	工作进度表(日、周)的客观性,执行能力强

职位编号T-02

3.广告审查员

广告审查员一职依据国家的相关规定,审核客户广告的合法性,避免出现违法广告,避免给公司带来损失。

任职条件:大学专科及以上学历,一年以上相关工作经验,熟悉广告法及政府颁发的关于广告管理的相关文件;熟练操作常用办公软件和设计软件。

广告审查员的职能要求详见表2-37。

表2-37 广告审查员职能要求表

职责范围 (按重要顺序依次列出每项职责及其目标)	负责程度(全责/部分/支持)	建议考核内容 (考核标准)
1.审查广告稿件 依据广告法及政府相关部门颁发的广告管理文件,对客户发布的广告稿件进行审查	全责	违法广告出现率0%
2.违规广告处理 对于审查出的违规广告及时登记违规广告告知单,及时将审查结果通知客户部人员,并协助与其客户沟通	全责	违规广告处理及时,客户满意度评价在4分以上

职位编号T-03

(八)财务部

财务部既是广告公司经营管理工作的核心部门,同时又是一个专业性要求很强的工作部门。该部门工作直接关系到整个广告公司的效益和经营管理水平。

1.财务总监

财务总监负责主持公司财务战略的制订、财务管理及内部控制工作,筹集公司运营所需资金,完成企业财务计划。

02

任职条件：大学本科以上学历，会计、财务或相关专业，八年以上跨国企业或大型企业集团财务管理工作经验，接受过管理学、战略管理、组织变革管理、人力资源管理、经济法和公司产品的基本知识等方面的培训。

财务总监的职能要求详见表2-38。

表2-38　财务总监职能要求表

职责范围 (按重要顺序依次列出职责及其目标)	负责程度 (全责/部分/支持)	建议考核内容 (考核标准)
1．公司财务战略制定 利用财务核算与会计管理原理为公司经营决策提供依据，协助总经理制定公司战略，并主持公司财务战略规划的制定	全责	财务战略制定执行情况，公司领导评价
2．建立和完善财务部门 建立科学、系统的，并符合企业实际情况的财务核算体系和财务监控体系，进行有效的内部控制	全责	董事会对于财务管理的执行情况综合满意度在良好以上
3．制定监督资金运作和管理 制订公司资金运营计划，监督资金管理报告和预、决算	全责	财务核算和监控应在财务预算内
4．成本控制 对公司投资活动所需要的资金筹措方式进行成本计算，并提供最为经济的筹资方式	全责	资金筹集的情况和费用
5．资金筹集 筹集公司运营所需资金，保证公司战略发展的资金需求，审批公司重大资金流向	全责	资金筹措到位情况
6．财务风险控制与评估 主持对重大投资项目和经营活动的风险评估、指导、跟踪和财务风险控制	全责	财务风险控制情况与评估准确度
7．负责与政府机构的关系协调维护 协调公司同银行、工商、税务等政府部门的关系，维护公司利益	全责	与相关政府机构的关系良好
8．参与公司重要事项的分析和决策 为企业的生产经营、业务发展及对外投资等事项提供财务方面的分析和决策依据	全责	分析、决策准确到位
9．财务报告 审核财务报表，提交财务管理工作报告	全责	按时、准确
10．其他工作 完成总经理临时交办的其他任务	部分	企业领导满意度高

职位编号F-01

2．财务部经理

财务部经理负责财务部日常账务的处理，制订财务计划，拟定资金筹措和运转方案，进行成本管理，负责财务稽核、检查，对本部门人员进行会计培训、考核，增强公司财务管理水平，提高公司的总体经济效益。

任职条件：大学本科以上学历，财务会计或金融专业，五年以上会计工作经验，具有高级会计师资格，有国内大中型公司或外业财务部经理工作经历者优先，熟悉国家金融政策及财务与税务方面的法律、法规，熟悉银行、税务部门的工作流程，全面掌握财务管理知识，了解广告业的资本运作情况及公司内部的工作流程。

财务部经理的职能要求详见表2-39。

表2-39　财务部经理职能要求表

职责范围 (按重要顺序依次列出每项职责及其目标)	负责程度(全责/部分/支持)	建议考核内容 (考核标准)
1. 制定与修订相关财务制度 协助财务总监组织制定公司的各项财务管理制度、内部控制管理和考核办法，并组织实施、监督、确保公司资产安全、有效地运作；参与公司重大财务问题的决策，提出意见和建议	全责	财务规章制度的执行情况，领导和员工评价在4分以上
2. 财务预算 根据企业有关制度，组织有关部门编制财务预算、汇总，并上报财务总监和总经理审批、实行，监督各部门的预算执行情况	全责	成本费用开支不突破年度预算
3. 编制公司财务计划 组织领导编制公司各项财务收支和资金计划，落实和检查计划的执行情况，确保资金供应及时；将计划的执行情况进行分析并上报总经理和董事会	全责	财务计划执行实现率达100%，计划执行情况董事会满意度在4分以上
4. 财务管理 根据年度经营计划组织制定年度成本、费用目标，并进行分解、控制、分析与评价。依据财务管理规定，有效地组织财务工作，确保公司资产的安全、完整、保值、增值；参与重大合同评审，提出意见或建议	全责	董事会对财务管理的执行情况综合满意度在4分以上
5. 会计核算 组织会计核算和账务处理，编制、汇总公司会计报表并及时上报有关单位	全责	会计核算误差率0%，会计报表及时上报有关单位；领导对会计报表的评价在4分以上
6. 成本管理 负责组织成本管理工作，进行成本预测、控制、核算、分析和考核，节约费用，确保公司利润指标的完成	全责	成本管理工作的改进情况及费用的节约程度
7. 财务稽核和审计 负责建立和完善公司财务稽核和审计等内部控制制度，并监督其执行情况	全责	新制度的实效和执行情况

02

续表

职责范围 (按重要顺序依次列出每项职责及其目标)	负责程度(全责/部分/支持)	建议考核内容 (考核标准)
8. 审查财务收支的各种方案 参与审查媒体价格、广告报价、人员工资、奖金及其福利等涉及财务收支的各种方案	全责	方案的最优化
9. 财务分析 根据企业经营活动需求，定期或不定期地进行财务分析，为公司决策提供依据，对新辟投资项目做好预测和风险分析	全责	财务分析报告领导满意度在4分以上
10. 完成本部门指定工作 在财务总监的领导下，主持本部门的全面工作，组织并督促本部门人员全面完成本部门职责范围内的各项工作任务	全责	任务分派合理，职责清晰，员工满意度在4分以上，部门员工综合考核评分在4分以上

职位编号F-02

3. 总会计师

总会计师要根据公司财务制度，正确、及时地登记账目，完成成本核算工作。汇总、编制年度及月度会计报表，进行财务分析，为公司领导提供完整可靠的数据资料。进行税收的核算和控制，及时缴纳税款。对财务人员进行培训。

任职条件：大学本科以上学历，财务管理、会计或审计专业，三年以上财务会计工作经验，具有中级会计师职称，熟悉国家财务和税务方面的法律、法规，熟练运用财务办公软件，了解公司内部业务工作情况及流程。

总会计师的职能要求详见表2-40。

表2-40 总会计师职能要求表

职责范围 (按重要顺序依次列出每项职责及其目标)	负责程度(全责/部分/支持)	建议考核内容 (考核标准)
1. 编制会计报表 根据国家有关财务法规和本公司财务制度，准确及时编制会计报表，经财务部经理审核后，报送公司董事会和有关领导，为公司制定经营方针政策等提供参考	全责	及时编制会计报表，每月报表报送数字准确率、日期准确率均达到100%
2. 账目登记与核算 对各项账目款项，根据审核后的记账凭证顺序登记，及时核对清算	全责	账目登记与核算的正确率达到100%
3. 纳税申报 根据国家税收法规和企业有关规定，负责按月进行纳税申报，包括税收计算、统计、办理相关税务手续等	全责	及时填报纳税表并到银行办理纳税手续，填报及时率达到100%，税收计算、统计正确率达100%

职责范围 (按重要顺序依次列出每项职责及其目标)	负责程度(全责/ 部分/支持)	建议考核内容 (考核标准)
4. 会计报表归档管理 负责会计报表归档管理，保证资料的真实、完整	部分	会计报表归档管理，财务部经理评价在4分以上
5. 财务分析 根据财务报表，定期或不定期协助财务总监、财务部经理和成本管理专员做好公司的财务分析，为公司制定经营政策提供依据	部分	每半年一次向董事会提出财务分析与预测报告。董事会对财务分析的评价在4分以上
6. 固定资产管理 按照领导的安排，协同行政部进行固定资产的核查和盘点工作，及时掌握固定资产变更情况，准确完成固定资产增减变化的核算及折旧、报损、报废等账目处理	部分	财务总监和财务部经理对固定资产管理的综合评价不低于4分

职位编号F-03

4. 应收账款专员

应收账款专员管理公司的应收账款，向相关部门提供应收账款信息。

任职条件：大学本科以上学历，财务、会计、金融或相关专业，三年以上财务相关工作经验，有会计师以上职称，熟悉财务管理、管理学、经济法等相关专业知识；了解公司的业务运作模式和应收账款制度。

应收账款专员的职能要求详见表2-41。

表2-41　应收账款专员职能要求表

职责范围 (按重要顺序依次列出每项职责及其目标)	负责程度(全责/ 部分/支持)	建议考核内容 (考核标准)
1. 监督子系统 监控制定账户的应收账款子系统	全责	监控是否及时
2. 分析数据 分析并调整应收账户交易和数据	全责	分析报告翔实、准确
3. 审核账目 审核应收账目清单，调整应收账目差异	全责	账目准确率100%
4. 提供清单 每月末向各业务部门提供详细的账目清单	全责	提供清单准确、及时
5. 提出建议 通过账目分析，对超期应收账款提出具体处理建议	全责	超期账款回收率90%以上
6. 记录财务活动 根据会计准则和有关规定记录会计系统中与应收账目有关的活动	全责	每月记录表准确率100%

职责范围 (按重要顺序依次列出每项职责及其目标)	负责程度(全责/ 部分/支持)	建议考核内容 (考核标准)
7. 协助审核 协助外部机构对应收账目进行审核、应答其质疑,并向其提供有关信息	全责	提供信息准确
8. 其他工作 准备月度应收账目报表,向审计部门等提供支持	全责	资料的准确率100%

职位编号F-04

5. 成本管理专员

成本管理专员根据国家的有关财务制度与公司的相关政策,拟写成本核算制度,汇总各部门成本预算,并对其进行严格监控。对公司成本费用进行合理分析,确保最大限度地提高公司的经济效益。

任职条件:大学本科以上学历,三年以上会计、成本控制相关工作经验,具有中级会计师职称,了解国家有关财务与税务方面的法律、法规,熟悉公司内部业务工作流程。

成本管理专员的职能要求详见表2-42。

表2-42 成本管理专员职能要求表

职责范围 (按重要顺序依次列出每项职责及其目标)	负责程度(全责/ 部分/支持)	建议考核内容 (考核标准)
1. 制定成本核算制度 根据国家有关财务法规、公司财务制度及成本管理有关规定,协助财务部经理和财务总监拟订各种成本核算实施细则,经领导批准后组织实施,并进行严格监督	部分	财务规章制度的执行情况
2. 成本预算 根据公司年度财务计划,组织有关部门编制财务成本预算,并对其进行汇总,经财务部经理审核,上报财务总监和总经理审批后实行	全责	年度预算中成本费用开支控制计划指标实现率100%
3. 成本核算与费用控制 根据公司成本制度,进行会计核算和账务处理;了解公司各部门业务情况,定期对各部门费用成本进行细致核算,保证核算数目合理、正确;编制、汇总公司会计报表并及时上报有关领导、部门	全责	年度预算中成本和费用的控制情况
4. 成本稽核 根据有关制度和规定,审核会计单据,保证日常核算准确无误	全责	会计单据差错率0%
5. 成本分析 根据公司经营活动的需求和公司成本的开支情况,定期或不定期地组织进行财务分析,并提交财务分析报告,为公司决策提供依据。配合财务经理,对公司新辟业务项目做好财务预测与风险分析	全责	财务分析与预测报告科学、合理、及时,领导综合评价在4分以上

职责范围 (按重要顺序依次列出每项职责及其目标)	负责程度(全责/ 部分/支持)	建议考核内容 (考核标准)
6. 成本档案管理 完成相关成本资料的整理、归档，数据库的建立、查询和更新工作	全责	管理到位，资料缺失率0%

职位编号F-05

6．出纳

出纳按照国家有关法规及公司财务制度，负责票据审核工作，负责现金的出纳和管理，负责银行账目的核对及工资的发放等。

任职条件：中专以上学历，财会专业，一年以上相关工作经验，具有助理会计师职称，了解国家财务法规、税法，全面掌握现金、银行存款、票据传递等财务制度，熟练使用财务软件和办公软件，熟悉银行工作程序。

出纳的职能要求详见表2-43。

表2-43　出纳职能要求表

职责范围 (按重要顺序依次列出项职责及其目标)	负责程度(全责/ 部分/支持)	建议考核内容 (考核标准)
1. 现金收付 根据银行的结算制度和公司报销制度，审核原始凭证的合法性、准确性、准确、及时完成现金收付工作和报销工作，对现金的收付开具或索取相关票据	全责	现金收付出错率为0%，领导满意度评价在4分以上
2. 日记账登录 及时登录现金日记账和银行日记账，每日进行现金账款的盘存，并填写出纳日报表，报送经理，并及时将原始凭证传递给会计师	全责	每日进行日记账登录，准确率100%
3. 现金提存与保管 根据经营需要，按公司有关规定提取、送存和保管现金，保证公司经营活动的正常运行。准确、及时完成清查现金和银行存款工作，保证账账相符、账实相符	全责	现金收付出错率为0%
4. 工资发放及有关款项的报销 负责工资的按时发放、保管、邮寄工作，及时汇总、编制凭证记账并负责有关款项的报销	全责	工资发放的准确率、及时率及有关款项的报销情况
5. 空白支票和印鉴管理 保管空白支票和有关财务印鉴，按照规定程序使用票据和印鉴，设登记账簿负责登记，办理印鉴的领用、注销手续	全责	出错率0%
6. 凭证管理 根据每月会计原始资料，保存、管理相关凭证，保证凭证完整，以便随时查阅	全责	凭证保存完好，领导满意度评价在4分以上

职位编号F-06

(九)人力资源部

人力资源部需要结合广告公司的经营发展，制订人力资源计划；根据计划做好人力储备、员工招聘以及薪酬福利、培训等工作。

1. 人力资源部经理

人力资源部经理根据公司的发展战略目标，组织编制和实施人力资源管理规划，组织、协调各部门人力资源工作，为企业年度经营业务和管理的有序开展提供人力资源方面的支持和保障。

任职条件：大学本科以上学历，人力资源等相关管理专业，五年以上人力资源工作经验，三年以上国内大中型广告公司人力资源管理工作经验，熟悉国家有关政策法规，全面掌握人力资源管理知识；熟悉国内外行政和人力资源管理体系与职能，全面了解广告行业人力资源管理的特性。

人力资源部经理的职能要求详见表2-44。

表2-44　人力资源部经理职能要求表

职责范围 （按重要顺序依次列出每项职责及其目标）	负责程度（全责/部分/支持）	建议考核内容 （考核标准）
1. 制定人力资源管理制度 组织编制人力资源管理的相关规章制度并组织实施	全责	人力资源管理规章制度的执行情况，领导和员工的综合满意度评价在4分以上
2. 年度人力资源规划 组织编制并落实"人力资源规划"，根据公司总经理确定的员工总数及工资总额，组织有关人员预算目标，实现公司人力资源需要和人工成本的统一控制	全责	每月进行工资记账登录，准确率100%
3. 员工招聘 依据公司各部门、下属公司的需求和任职条件，制订员工招聘计划，并通过推荐、媒体介绍、公开招聘等形式招聘新员工，组织面试、复试，择优录用新员工	全责	人力资源规划中员工素质、数量要求指标实现率达到100%
4. 人事管理 组织实施对员工的考勤、考核、晋升、调职、奖惩、辞退等全方位的管理；与员工沟通，了解其思想动态，并为员工提供职业规划的专业咨询	全责	领导和员工满意度综合评价在4分以上
5. 薪酬管理 引进具有竞争力、公平性的薪酬管理体系，组织制定公司的薪酬政策。负责组织公司员工的日常薪酬福利管理	全责	薪酬福利管理效果明显，员工满意度在4分以上
6. 培训管理 组织制订、实施公司的培训计划，并对培训效果进行评估，进而达到开发人才、提高员工素质、增强公司发展动力的目的	全责	员工对培训内容和效果满意；培训计划安排合理，实现率达100%

职责范围 (按重要顺序依次列出每项职责及其目标)	负责程度(全责/部分/支持)	建议考核内容 (考核标准)
7. 职位管理 组织编制全公司的职位说明书，并定期进行修改、审核、建档	全责	职位说明书的适用性强
8. 考核管理 安排人员定期组织各部门，各分、子公司按照职位职责和职位说明书实施员工业绩考核；根据公司组织任命程序，组织实施干部晋升前考核	全责	年度员工考核覆盖面100%，领导、员工对考核的公正性、合理性的综合评价在4分以上
9. 劳动合同管理 根据政府劳动部门的规定，组织制定公司统一的劳动合同文本；安排人员组织员工办理劳动合同签订及续签手续；协同法律顾问处理有关劳动争议	全责	劳动合同管理情况
10. 社会保障管理 根据政府劳动部门的规定，组织制定公司统一的劳动和社会保障体系，并组织制定相关的政策和规章制度；安排人员按规定为员工办理各种保险和社会统筹手续；对劳动与社会保障中所产生的纠纷及其他相关问题进行妥善处理	全责	社会保障工作效果良好，员工满意度在4分以上
11. 人力资源开发 组织好人才的发现、挖掘、储备的工作；运用员工职业生涯设计等先进的人力资源开发手段，最大限度地调动广大员工的积极性；配合公司的相关管理部门进行企业文化建设活动	全责	人务资源开发，领导、各部门及员工满意度综合评价在4分以上
12. 收集员工建议 安排部门员工协助收集公司员工有关经营活动全过程的建议和意见。按照公司领导决定，对有价值的提案给予奖励	部分	提案建议处理及时，效果明显
13. 部门内部建设 制订部门的工作计划、工作制度，进行下属员工的分工和组织工作；控制和审核部门的预算和费用情况	全责	部门工作效率高，下属工作积极性高

职位编号HR-01

2．人力资源助理

人力资源助理协助人力资源经理做好与各部门、本部门人员的沟通、协调工作；做好各项会议记录，及时完成报告写作，尽力减少部门经理的事务性工作。

任职条件：大学本科以上学历，两年以上人力资源工作经验，掌握公文写作、文档管理、公关礼仪、工商行政管理等相关知识，了解公司及本部门情况和业务流程。

人力资源助理的职能要求详见表2-45。

3．招聘专员

招聘专员制订并执行公司的招聘计划和招聘制度，参与招聘过程的接待、筛选和面试等工作，为企业招聘优秀、合适的人才。

表2-45　人力资源助理任职职能要求表

职责范围 (按重要顺序依次列出每项职责及其目标)	负责程度(全责/部分/支持)	建议考核内容 (考核标准)
1. 内部关系协调 协助人力资源部经理与公司、部门内部进行联络、沟通与协调，做好上传下达工作；遵照人力资源部经理的指示，协助部门内同事完成招聘、培训、考核、职称评审等工作	部分	领导和员工的综合评价在4分以上
2. 组织部门会议 按照人力资源部经理的指示，下达通知，组织部门工作会议的召开，做好会议记录，上报经理	全责	工作认真，领导和员工的满意度在4分以上
3. 接待 妥善、礼貌地接待有关单位、人员来访	全责	领导满意度在4分以上

职位编号HR-02

　　任职条件：大学本科以上学历，两年以上人力资源管理工作经验，了解招聘、面试的相关技巧和知识，熟悉人力资源管理中人才招聘流程；对行业内人才市场状况有清楚的认识。
　　招聘专员的职能要求详见表2-46。

表2-46　招聘专员职能要求表

职责范围 (按重要顺序依次列出每项职责及其目标)	负责程度(全责/部分/支持)	建议考核内容 (考核标准)
1. 制订招聘制度和计划 根据公司发展情况及各部门人才需求计划，规划公司整体的人力资源工作，制订招聘制度和计划，并在实践中不断地修正招聘工作流程	全责	计划内容全面、合理，各项指标实现率达100%
2. 负责有关招聘的具体事宜 发布招聘信息、组织参加招聘会；安排好招聘程序，进行简历筛选、笔试和面试工作；与相关招聘机构(人力中心、学校)联系，安排招聘工作(宣讲会等)	全责	工作组织协调能力强，招聘过程顺利；领导满意度评价在4分以上
3. 校园招聘 制订并执行校园招聘计划，进行校园招聘	全责	校园招聘的效果
4. 建立储备人才库 充分利用各种招聘渠道满足公司的人才需求，并为公司建立后备人才选拔方案和人才储备机制	全责	人才库内容丰富，准确率100%
5. 安排新员工的入职手续办理和培训 会同人事专员一起为新员工办理入职手续；与培训专员一起组织安排新员工的入职培训	部分	工作效果突出，员工满意率90%以上

职位编号HR-03

4．人事专员

人事专员主要负责公司人事管理制度、人才引进、人才储备建设和劳动人事管理工作。

任职条件：大学专科及以上学历，人力资源管理、行政管理、企业管理或相关专业，两年以上本职务工作经验，熟悉人事管理的理论与实务；具备行政管理、劳动关系与档案管理知识。

人事专员的职能要求详见表2-47。

表2-47　人事专员职能要求表

职责范围 (按重要顺序依次列出每项职责及其目标)	负责程度(全责/部分/支持)	建议考核内容 (考核标准)
1. 人事管理 在人力资源部经理的领导下负责公司的人事管理工作，负责起草有关人事管理工作的初步意见	全责	文件起草情况
2. 配备人员 负责按照用人标准配备齐全各类人员，保证公司的正常运转	全责	人才引进工作的完成情况
3. 人才库建设 负责保存员工的人事档案，做好各类人力资源状况的统计、分析、预测、调整、查询及人才储备库的建设工作	全责	人才储备资源的建设和完善情况
4. 员工合同 负责员工的劳动合同签订以及职务任免、调配、解聘等管理工作	全责	手续办理迅速、完备
5. 评选先进及其他 负责公司先进员工的评选、荣誉称号授予等具体工作及人力资源经理交办的其他工作	全责	工作有成效，员工、领导满意度在4分以上

职位编号HR-04

5．薪资福利专员

薪资福利专员依据公司发展规划，协助人力资源部经理制定相关薪酬福利政策；负责薪酬福利管理、社会保险手续办理、员工绩效考核等工作，为公司的正常运行提供人力资源保证。

任职条件：大学专科以上学历，三年以上大中型广告公司或外资公司人力资源相关工作经验，熟悉国家劳动法规政策，了解国内人才市场动态，并掌握具体操作及同行业的一些惯例；熟悉公司的薪酬福利和绩效考核制度。

薪资福利专员的职能要求详见表2-48。

表2-48　薪资福利专员职能要求表

职责范围 (按重要顺序依次列出每项职责及其目标)	负责程度(全责/部分/支持)	建议考核内容 (考核标准)
1. 薪酬调查 通过各种渠道了解当地整体薪酬水平和同行的薪酬水平，定期汇总调查结果，为制定公平、合理的薪酬政策与工资标准提供依据	全责	每年至少对当地薪酬市场情况进行一次调查，并撰写调查报告

续表

职责范围 (按重要顺序依次列出每项职责及其目标)	负责程度(全责/ 部分/支持)	建议考核内容 (考核标准)
2. 建立薪酬福利体系及考核标准 依据公司发展规划及当地同行业薪酬水平，协助公司领导制定合理可行的薪酬体系及有效的考核标准，使公司薪资方案具有竞争性和公平性	部分	薪酬福利体系的科学性和适用性
3. 薪酬管理 每月末根据公司薪酬方案和员工日常考勤，编制员工工资表，以保证员工工资的按时发放	全责	考核公正，薪酬计算准确，员工满意度评价在4分以上
4. 劳动保障与福利管理 根据国家及当地有关政策，协助公司领导建立公司统一的劳动保障体系，并制定相关的规章制度；按照有关规定为员工办理各种保险和社会统筹手续；协助有关部门和领导处理和解决公司劳动纠纷及其他相关问题	部分	领导和员工对劳动保障与福利管理的综合评价在4分以上
5. 内勤管理 本部门文件及材料的下发，办公用品的申请领用、保管等	部分	工作有条理，领导满意度评价在4分以上

职位编号HR-05

6. 绩效考核专员

绩效考核专员根据公司的发展战略和业务发展模式，制定公司绩效考核制度；组织公司各部门、子公司实施员工考核工作并进行监督，保证考评工作的及时与公正；考评结果的反馈与处理，提高公司整体员工的素质。

任职条件：大学专科以上学历，三年以上大中型企业人力资源相关职位工作经验，熟悉国家有关政策法规，掌握国内人才市场动态，全面了解同行业的人力资源管理状况以及国外人力资源管理的新动向，熟悉本公司业务运作流程。

绩效考核专员的职能要求详见表2-49。

表2-49 绩效考核专员职能要求表

职责范围 (按重要顺序依次列出每项职责及其目标)	负责程度(全责/ 部分/支持)	建议考核内容 (考核标准)
1. 制定绩效考核制度 根据公司的发展战略目标和业务运作模式，制定公司绩效考核指标体系和评价标准，上报领导审批后组织实施；针对公司内外部条件的变化及出现的问题，及时修正和完善公司的绩效考核制度	全责	考核体系科学，员工考评覆盖率100%
2. 监督和实施考评工作 根据领导批准的绩效考核制度，组织实施考评工作，并为各部门的绩效考核工作提供指导，监督考评工作过程	全责	考评过程的公正、公平，员工满意度在4分以上

职责范围 (按重要顺序依次列出每项职责及其目标)	负责程度(全责/ 部分/支持)	建议考核内容 (考核标准)
3. 考核管理 依照职位职责和职位说明书定期组织各部门实施绩效考核，配合公司管理部门依据年度目标计划对中层以上干部实施业绩考核，根据公司组织任命程序，实施干部晋升考核	全责	年度员工考评覆盖率100%
4. 考评反馈工作 向员工反馈绩效考评的结果，根据绩效评价结果实施对员工的奖惩工作	全责	奖惩工作的公平与公正，员工认可率100%

职位编号HR-06

7. 培训专员

培训专员依据公司发展战略目标，编写和实施员工培训计划，配合人力资源经理组织、协调公司各部门、各子公司的员工培训工作；开发员工潜能，提高员工素质，增强公司市场竞争能力，为公司经营、管理提供人力资源保障和支持。

任职条件：大学本科以上学历，人力资源管理或管理相关专业，三年以上国内大中型或外资广告公司人力资源相关职位工作经验，了解国家有关政策法规，熟悉人力资源管理知识，了解国内外行政、人力资源管理体系与职能情况，掌握国际、国内人力资源管理的新动向、员工培训的新课程等。

培训专员的职能要求详见表2-50。

表2-50 培训专员职能要求表

职责范围 (按重要顺序依次列出每项职责及其目标)	负责程度(全责/ 部分/支持)	建议考核内容 (考核标准)
1. 编制公司员工培训制度 根据公司人力资源的发展规划，制定员工培训制度	全责	制度可行、合理
2. 编制员工培训计划 根据企业发展战略目标，组织各部门、下属公司编制年度、季度、月度员工培训计划，汇编公司整体的员工培训计划，根据费用预算编制实施方案，选择师资来源，上报领导审批后组织实施	全责	计划内容全面、合理，执行率100%
3. 组织实施培训计划 根据领导审批的培训实施方案，具体安排公司各项培训工作，保证培训工作的顺利完成	全责	年度员工培训计划实施率100%
4. 监督培训过程，测评培训效果 保证培训的内容与质量，进行有针对性的培训，并对培训过程进行监控，对培训效果进行测评	全责	员工满意度高，培训效果明显
5. 员工外部培训管理 根据各部门、各子公司的业务需求，组织员工进行外部培训(专业培训、出国进修等)；掌握足够多的培训机构和培训师的信息，并与之保持良好关系，确保培训工作的顺利，有效进行	全责	部门和受训员工对外部培训效果的满意度高

职位编号HR-07

本章小结

本章主要列举了广告公司组成部门的工作职能和职能岗位需要，当然，本章列举的是功能齐全、规模较大、机构配套的广告公司的工作职能和岗位人员配备，对于中小型公司，则采用一人多任的形式，职能岗位要适应公司规模现状，使人员配置合理，精减员工。

思考题

1. 客户部主要有哪些职位？
2. 创作部主要有哪些工作职位？美工的任职条件有哪些？
3. 媒介部有哪些工作职位？

实训课堂

广告公司模拟招聘

项目背景

广告公司不同岗位对人员的背景、性格、职能要求不同，通过模拟招聘，使同学们从招聘、应聘两方面对广告公司各岗位的职能有所了解和认识。

项目要求

学生分为两组，招聘方和应聘方，根据广告公司各部门的划分进行模拟招聘。招聘方结合本章所讲内容张贴相关岗位招聘信息，应聘方需准备应聘资料(如个人简历、作品等)。

项目分析

该模拟项目需要两组学生的合作，在教师的指导下按要求进行。如有条件，请广告公司专业人士参与此模拟项目。

第三章

广告公司工作流程

学习要点及目标

- 通过本章学习，使同学们了解关于工作流程的概念，并通过训练掌握其设计方法。
- 通过本章学习和训练，使同学们认识和掌握广告公司不同职位的工作流程。
- 通过本章学习，启发同学们创造性的思维方式，以便于创造性地运用到今后的工作中。

本章导读

广告业不同于传统的制造业，是介于艺术与科学之间的一门新兴的行业。广告公司发展的核心是流程设计与管理。在广告业有一种奇怪的现象，曾经在国际4A出来后的广告人，进入本土中小型公司或者成立自己的公司后，大多不能超越曾经的业绩。究其原因，并不是他的个人素质下降，关键在于公司的管理及文化上的问题。

优秀的国际广告公司之所以具有强势，在于拥有一整套完整有效的工作流程，流程中明确规定创意总监、客户总监、文案、AE(业务)等各自的工作职权和责任，每个职位都是相对平等，都围绕一个项目来工作，每个人都在为策划案、企划案加分。"他山之石可以攻玉"，本章将借鉴分析国际广告公司的工作流程和核心品牌运作流程，学习国际公司核心的优势为我所用。

引导案例

瑞典绝对伏特加酒(Absolute)

绝对伏特加酒(Absolute)在20世纪80年代以前只是瑞典一个默默无闻的品牌，年销售量只有一万箱。凭借TBWA广告公司成功地推行富有创意的广告策略，Absolute很快就从一个弱势品牌成长为国际上烈性酒的第六大品牌、第二大伏特加酒品牌。

作为品牌推广，Absolute先天具有许多不利因素。比如，产地与人们习惯认识相悖，因为人们通常认为优质伏特加酒的产地一般在斯拉夫国家，而不是北欧的瑞典；品牌名称拗口、不流畅；酒瓶形状太一般，甚至和药瓶有些相似。这些不利因素是Absolute在1978年进入美国市场时，花了650 000美元请一家市场调查公司进行调查后的结论。

进口商卡里伦公司没有接受调查公司给出的将Absolute撤出美国市场的建议，坚持把Absolute投入美国市场。问题的转机在于进口商将产品推广的广告代理权交给了纽约的TBWA公司，TBWA广告公司做出对市场调研资料的另类思考，将过去消费者对其产品印象中的不利因素转化为独特的有利因素。那就是TBWA广告公司的艺术指导海因斯在构思广告表现策略时，一反传统烈性酒使用硬汉、美女为广告诉求的套路，创造性地将平庸的酒瓶本身作为创意表现的出发点，在酒瓶的变化上巧做文章。广告标题只有两个词：前一个是品牌名称"Absolute"，后一个则是表示产品品质的词。

这个突发的奇想为广告创意表现打开了广阔的空间，各种重要的社会事件、文化现象都成了"Absolute"取之不尽的源泉，这种成功的创意表现策略一经推出，立即受到不同地区、不同阶层的人士所喜欢，创造了惊人的市场销售业绩。

从广告策略执行的1981年起，Absolute四年后荣登同类产品的销售冠军宝座，销售量年增长率为20%～30%，到1996年创造了5000万升销售量的业绩，成为深受人们喜爱的品牌产品。1992年Absolute被隆重引进美国市场联欢会的"品牌市场大厅"时，与之并肩的仅有另外两家家喻户晓的世界品牌：可口可乐和耐克。

（资料来源：陈培爱. 广告学概论[M]. 北京：高等教育出版社，2004，P262-263）

点评：

美国TBWA广告公司从1981年至今，持续不断地坚持这个大创意，始终坚持同一主题和统一的表现模式，并且在20余年里不断地从新的视角来图解酒瓶形象，使它融入更多的文化内涵和审美底蕴，使品牌的个性显得更加清晰动人。

如图3-1为ABSOLUT伏特加酒的城市主题系列广告，这些作品以瓶形作为广告创作的基础和源泉——"ABSOLUT酒瓶是永远的主角"，来诠释ABSOLUT的核心价值——纯净、简单、完美。在其系列城市广告中，其经典的瓶形化身为世界各地的各种物体，无论在罗马、维也纳、日内瓦、伦敦，还是阿姆斯特丹、马德里、里斯本、巴塞罗那，目之所及皆可化作绝对伏特加酒的象征物，品牌通过伟大的广告创意渗透入消费者生活的每个细节。如此智慧的表达方式不仅获得了众多广告人的认可，更重要的是，它打动了每一位消费者。

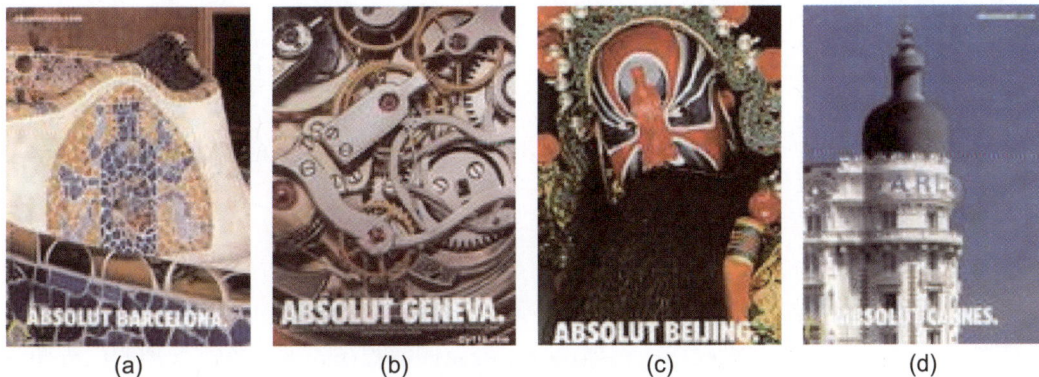

(a)　　　　(b)　　　　(c)　　　　(d)

图3-1　ABSOLUT伏特加酒广告——城市主题系列

第一节　广告公司工作流程的定位

背景资料

管理工作流程是企业核心、关键职能的流程，具体地界定和描述了各环节的职权和责任，从而使每项关键职能的行使具有可操作性。工作流程是企业管理制度的重中之重，是衡量一个企业管理水平的重要标志，也是保证企业各项作业顺利进行的前提。

一、工作流程的基本概念

(一)什么是流程

1.流程的定义

流程就是为特定的顾客或者特定的市场/项目，提供特定的产品或服务所精心设计的一系列活动。

2.程序与流程的差异

"程序"表示一件工作中的若干个作业项目的先后顺序，即先做什么后做什么。

"流程"除了表示先做什么后做什么之外，还要表示出每一项具体任务落实到执行人或负责人。

这样一来，若干个项目或者若干个工作环节，以及它们的责任人和责任人之间的相互工作关系，在流程中被描述得很清楚，而程序则是无法做到这一点的。

3.广告公司的流程

广告工作流程好比机场的塔台管制，负责监控业务活动的工作进度、时间表和交件期限。流程扮演的角色就像业务人员在客户与代理商之间一样，是协调创意部、制作部与业务部的纽带，使各项工作在规定的期限内顺利进行。

(二)流程图的绘制方法

全面了解工作流程，要用工作流程图。工作流程图可以帮助管理者了解实际工作活动，消除工作过程中多余的工作环节，合并同类活动，使工作流程更为合理和简便，提高工作效率。

1.流程图分级

流程图通常分为一级、二级和三级。

一级流程图即公司级的流程图，例如，公司主导业务流程图、公司决策流程图等；

二级流程图即部门级的流程图，例如，技术开发的流程图、人力资源管理的流程图和市场营销的流程图等；

三级流程图即部门内具体工作的流程图，例如，招聘流程图、销售流程图、设计制作流程图等。

流程图应该环环相扣，上一个级别的流程图中的一个节点，到下一个级别可能就会演化成一张流程图。例如，在二级流程图中的人力资源管理流程图中，招聘工作可能只是一个节点，而它会演化成三级流程图中的招聘流程图。

2.流程图的纵向坐标和横向坐标

流程图有很多类型，我们向大家推荐的是"矩阵式流程图"，这也是国际上通用的一种流程图形式。这种流程图分为纵向、横向两个方向，纵向表示工作的先后顺序，横向表示承担该项工作的部门和职位。通过纵向、横向两个方向的坐标，可以达到我们前面所说的要求，既解决了先做什么、后做什么的问题，又解决了张三做什么、李四做什么的问题。

3．流程图的符号

如图3-2所示为美国国家标准学会(ANI)规定的管理流程设计标准符号，每个符号都对应管理流程中的不同含义，具体含义如下。

——流程的开始或者结束，用椭圆来表示。

——具体任务或工作，用矩形来表示。

——需要决策的事项，用菱形来表示。

——流程线，用带箭头的直线来表示。

——信息来源，用倒梯形来表示。

——信息存储与输出，用平行四边形来表示等。

实际上，管理流程设计的标准符号还有很多，但是考虑到流程图的绘制，越简洁明了操作起来也方便；符号越多，会使流程图越复杂。所以我们建议：一般情况下，只使用(1) ~ (4)规定的四种符号就足够了。

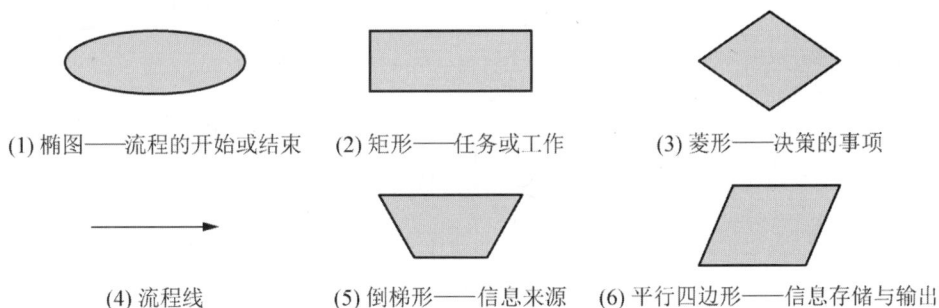

(1) 椭图——流程的开始或结束　(2) 矩形——任务或工作　(3) 菱形——决策的事项

(4) 流程线　(5) 倒梯形——信息来源　(6) 平行四边形——信息存储与输出

图3-2　管理流程设计符号

4．流程图的绘制

流程图的绘制，通常是通过公司中高层领导讨论的方式来进行的，这样可以集思广益，有助于流程的优化。在讨论时，可以在预先准备的白板上，以即时贴代表任务，来绘制流程草图。由于即时贴可以随时粘贴、取下，便于修改。在讨论确定之后，再由员工执笔，将最终确定的流程图绘制下来。

一个企业的所有流程图均绘制完毕，应装订成册，然后发放给公司的各个部门遵照执行。流程图实际上是企业的内部法规，有了它，企业才能建立起正常的工作规则和工作秩序。

二、工作流程设计

流程设计要具有可行性，分工明确，责、权、利到位，并由具有良好协调能力、了解流程设计工作的人来制定和负责。

(一)基本原则

1．以客户为导向

今天的市场竞争在很大程度上表现为对客户的争取。一家极具竞争力的企业，必然是能充分满足客户需求的企业，也必然是一家以客户为导向的企业。因此，以客户为导向就成为流程设计需遵循的最基本原则。

2．以流程为中心

坚持以流程为导向的原则，就是将企业的管理方式从以任务为中心改为以流程为中心，将原来的一个个孤立的任务，连接成能够表示任务之间关系的流程。企业孤立的重点不是任务而是流程，这就是我们通常所说的"流程式管理"。

3．以人为本的团队式管理

因为流程需要一个团队来完成，而绝非一个人所能完成，所以在流程设计中，要贯彻"以人为本"的团队式管理精神，注重团队的整体作用，注重团队中人员之间的配合。这也是从单纯的任务式管理向流程式管理的一种转变。形成流程式管理之后，团队的每一个成员都知道自己要做什么，这样有助于员工工作自觉性的提高。

(二)奥美创意工作流程(奥美的创意"九阴真经")

奥美对品牌销售产品所能产生的强大影响力是众所周知的，奥美有一套独特的创意理念和工作流程来达到品牌目标，其创意流程可以带给同行们很多启示。

1．流程图

图3-3所示为奥美亚太地区创意策略的最新流程图。

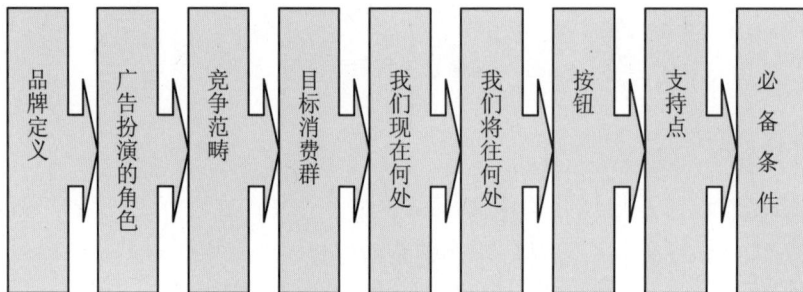

品牌定义 → 广告扮演的角色 → 竞争范畴 → 目标消费群 → 我们现在何处 → 我们将往何处 → 按钮 → 支持点 → 必备条件

图3-3 奥美亚太地区创意策略最新流程图

2．流程简述

奥美亚太地区创意策略流程图，从品牌宏观策略下手，针对目标对象透过多元的传播技巧，选择关键时刻、传递适时关键信息，协助品牌与目标对象建立长期而深远的关系。通过流程图让我们来见证一个好创意诞生的过程。

1) 品牌定义(Brand Definition)

用形象化的方式来描述本品牌独特的个性，如果是个复杂的品牌，它给你的第一印象是什么？如果本品牌现在没有个性，我们期望它成为什么样子？总之，品牌定义的作用是在为创意人员定义本品牌究竟是什么？

定义品牌时不要忽略产品，品牌定义可能是直接从产品来的；不是平淡泛泛的产品描述，应该是对品牌及其个性的生动描述。要避免这样的定义：百事，"清爽、快乐、好味道"；理想的品牌定义是："百事是一种态度，年轻而充满朝气，它是心底的呐喊：我的未来由我自己决定。"

2) 广告扮演的角色(Role of Advertising)

广告想达到什么目的(是诉求功效，还是树立形象)？实际上，广告如何促成品牌与消费者之间的关系？我们想达到什么目标(确定目标时的实际点，单凭借广告不可能造成销售，除非是直销广告)？我们要消费者看完本广告后如何想，如何感受？

3) 竞争范畴(Competition)

站在消费者的角度看还有什么品牌能满足消费者的需求？不要遗漏了潜在的竞争者；他们在说些什么？在消费者脑海中占有什么地位？别忘了分析竞争者的广告片，对我们有什么影响和启示？如果你晚进一个市场，千万不要采取与竞争品牌相同的论点和做法。

4) 目标消费群(Target Marketing)

简要写下我们究竟要销售给谁(人口统计/心理)？创意人员需要知道哪些细节才能对这群人发出有效的信息？把他写成真实、活生生、有血有肉的人，描述他的喜好、态度、好恶。他们有什么需求要被满足(功能上的、心理上的、伦理道德上的)？他们与品牌的关系，为什么要忠于本品牌？

5) 我们现在何处(Where are we now)

消费者此刻如何看待本品牌？用第一人称的语气写下来。消费者如何看我们的竞争？竞争的广告是否有效？不要隐瞒坏消息。评估一定要真实，不要大而空的话，一定要实在！

6) 我们将往何处去(Where are we going)

看完广告后，我们期待消费者有何感受(不是等他买过产品后)？实际上这几则广告不会改变人的一生，别许下实现不了的愿望。(如图3-4所示)通过按钮和支持点，找到产品广告希望传递的信息内容。

图3-4　按钮和支持点的作用

7) 按钮(Button)

找一个点轻轻一触，就能触动人们内心的某个敏感点，不一定是感性利益点，但多少总有些感情的笔触才能感动人。按下此按钮，一切就成了，它是万事的钥匙和解答，单纯、突出——改变消费者对本品牌的看法。

按钮是什么：可以理解为我们认知的过程，即感官——感性——理性。

按钮从何而来：来自对消费者的了解，消费者的感受，对本品牌的深入了解，创意和才情，等等，如图3-5所示。

8) 支持点(support)

证明你的按钮，只列出相关的人、事、感受，使读者相信"按钮"的真实性。同一种按钮，可因选不同的支持点而有截然不同的创意走向。

9) 必备条件(Prerequisite)

除了产品相关的规定、限制、法规、预算、标志(LOGO)之外，任何一则广告都必须遵守，并反映它当时的定位和品牌个性。

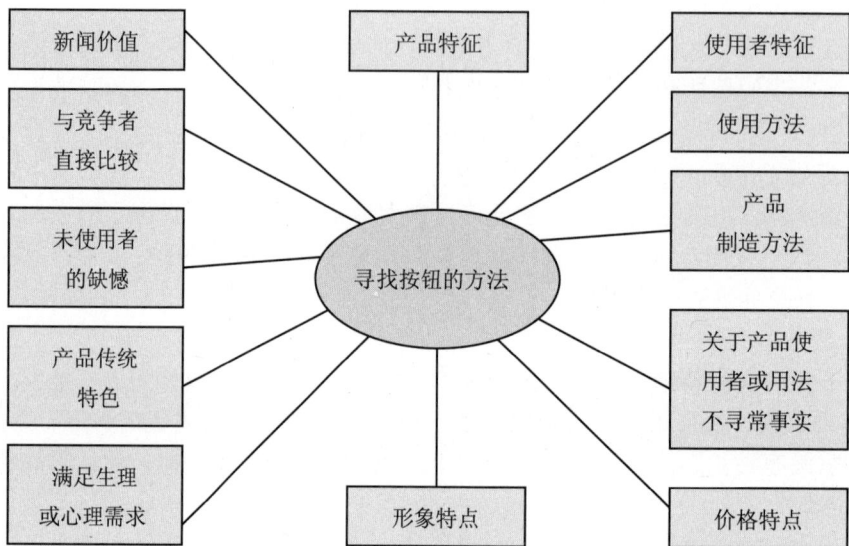

图3-5　寻找按钮的方法

拓展知识

怎样找到按钮

当面对一个商品要寻找其利益点时，可以参考利益点逐级分解图(见图3-6)，像爬楼梯一般级级推进，从商品特点出发，往上分析其特征，再寻找利益点，这也是从理性到感性的一个过程。通过对"锁"的利益点的寻找例子(见图3-7)可以更清楚理解特点、特征和利益点的区别。

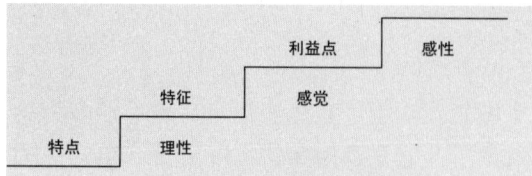

图3-6　利益点逐级分解图

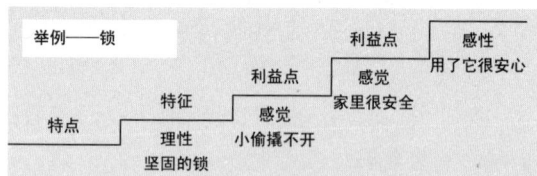

图3-7　寻找"锁"利益点的分解图

学习广告设计必要的专业软件

1. Photoshop(图像、加工、处理、平面创作型)。

2. Corel draw或者Illustrator (排版、编辑、适量图形创作软件)。

以上两个软件毫无疑问是必选的！适合在PC机上操作。很多专业的大型广告公司一般用苹果机，所以还需要学习其他的设计软件。

3. Freehand苹果机专用的平面设计软件。

4. 3DMAX——三维立体设计，这个对平面设计也有帮助，可以实现动画、展览设计，实现立体模型。

第二节 广告公司工作流程

背景资料

具有一定规模的广告公司，除了应该设置客户部、创作部、媒介部和调查部之外，还应该设置行政办公室，作为公司的管理中枢。在组织机构设置健全的基础上，还必须对各有关部门进行明确的职能划分，把责、权、利落实到具体部门。这样，才可能在分工明确的基础上实现各负其责、协调运行、相互制约和相互促进。

国外的广告公司各部门人员配备和职责划分已有成熟的模式，国内广告公司目前很多分工及职务设置方法尚不完善，有些分工及职务设置也不适合国内广告公司的发展。国内的广告行业尚处在发展阶段，各广告公司机构设置、人员分工均有差别，应视具体需求情况量力而行。

一、广告公司的工作流程介绍

工作流程指的是在广告公司中部门之间沟通的一些基本动作，即每个级别、每个职务的人员之间是通过何种方式沟通的，他们需要以什么样的方式方法把一项工作做完，在传递每一项任务过程中是以怎样的形式进行交流的，只要有流程，就有规范，所以了解操作流程就可以规范每个岗位上人员的思维，使工作进行得干净利落有效率。

1. 广告项目的流程

一个广告项目全流程要经过从项目委托到最终广告传播的受众者，图3-8展示了广告项

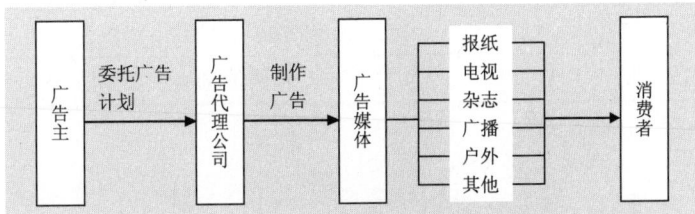

图3-8 广告项目流程图

目的流程。

　　广告主委托广告代理公司制订广告计划，广告代理公司按其需求制作广告，通过媒体传达给消费者，使消费者购买或形成某种认知。

　　2．广告公司的工作流程

　　广告公司的服务流程从AE(客户服务人员)开始，AE通过对市场、广告主的了解，将广告主想做的广告的需求和欲望传达给本广告公司，把本广告公司的能力和想承担业务的信息传达给广告主，广告公司经过广告策划会议、广告表现会议、制作会议形成营销、创意策略，与广告主沟通并获得认可，然后制作广告，购买媒体。整个过程中完成业务沟通、营销研究、创意形成、制作及购买媒体等，如图3-9所示。

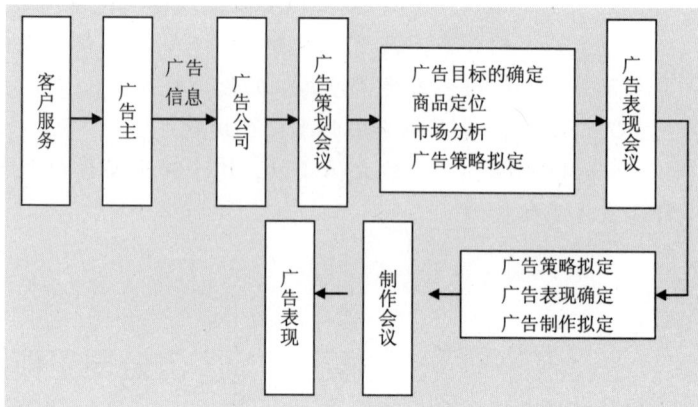

图3-9　广告工作流程图

　　3．广告公司工作流程范例(一)

　　广告公司的工作流程一般分为10个阶段进行，每个阶段具有时间上前后的联系，也具有与客户沟通交流的业务发展规律上的内在联系，见表3-1。

表3-1　广告公司的工作流程表(一)

阶　段	内容说明
1．客户说明会	与客户沟通有关产品特性、通路状况、市场状况、营销目的等
2．代理商提案会	业务、营销研究、创意等人员讨论相关资料、工作进度
3．广告策略形成及审核	制定目标对象、创意策略、媒体策略并审核
4．策略提案及决定	必须由客户和代理商共同认定
5．创意发展	针对策略发展广告创意
6．正式提案	提案
7．调查与修正	包括概念测试、效果测试等
8．执行制作	平面作品由相关人员负责制作，电视或广播广告由制片人员监督直至完成交片
9．媒体订购	确定刊登或播出的日期、时段等细节
10．控制	对于广告在媒体的刊出或播出监测并检讨

　　4．广告公司工作流程范例(二)

　　广告公司工作流程(二)是多数广告公司会采用的一种流程，包括10个阶段，每个阶段按照时间顺序，在流程(一)的基础上添加了参与人员项，可以更加便于理解和运用，见表3-2。

表3-2 广告公司的工作流程表(二)

阶 段	内容说明	参与人员
1. 客户说明会	客户说明：产品特性、通路状况、市场状况趋势、营销目的、策略、目标对象、竞争对手等	业务、公司高管、创意、市场调研等人员
2. 代理公司第一次提案会议	代理公司相关人员内部讨论：检查资料完整性、决定是否调查或其他资料收集、排定工作进度、工作项目鉴定及指导负责	业务、市调、创意
3. 策略发展过程	——市场分析/看法 ——目标对象/竞争范畴的界定 ——传播功能及角色(广告、公关、促销等) ——相关的营销建议	业务、市调、创意
4. 广告策略形成	——目标对象 ——创意策略 ——媒体策略 执行计划及进度表，广告预算	业务、媒体、市调、创意、营销研究
5. 策略委员会审核	策略审核委员会由资深人员组成，审核是为确保策略的精准及可执行性	业务总监、创意总监、市调总指导、媒体总指导
6. 策略提案与决定	策略为广告整体活动长期执行的核心，必须是客户与代理公司共同的认定	业务、媒体、创意
7. 创意发展	代理公司根据决定的策略发展广告活动相关创意，例如电视、报纸、杂志、广播等	创意人员、创意总监、业务指导
8. 正式提案	提案内容分年度计划或单一活动，任何提案必须以策略为依据	业务/创意 公司的高管
9. 调查与修订	调查内容与方法根据目标而定，实施时间亦因目标而不同	业务、市调、创意
10. 执行制作与品质	——平面作品由相关人员负责制作，由相关人员签署，并经客户最后确认 ——电视、广播广告由制片人员监督至完成交片。	业务、创意、制作

二、4A广告公司工作流程

　　正规的大公司，分工是很明确的，目前的趋势，对专业要求越来越严格，所以，新人最好想明白自己的兴趣和专长，确定你自己的应聘职位。在这里，有必要先了解一下广告公司的操作流程。

　　以下是某国际4A的操作流程，比较有代表性(客户为全面代理客户，合同已签)。

　　(一)前期阶段工作流程

　　对于已签订合同的项目，前期阶段的准备工作是非常必要的，也是后期工作的一个保障。

1．提出需求

想做某新产品的全国推广客户经理接到消息后，向客户总监反映，然后，安排好具体会谈时间，企业负责人会向广告公司就该产品做一个介绍，并谈一下企业方对推广的初步想法和营销目标(如，第一年销售5000万元等)。

2．会前了解产品的情况

在开会之前，客户经理会和业务员(AE)一起通过网络等途径了解一下某产品所在行业的基本情况。

3．会后制订工作计划

会谈结束后，经客户总监同意，客户经理制定一工作进度表，表明工作的内容、负责人、时间安排等，并交企业确认。

4．做好工作协调

客户经理通知各相关部门总监，介绍项目基本情况，包括策划部、媒介部、创意部。

(二)项目正式启动阶段

项目正式开始运作，但请注意，一般不是同时进行，而是按次序交替进行，步骤顺序如下。

1．前期资料调研

客户部AE和客户经理开始收集产品资料、竞争对手资料、行业资料，等等，同时，媒介部通过购买，收集竞争对手的广告投放情况(近年来投放地区、金额、媒体种类)，以及竞争对手的广告表现(企业一般也会提供部分资料)。

2．市场调研

有需要的话，还可能委托市场调查公司，进行定量和定性的市场调查。

3．资料学习

AE将所有资料整理，提交给客户经理、客户总监和策划总监、策划经理(注意，很多公司没有策划部，策划工作由客户部完成)。

4．形成策略思路

客户经理、客户总监、策划总监、策划经理会进行几次会议，讨论各自的一些看法和思路，正常时间为一周左右，当大家就某一策略思路达成共识后，再由客户经理和策划经理整理细化，并形成文字。

5．撰写提案和创意简报汇报

客户经理和策划经理开始讨论策划方案的框架和细节，两人合作或者指定其中一人完成整个提案的撰写，同时，向媒介部讲明策略思路，由媒介部完成媒介方案，并填写创意简报，经客户总监和创意总监签字后，召开创意简报会议。参加者为客户总监、经理、

AE、创意总监、文案、美指。会上客户经理向创意部讲解创意简报，并就创意部的疑问进行解答。

6. 创意部开始工作

文案和美术指导开始思考创意概念(或称为点子)，总监负责把关。创意部有了几套比较满意的方案后(注意，只是想法，并没有做出来，也可能画有草稿)，会向客户部进行一次非正式的提案。一般这种提案会有几次，双方达成共识后，开始正式作创意表现。文案撰写标题和内文，以及影视脚本，美指开始做表现稿，创意总监把关。同时，完成的策略方案也会提交给客户总监和策略总监，给出修改意见。

7. 内部提案

客户经理根据进度，制定内部提案时间，到时进行内部正式提案，不断完善提案，一般会进行一到两次。

8. 正式提案

内部提案通过后，跟企业约定时间，进行正式提案(一般是总监提)。通过，根据方案开始执行；不通过，一切重新来过或者被客户解约；基本通过，做部分修改，再进行二次提案。

拓展知识

塑造品牌形象价值感能为企业带来什么

在进入21世纪、国际时尚一体化的背景下，行业化的VI系统首先是要规范品牌的视觉识别推广标准，使品牌形象与国际化形象趋势接轨，塑造品牌性格、提升品牌的张力；以传播品牌文化和内涵的手段，强化品牌在消费者心目中的价值感；以打造视觉效应为目标，快速形成市场口碑；起到对加盟商增强信心、引起关注的效果，提高品牌快速进入市场和扩张的能力。

小贴士

业务流程中关键词的中英文对照

广告公司	(Agency)	导演	(Director)
制作公司	(Production House)	摄影师	(Cameraman)
后期制作公司	(Pot Production House)	摄影助理	(Cameraman Assistant)
创作总监	(Creative Director)	制作统筹	(Producer)

美术指导	(Art Director)	制作助理	(Production Assistant)
工作简报	(Briefing)	海外拍摄	(Overea Hooting)
商讨	(Review)	冲片	(Film Procing)
内部商讨	(Internal Review)	初步校色	(One Proof)
构思	(Concept Development)	剪片师	(Editor)
提案	(Proposal)	剪出毛片	(Rough Cut)
策略	(Strategy)	音乐样本	(Music Reference)
报价	(Quotation)	配音样本	(Guide Track)
送检	(Cenorhip)	客户批阅	(Double Head)
制作会议	(Pre-production Meeting)	非在线编辑	(Off-line Editing)
处理手法	(Hooting Cript)	在线编辑	(On-line Editing)
选角	(Cating)	真正校色	(Proof,TC)
服饰	(Dress)	计算机加工	(Video Transfer,VT)
道具	(Prop)	配乐师	(Music Teacher)
拍摄地点	(Location)	旁白员	(Voice Over Talent)
灯光	(Lighting)	混音	(Mixing)
配乐	(Music)	场景	(Scene)
拍摄	(Hooting)	外景	(Location)

三、电视广告制作流程

电视广告的制作分工很细，一般来说，广告公司只负责构思，制作公司负责拍摄，后期制作公司则负责后期剪辑、配乐、配音、计算机特技、动画等工作。

电视广告制作的程序也很繁复，大致如下。

1. 构思

这是广告公司创作人的主要工作。一般而言，在接到客户服务部的新工作简报后，创作总监会指派一对文案与美术指导共同负责构思，并给予适当的创作指引。通常只有5至10天的工作时限让创作人去构思点子。

创作团队构思完毕，便要在期限前预早与创作总监商讨。创作总监会凭经验给予指导、修改，可行的点子就会与客户服务部进行内部商讨，若发现有任何问题，就会再修改或者重新构思。不过，见客户的时间通常都会保持不变，因此构思的时间往往变得只有一两天，甚至一晚。

2．提案

从前创作部人员是三步不出闺门的，提案是客户服务部的工作。时至今日，创作部人员大都逢会必到，因为，创作人演绎自己的作品，大都比较得心应手，加上客户对创作人一般都较为尊重，所以成功的机会相对较高。

提案是一件不容易做的工作，首先，要做好铺排，把构思变得更有策略，更体现客户的需要。每人的提案方式都不同，有的会用表演一般来演绎，有的会用大量图画或视像参考材料，甚至会把构思剪辑或拍摄成广告片，让客户更易明白。

3．报价

提案成功并不代表真的成功，还要看构思的点子是否超出预算。很多时候由于预算的制作费太过昂贵，会令广告胎死腹中。制作预算会包括三大部分：拍摄费、后期制作费及广告公司费用。拍摄费视广告复杂程度及导演级数而定，相差可以由十多万元至几百万元不等。后期制作费则包括剪辑、计算机特技、配乐、配音等。

广告公司一般收取制作费的17.65%作为报酬。总括而言，最小型的制作约需三四十万元，中型的制作费约需七八十万元，过百万的已是大制作。

4．送检

检查原来是电视广播管理局的工作，今天却交由电视台自行审查。若电视广告播放后，收到任何投诉，电视台将会被检控，甚至停牌。所以，电视台对审查广告都很苛刻。近年电视广告常收到投诉，令审查变得更严格，甚至矫枉过正。

5．制作会议

广告制作前会有数次制作会议，先是创作人与导演交流意见，然后导演会就广告片的处理手法、选角、服饰、道具、拍摄地点、灯光、配乐等与创作人倾谈，待与客户开过制作会议后，广告片才能正式开拍。

6．拍摄

拍摄可分为场景及外景。现在很多的影视基地除用作拍摄电影外，也拍广告。外景拍摄要比场景难控制，除天气影响外，找场地及控制成本也很困难。一个制作队伍，除导演外，还包括摄影师、摄影助理、灯光、道具、服装、发型、制作统筹、制作助理等。遇有海外拍摄，由于经费所限，一般只有导演、摄影师、摄影助理出外，其余人手则在当地聘请制作公司协助。

7．后期制作

现在的广告越来越依赖后期制作，所以这绝对是不可忽视的一个重要环节。广告片拍摄完毕先会送往冲片，然后送到后期制作公司进行初步校色。剪片师按导演的意思先剪出毛片，等待创作人满意后再加上音乐样本及配音样本给客户批阅。

上述的制作程序又被称为Off-line Editing，完成后再进行。首先把菲林进行真正校色，确定广告片的整体色调，例如黑白、偏蓝、偏绿、偏黄等。然后会进行计算机加工，例如把不需要的东西删除、加上字幕、计算机特技等。与此同时，配乐师会就导演的音乐样本创作配乐。创作人也要选择合适的旁白员录音及加上音响效果。最后再就配乐、旁白及音效进行混音。经客户最后批阅后，一支广告片正式完工。不过，广告片仍须得到电视台的最后审批，才可真正在电视屏幕上与观众见面。

电视广告播放只是几十秒的事，但当中所涉及的程序却多得很，所以，一般广告都要花上一个多月，甚至接近一年的时间才可以正式播出。

四、品牌设计与品牌整合流程

品牌是企业拥有的无形竞争力，品牌设计是为企业品牌战略服务的，是企业长期、正确经营的结果。

(一)企业品牌运作前及运作过程中的流程

(1) 企业对运作行业品牌各环节的认识。

(2) 企业对品牌风格、产品风格、产品线的构成及产品组合的把握程度。

(3) 企业对新产品的研发能力。

(4) 企业对供应资源的掌握及采购能力。

(5) 企业对各类产品的生产或委托生产能力。

(6) 打造品牌进入市场的策略选择是什么。

(7) 对目前国内同行业品牌市场的了解及发展趋势的认识情况。

(8) 目前品牌发展情况及存在的问题。

在品牌设计与整合前，对于上述问题的了解，是品牌规划机构针对企业独家的、具有行业特征和实战价值的考察，也是品牌在市场中让品牌成为名牌的保障。

(二)品牌形象规划

在产品风格和品牌风格确定后，品牌首席顾问和形象设计师与公司品牌运作人和主设计师进行沟通后，为品牌形象进行规划，规划的具体内容包括以下几个方面。

(1) 品牌形象平面设计：VI手册。

(2) 品牌形象立面设计：卖场立面图、材料使用手册。

(3) 品牌参展策划(招商加盟必备)。

(4) 品牌展位设计(招商加盟必备)。

(5) 市场拓展手册(进入商场必备)。

(6) 品牌宣传策划、监制(向加盟商、商场经理、目标消费群等展示产品)。

(三)品牌战略规划

品牌战略规划包括以下内容。

(1) 品牌定位。

(2) 品牌发展方向。

(3) 品牌发展目标。

(4) 品牌文化内涵规划。

(5) 企业战略目标设定。

(6) 组织结构设置。

(7) 岗位责任制制定。

(8) 工作流程设置。

(四)导入品牌终端卖场管理系统

品牌终端卖场管理系统包括以下内容。

(1) 终端卖场管理系统。

(2) 终端卖场人员培训。

三个月跟进式服务，并为企业培养出一支终端培训队伍。

拓展知识

广告公司的AE

一、什么是AE

4A级广告公司会将客户服务人员由低到高分为四个等级：客户执行——客户主任——客户经理——客户总监，AE就是指客户执行，英文就是Account Executive的简称。

"AE"国内称为"客户主任"或"业务经理"，有的干脆叫"业务员"。

二、AE的职责

"AE"的职责是：对外，与客户进行谈判、联络、提案、收款等；对内，制定策略、协调资源、分派工作、监督进程等。

在广告行业里，AE扮演着一个举足轻重的角色！是广告公司和广告主联系的纽带，他们的能力都是很高的，他们还要关注客户市场，产品的基本资料，以往广告资料，竞争品牌的市场和广告资料，所以，广告公司对业务员的要求很高！AE的客户就属于公司，公司的客户也都是靠AE来维护，客户与公司的关系都取决于AE本身。

五、AE与客户开会的流程和注意事项

作为广告公司的AE，需要具有良好沟通能力，同时，还要在其参与的工作中做到细心、周到，以便更好为客户服务，为公司拓展业务。

(一)会议流程

客户会谈和沟通的会议是经常会发生的，AE与客户开会正是双方交流的机会。

1. 会议前

当AE需要与客户通过会议进行业务交流后，马上就要开始做好涉及该会的相关事项和细节。

(1) 约定时间地点，通知所有与会人员。

(2) 了解所有事情的最新状况。

(3) 与相关人员讨论后，尽早撰写并发送会议议程。

(4) 安排场地与设备。

(5) 准备文具和茶水。

(6) 确保所有人准时参加，延迟时要及时通知，设想各种可能的状况，准备会议中有可能用到的东西。

2. 会议中

在双方会议进行中，做好双方与会人员的服务和礼貌的举止行为都是必要的。

(1) 做好笔记。

(2) 对所有人的需求做出反应。

(3) 精神状态上的积极参与。

(4) 没有相当的把握，绝不轻易发言。

(5) 仪态端庄，神情专注。

(6) 频频点头。

3. 会议后

与客户见面会后，AE的工作是收尾和总结，一个成熟的AE更是明确客户的需求，为下一步工作做好准备的开始。

(1) 收拾会场。

(2) 回想整个会议的过程，并总结经验。

(3) 24小时内撰写并发送会议记录。

(4) 下一步的跟踪。

(二)特别需要注意的几点要领

深入挖掘客户的问题，然后想出更好的办法来解决；如果想不出来，就接受客户的解决方案；让客户觉得好主意是他们想出来的；让客户觉得异常地受到尊重；让客户觉得我们的提议，是经过专业团队的深思熟虑而产生的；尽可能为自己、为团队留下回旋余地；诚恳，诚恳，非常诚恳的态度。

拓展知识

CD最需要的不是IQ(智商)而是EQ(情绪商数)

CD就是创作总监(Creative Director)的英文简称。

作为创作人大抵IQ都比一般人高，要想出好点子根本不是难事。身为CD在IQ高之余还加上了经验，本应如虎添翼。不过，人生不如意事十有八九，作广告人更甚。面对逆境，文案可以向CD求助，但CD又可以向谁求助呢？理论上，CD可以找ECD帮忙。但向来只有受君之禄，替君担忧，又岂可随便惊动上级领导呢？

而CD所面对的逆境，往往是下属人数的总和，换句话说，就是难上加难。如果CD被逆境打垮，就会牵连甚广，全体员工就会瘫痪。所以做CD的应该好好锻炼EQ，提高EQ不妨多阅读有关EQ的书籍来研究。

第三节 智威汤逊广告公司工作流程

背景资料

许多广告公司在经营管理中存在着沟通上的障碍，客户和公司、管理层与员工达不成共识，对新员工培训时间长但达不到预期的目的，这些问题归根结底是公司没有一套正规的运作流程，因而无论是品牌策略还是创意策略在公司得不到贯彻。很显然，如果公司不能让员工清楚地了解公司的运作流程和策略模式，则每一个员工对工作各环节的理解就会存在差异。所以本章将介绍国际著名智威汤逊广告公司的工作流程。

一、智威汤逊(J.W.T)广告公司的工作流程

智威汤逊(J.W.T)的全称是J.Walter Thompson，公司以其创始人命名，总部设在美国，是世界上历史悠久的大公司之一。创始人詹姆斯·沃尔特·汤普森有"美国政治广告之父"之称。公司成立于1868年，1878年汤普森接管，多年被评为亚洲最好的广告公司，其管理模式被许多公司模仿和学习。

J.W.T的理念是：广告是在制造商和用户间建立一种认同感，使它成为为任何制造商所能得到的及时和最有价值的财富。

J.W.T的使命：在市场上建立最有效、最有区别力的广告。

(一)J.W.T的工作流程

J.W.T的工作流程包括工作流程图和流程的文字说明。

1. 工作流程图

工作流程图可以让我们看到J.W.T的广告创意的系列活动安排。

J.W.T的广告创意活动的工作流程图，如图3-10所示。

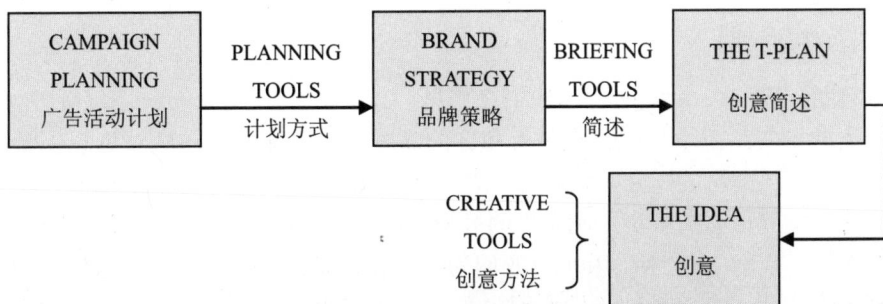

图3-10 J.W.T的工作流程图

2．工作流程说明

作为著名的广告公司，对于工作流程活动环节的文字阐述，有助于我们更清晰地理解和学习他们的工作方法。

1) 广告活动计划

主要是收集信息，如当前市场信息，对一特定假设所需要的数据和其他调查。这些都促使你对计划、调查和创意结果做整体的思考。

2) 品牌策略

品牌策略将帮助公司员工和客户认清品牌，并使他们形成对品牌策略过程一致的认识。

3) 创意简述

创意简述是想象力、经济和单一诉求因素的综合。它给创意人员创意框架和激励，并给客户判断创意的简单方法。

4) 创意

创意是创意简述后的飞跃，可用实证、比喻等方式做出有效果、有区别力的广告。

(二)J.W.T的计划循环图

J.W.T的计划循环图把工作中经常遇到的关键问题按照循环的方式，找到解决问题的过程。

1．计划循环图

智威汤逊的计划明确分解了如何思考的工作节点，形成一个循环的计划图，如图3-11所示。

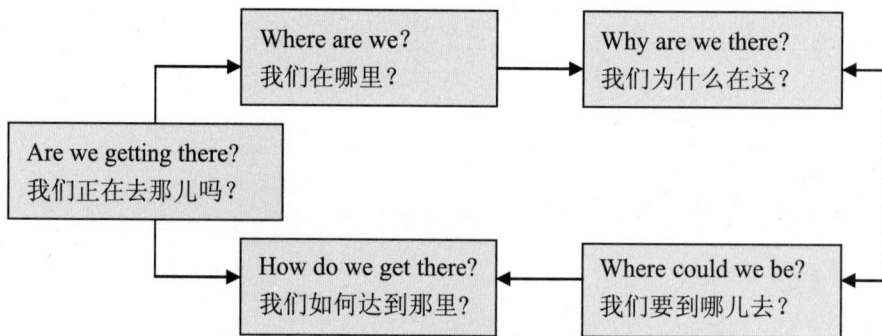

图3-11　计划循环图

2．计划循环图说明

第一个问题：Where are we？（我们在哪里）

需要收集的事实：市场状况、竞争者和你的品牌，可以通过一些统计资料、学术或商业的研究报告、政府、公司的媒介、调研部、客户等处得到。

如果没有收集到足够的事实，则做出的分析可能是错误的，因此，结论缺少可信度。

第二个问题：Why are we there?(我们为什么在这里)

要求陈述得出第一个问题结论的原因，是什么样的营销活动、品牌或者广告活动导致了当前的状况。要得出为什么产品或品牌在市场和消费者中处于当前位置的原因。

第三个问题：Where could we be?(我们要到哪里去)

必须要为品牌制定目标或目的。在准备时，必须考虑到目标或目的的可达成性。接受或建议不可能达成的目标是无意义的。

营销的目标可记述为：品牌的市场占有率、品牌容量。

第四个问题：How do we get there?(我们如何达到那里)

包括了所有的广告活动。不仅有创意和媒介建议，而且包括总的传播活动、公关、展示、调研、时间安排和预算等。

创意和媒介建议应有合理的支持点，由创意和媒介总监负责监督。

即使做了一套你觉得能达到你制订的目标的方案，也应该准备出一个备案。

第五个问题：Are we getting there?(我们正在去那里)

安排一个检查的时间，通常是6个月检查，这个时间的控制根据实际情况而定。

回答第五个问题，可以用跟踪研究、市场或社会变化研究和其他调查研究。

这些结论形成Where are we的答案，并开始了新的计划循环。

3．计划循环的表格形式

智威汤逊作为成功的广告公司，他们的广告活动计划表可以带给我们很多管理和广告思维的方法。表3-3为J.W.T广告活动计划循环表。

表3-3　J.W.T.(智威汤逊)广告活动计划循环表

J.W.T广告活动计划循环	
1．Where are we? (我们在哪里)	1．社会和经济因素 2．市场状况：市场本身/市场上的产品状况/市场上的人 3．竞争性的定位：市场上的成绩/产品/人员 4．公司政策
2．Why are we there? (我们为什么在这里)	1．过去品牌和竞争品牌的广告分析 2．对产品的描述和评价 3．消费者：态度和感觉 4．影响品牌销售的因素
3．Where could we be? (我们要到哪里去)	1．品牌目标：营销投资/产品变化/市场份额目标/使用者的变化/用法的变化 2．品牌定位 3．品牌策略
4．How do we get there? (我们如何达到哪里)	1．计划(创意简述) 2．创意建议 3．媒介建议 4．调查建议
5．Are we getting there? (我们正在去哪里)	1．建议检查的日期 2．与目标相比实际的销售成绩 3．消费者调查评估

03

二、J.W.T.的品牌策划

J.W.T的品牌策划(4W)，包括图表和具体文字说明，通过品牌策划可以帮助客户找到品牌的定位，以便为广告提供明确的指向。

(一)品牌策划图表

把策略图表化便于理解沟通，也便于操作，不同部门之间的工作传递，往往靠规范化的图表，而图表中的问题在公司中具有明确的含义，因而保证信息传递中的准确性。表3-4中列出4个W，是广告活动计划循环表的进一步工作。

表3-4　J.W.T.品牌策划图表

J.W.T.　Brand Strategy智威汤逊品牌策略	
客　户	品　牌
1．Where are we? 我们在哪里？	
2．Why are we there? 我们为什么在这里？	
3．Where could we be? 我们要到哪里去？	
4．What will help us get there? 什么可以帮助我们达到目标？	
WRITTEN BY(书写)：	DATE(日期)：
APPROVED BY(批准)：	DATE(日期)：

(二)品牌策划说明

1．Where are we?我们在哪里？

这是指在市场上影响我们所处位置的关键的问题，它可从你对购买系统简述中分析出来，是我们对关键问题采取行动的标识。市场或品牌受到损失都会导致利润的减少。该问题甚至可以是你期望在市场上发生的变化。

2．Why are we there?我们为什么在这里？

这是处在目前状况的原因。是竞争性的行动、不正确的定位或目标、社会或经济的变化、销售渠道的变化或价格的重新设定。

3．Where could we be?我们要到哪里去？

我们新的营销目标是什么？市场份额、市场总量、销售额、利润。

品牌应如何定位？从品牌审核中总结。

我们应如何影响消费者的行为？让使用者的使用量增大、非使用者转移品牌并试用、把我们的品牌列入消费者的选择范围中、争取新的使用者。

4．What will help us get there?什么可以帮助我们如何达到目标？

这是指用什么样的营销组合和传播手段把我们带到那里，主要有产品、包装、促销、公共关系、直销和广告等。

在实施品牌策略时，尽可能得到客户最高层的支持是相当重要的，通过讨论，你可能会修改或接受客户的意见。但是有两个问题值得注意。

(1)品牌策略是J.W.T.的产品，值得在提案和辩护时全力以赴去争取；

(2)不征得客户的同意而实施是无效的，它可能使后面的工作处于危险的地步。

三、J.W.T.的创意策略

J.W.T.的创意策略是在前面介绍的计划循环图的工作思考方法指导下制定的，包括品牌创意图表和文字说明。

(一)J.W.T.的创意简述

创意简述是在创意初期与客户沟通的重要阶段和过程，会把关于本案项目创意的方向以及广告诉说内容、对象等问题在创意简述中得到双方的确认，简述的具体问题见表3-5。

表3-5　J.W.T.的创意简述

J.W.T—PLAN(创意简述)	
CLIENT(客户)	BRAND(品牌)
1．广告表现面对的机会或者问题是什么？ What are the opportunity and/or problem which the advertising mut addre?	
2．广告后我们要让人们记住什么？ What do we want people to do a result of the advertising?	
3．我们要跟谁说？ Who are we talking to?	
4．从广告中我们想得到什么反应？ What to get repone we want from the advertising?	
5．什么信息/特性有助于产生这种反应？ What information/attribute might help produce this repone?	
6．广告应表达品牌个性中的哪些方面？ What apect of the brand personality should the advertising express?	
7．有媒介或者预算的考虑吗？ Are there any media or budget consideration?	
8．广告还有其他方面的帮助吗？ This could be helpful?	

J.W.T.T—PLAN(创意简述)	
WRITTEN BY(书写):	DATE(日期):
APPROVED BY(批准):	DATE(日期):

(二)创意简述的具体说明

创意简述的文字说明进一步解释了创意阐述各步骤的具体内涵。

1. 广告表现面对的机会或者问题是什么

写出我们为什么做广告的简述。通过广告我们想改变或加强消费者的哪些看法？列出消费者的观点，在做简述时参看品牌策略简述，切记不要直接引用数据。

2. 广告后我们要让人们记住什么

我们要让人们立刻采取行动，还是在寻找更多的信息？承认品牌和他们的需要是什么关系？把广告引入意识的高度，改变他们的态度或增强他们的态度。

3. 我们要跟谁说

要对目标群体进行翔实的描述。他们是谁？他们做什么？对整个产品的感觉或信念是什么？为什么他们是目标群体？目标群是真实的人，要用现实中的语言来描述他们。

4. 从广告中我们想得到什么反应

用消费者的语言描述广告后我们想让人们注意、信奉或感觉到什么？这有利于我们从竞争品牌中区别出我们的品牌。还有，消费者如何把这种不同表达出来？注意这种反应不是你给消费者什么，而是消费者拿出什么。

5. 什么信息/特性有助于产生这种反应

它可能是重要的功能或物理特性，也可能是品牌满足用户的心理或情感的需求，但它不是所有特征的罗列。信息和特征必须直接和消费者的反应有关联。

6. 广告应表达品牌个性中的哪些方面

考虑用单一的句子表达品牌的本质。广告应加强品牌特征中的哪个独到之处？这改变或加强品牌个性吗？

7. 有媒介或者预算的考虑吗

考虑是否有媒介、发布量或广告长度、制作预算的制约。如果没有以上的制约，可以为有震撼力的广告做准备。

8. 广告还有其他方面的帮助吗

有其他影响广告创意方面的信息吗？如促销行动、公共关系、法律的限制、合作的敏感程度等。

(三)创意简述遵循的原则

创意简述是客户服务人员在调查研究的基础上完成后交给创意人员的。完成它要有高明的技巧，要像写广告作品一样写出精彩之处。

一个不好的创意简述常常会导致不成功的广告，因此在写创意简述时，需要遵循以下几点。

1．站在消费者的立场

用消费者的眼光看一切，写简述时，设身处地把自己作为消费者一样去思考和想事情，甚至感觉用消费者的表达方式去撰写，而不是作为广告人或制造商的语言。

2．你的主要受众就是创意小组

如果你不能及时地把你的想法、结论和感觉与创意小组沟通，你很有可能会失败。如果他们不理解，最好的结果是他们要花很长的时间才能解决问题。

3．创意始于良好的创意氛围

一个有激情的创意团队，人员之间的和谐有助于新创意的产生和完善。

4．简短

创意简述简短更便于理解。

5．界定和重新界定

一般要不断修改、检查、修正、措辞、简化等，直到你感觉没有什么可改进为止。

6．讨论

在非正式会议上，整个创意小组的关注将有助于你重新审视它，看它是否准确地传递了信息，讨论也确保整个创意小组不是单一部门的小组。

7．享受你的工作过程

即使创意小组不生产最终产品，它的重要性也是不容忽视的，我们有理由为完成它的作品而自豪。

第四节　广告公司各部门的内部工作流程

背景资料

广告公司由各个部门组合在一起，各个部门之间是相互联系的，它们是一个有机的整体。广告公司运作的一些基本方法，是广告公司部门内的操作方法和部门之间的操作流程。

每个部门之间需要有一个正确的沟通和有条不紊的工作方式进行对接，如客户部与创意部、创意部和制作部的操作流程等，这在国际4A广告公司中都有相对规范的工作方式，这个流程对于广告公司内部运作的基本环节是一个非常实用的管理和运作方法。

一、各部门之间以及部门常规工作流程

一个公司众多部门之间是一个相互联系、合作的团队，关系到部门常规工作流程，下面按岗位和方法进行介绍。

(一)流程员(Traffic)

客户部与创作部的对接是通过流程员达成的。

1. 流程员的工作范围

(1) 检查工作资料。

(2) 跟踪工作进度。

(3) 审核质控单并签名。

(4) 作品存档。

(5) 制定各星期工作进度表，每周一参与工作进度会议。

(6) 监测及登记各组员之工作时间表。

(7) 处理供应商付款。

2. 流程员职责

(1) 正确开立工作号，监督正确次序。

(2) 下创意工作要求单，分发给各部总监及相关创作人员。

(3) 流程员有权审核工作完成时间是否合理，如新工作与旧工作时间冲突，创意/客户部磋商工作时间，客户部要与客户磋商提交日期。

(4) 客户部可向流程员催单，按日期完成工作。

(二)工作袋(Job Bag)

工作袋是每一项工作的资料库，是工作过程的档案。工作袋里的内容记录着每项工作开始到结束的所有过程，如初稿、修改稿、修改几次稿、确认稿和最终的成品。建立工作袋叫开袋，工作结束叫关袋。工作袋是由流程员制作、保管并整理的。每开一个新工作号，意味着应有一个工作袋，工作袋里面应有原始工作单、修改稿和完稿。

有了工作袋可以使各项工作清晰明了，有案可查。

工作袋是流程员协调两个部门之间的重要工具。

很多公司的工作袋是由牛皮纸的档案袋来做的，外面订上客户部下的工作单。工作袋由流程员发至组长，以后按工作执行流程转至执行手上，袋内可放有关工作资料及单据，工作完毕又交回流程员，流程员清理工作单发还客户部之后更新循环再用。

(三)客户部与创意部沟通流程

在广告公司中，客户部与创意部是关系密切的两个部门，为了业务，许多工作之间互相穿插，更需要互相清楚两个部门的工作特点。

1．沟通工作流程简述

由于承接业务需要一个不断调整的过程，这就会需要两个部门之间人员了解彼此的工作，通力合作，完成任务。

(1) 客户部人员对任何作品的要求应告知创意总监和美术总监。

(2) 展开工作(调整或更改创意，或调整现有的文案或设计)。

2．检查工作单及资料、登记、跟踪及监督进度

检查工作单可以清晰地展示工作的流程和部门，各个环节的上下层次关系，便于工作跟踪和监督进展情况，见图3-12。

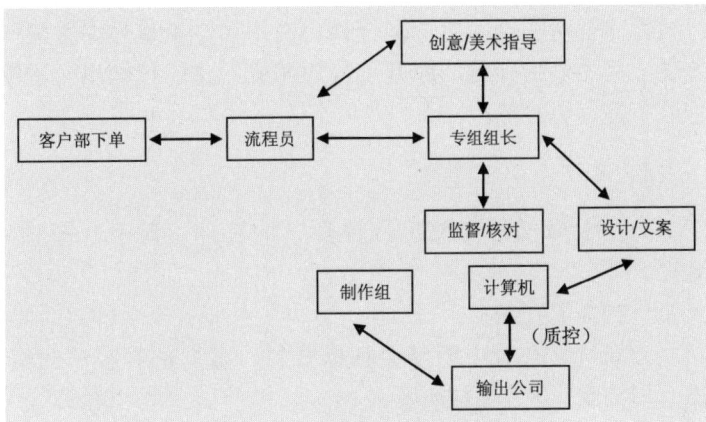

图3-12　检查工作单流程图

(四)制作执行流程

制作执行负责监督具体的制作进展，平面美术和影视制作流程略有不同。

1．常规制作、报价、执行流程

常规的制作流程关系，见图3-13。

2．影视制作、报价、执行、复带流程

影视制作有时会牵扯到外包制作公司，为了保障项目的进展情况，更要选择信誉度好或者有过合作的制作公司，影视制作流程如图3-14所示。

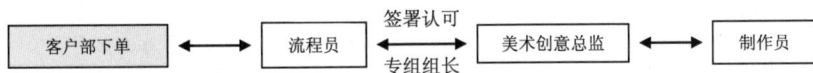

图3-13　常规制作流程图

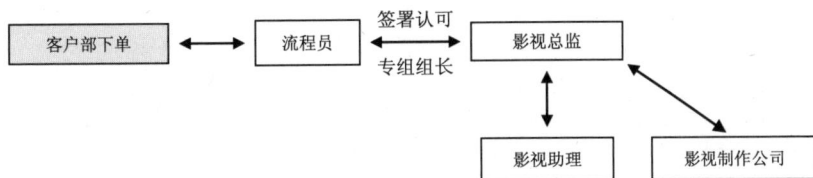

图3-14　影视制作流程图

(五)扫描及输出打样工作流程

输出打样是很重要的环节，给客户最后确认的信息和细节是不容出现任何纰漏的。

1．扫描输出前的注意事项

在客户部接到客户已签字确认的报价单后，电脑制作才执行输出工作(如特殊情况无报价单，客户要写清原因)。

计算机制作在给输出公司的工作单上要详细填写各细目，如制作人姓名、联系方法，以便在输出出现问题时能及时解决、扫描及输出具体要求、每个工作单只能有一个工作号内容。

输出公司在合同单上配合抄写文件名、工作号，并将所有合同送印刷制作经理。每月初提供上月的输出细目。原则上每周印刷制作经理输出一次清单，填清款项经创意总监或设计总监审签后交财务。

2．流程

为了保障扫描和输出打样环节的工作，对于从事该环节的新员工，更应清楚其工作流程。

1) 扫描流程图

公司日常办公中经常会扫描资料，客户部对客户的信息资料都要通过流程员来进行扫描，扫描流程如图3-15所示。

2) 墨稿、输出、打样流程

客户部把任务交给流程员，由其下达到相关部门，经过策划与设计返回后，再返回给流程员，交给客户部，具体流程如图3-16所示。

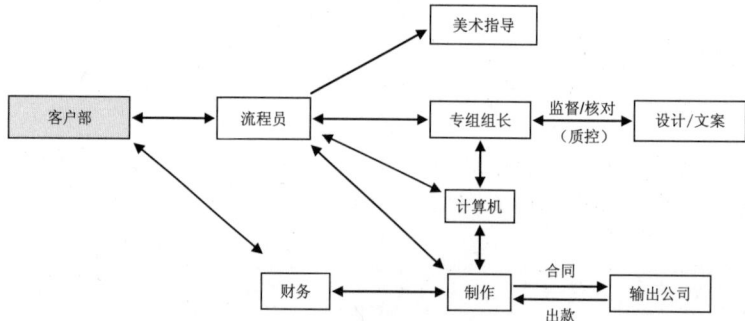

图3-15 扫描流程图

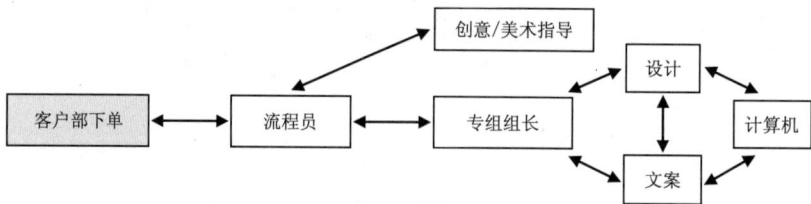

图3-16 墨稿、输出、打样流程

(六)项目操作流程

根据项目进行分类，不同性质的项目操作流程差异较大。

1．一般制作发出

美术部需制作或输出的工作流程见图3-17(收工作单及客户已签的报价单副本)。

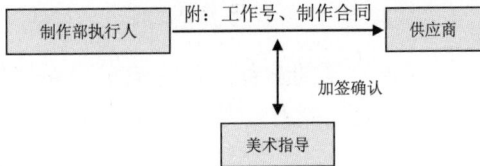

图3-17 一般制作发出流程图

2．制作发出时的注意事项

(1) 最好附上样板。

(2) 吊旗、吊绳之类的颜色、种类等。

(3) 跟进制作质量。

(4) 单张折页方法等。

3．影视制作发出

影视制作公司作为承接制作方，在接受任务之前都会由影视总监和客户部门确认发出单，具体流程如图3-18所示(收工作单及客户已签的报价单副本)。

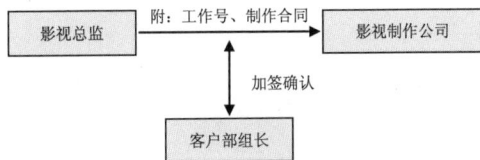

图3-18 影视制作发出流程图

4．影视制作发出的注意事项

(1) 填写制作单列明各细项。

(2) 跟进工作进度尽早知会有关同事。

(3) 每次会议前，准备有关资料。

(4) 知会有关同事参与各阶段制作。

(5) 跟进内容如文案通过媒介确认。

(6) 检查完成品。

(7) 播出带需在外盒及盒带上列明客户、版本名称、时间、制作日期。

(8) 检查各有关资料，并保证履行保密制度，检查完成品、版本与播出地区及电视台一致。

(七)报价及合同操作流程

合同中一般会明确报价以及付款事项，在实际工作中这个环节的操作流程也是多样化的。这里只介绍常规的操作流程。

1．复带制作发出

复带在影视部发给复带公司之前一定要得到影视总监的确定(收工作单及客户已签的报价单副本)，详见图3-19。

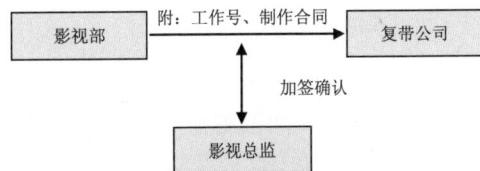

图3-19 复带制作发出流程图

2．复带制作发出时的注意事项

(1) 确保片本正确。

(2) 在外盒及盒带上列明盒带资料如客户、版本名称、语言、制作日期等。

(3) 锁上保险制。

(4) 检查完成品版本与播出地区及电视台一致。

(八)供应商合约及发票回收

广告公司的业务经营有赖于许多的供应商,在与供应商的业务交往中要签订相关合约,在发生财物买卖时,发票回执等凭证是非常必要的。

1. 发票

在商业活动中只要出现买卖,就会有发票产生,作为付款的凭证。发票流程如图3-20所示。

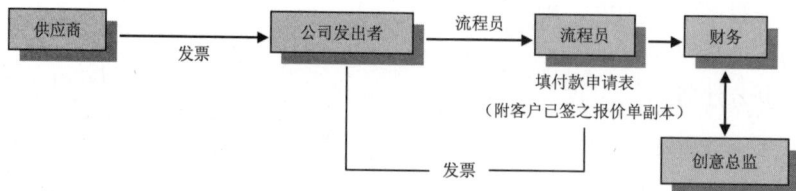

图3-20　发票流程图

2. 报价单

报价单对于广告公司非常重要,报价直接与客户部和创意、美术指导有关。报价单流程如图3-21所示。

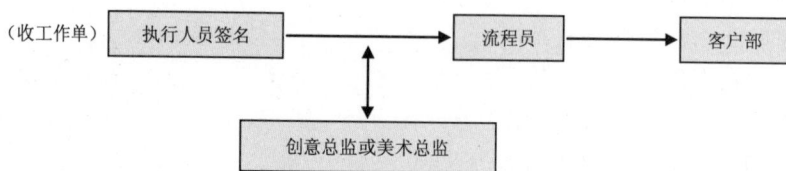

图3-21　报价单流程图

报价单注意事项如下。

(1) 列明成品要求及特别效果。

(2) 提供相关知识及建议,如过胶会偏红,电器贴纸种类及价格等。

(九)交稿操作流程

交稿操作主要是相关人员对本工作环节的质量确认。

1. 质控单

广告公司应注重对品质的承诺,对客户所收到所有的作品必须有设计师和创作总监及美术总监的签字,同时客户小组的负责人(高级客户经理)也必须从客户的角度对作品进行再审查并签字,否则不能提交给客户,见图3-22。

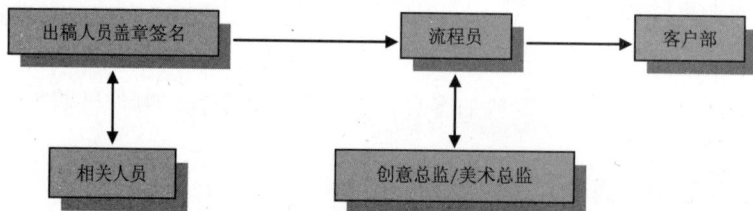

图3-22　输出及打印样质量确认流程图

2．设计、计算机美术应注意或检查的事项

(1) 网点、精度。

(2) 尺寸、颜色。

(3) 商标、标志、标准字及一切既有元素的准确。

(4) 同一创意在不同输出时保持统一性(如字体、手法等)。

(5) 排版正确清楚。

(6) 产品出现在报纸上应作修饰及调整，以求在报纸上清楚和突出。

(7) 有出血位，有切线和折线(虚线)。

(8) 吊旗正稿应在上方留折位，并留意折位上图像需倒转。

(9) 内文转行时，文字段位是否理想，尽量避免断词，情况特殊，需征询文案或设计。

(10) 内文禁止少于1/4行宽或只有1～3个字一行的情况。

(11) 稿件外放工作号/尺寸/报纸稿需放报章名称。

(十)一般事务流程

在公司经营活动中，新来公司的员工要首先了解一般性事务工作。

1．借支票、报销单、加班费申请表

新入职的职员需要了解公司的一般事务的工作流程，便于熟悉业务和了解公司的工作程序，认真阅读相关工作流程可以避免刚进入职场的新人常给人留下找不到头绪的不良印象。借支票、报销单等工作流程详见图3-23。

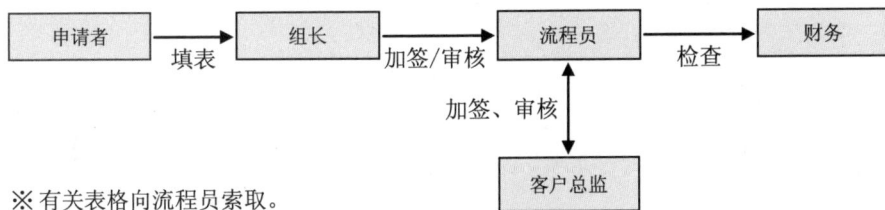

※ 有关表格向流程员索取。

图3-23　一般事务流程图

2．购买用品流程

购买办公用品也是经常会遇到的情况，申报、确认等环节都是必不可少的，详见图3-24。

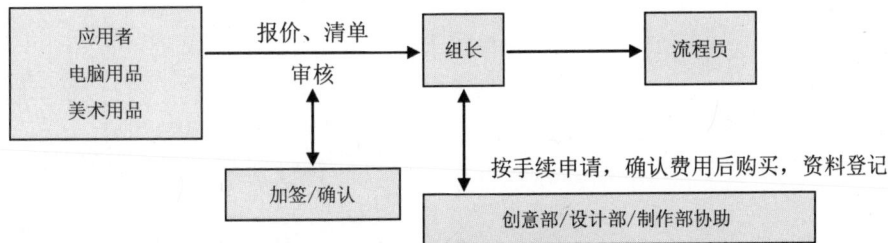

图3-24　购买用品流程图

3. 作品收集存档

员工把自己经历和参与的工作进行总结、材料收集并归档保存。

(1) 客户部人员应对所有客户确认的墨稿存档，以便查阅和分析。

(2) 车身、户外、发布会或其他制作需拍照存档，由制作执行人负责，非本地区的需在两星期内索回照片。此类照片需及时交创意总监和美术总监过目。

(3) 平面类，每月第一个星期，制作部经理需收集所有物料交至创意总监和美术总监，审核过滤后由流程员储存，此外由制作印刷经理装裱一份装入创作部品种袋。

二、工作简报流程

工作简报涉及公司中的多个部门，是基于项目的一种管理模式的工作流程。

1. 客户部\流程部

工作简报第一个到达的部门，也是关于此项目如何往下进展的保障。

(1) 从客户处接受简报。

(2) 当客户向我们简报新的工作项目时，客户部必须清楚合理的工作时间表，并以此作参考，不能擅自承诺客户。

(3) 客户部应该教育和培养客户有合理的时间概念。

(4) 客户部在拿到客户的简报后，会同创意部讨论创意策略，流程部将参加有关时间安排部分的讨论，如有必要，制作资深人员将会参加。

2. 客户部

客户部是工作简报第二个环节，对于客户简报的策略进行内容补充和确认。

(1) 填写工作简报。

(2) 经美术指导、创意总监等相关主管签字。

(3) 交给流程部。

简报必须明了，不要把简报变成大杂烩(即把TVC、Radio、NP、POP包装等放在一起)，必须注明细节，客户部人员须保证相关资料齐全，详细记录创意、制作时间预算等情况，并在简报上注明手绘还是计算机完成。

3. 流程部

流程部是工作简报的执行过程，此环节主要签发工作卡号。

(1) 签发工作卡号，把工作简报分发给相关人员，开工作袋，告知时间安排。

(2) 检查所有细节和时间，清楚简报的要求后才签发工作卡号。

(3) 流程部收到完整的并经签字确认的简报后，须在24小时内签发工作卡号。

(4) 超过5:30PM，流程部不接受新的工作简报，如有特别案例或特殊情况，必须提前预报。

(5) 客户部简报决定后，流程部和创意总监讨论并确定时间通告人力资源和创意部。

(6) 从客户部简报决定并由创意总监签字交给流程部开始。

4. 创意部

创意部是工作简报的执行过程。

(1) 对简报的要求及完成日期包括预算进行签字确认。

(2) 必须按简报中的限定日期完成工作。

(3) 如有疑问应及时向流程部提问。

5. 创意部\流程部

创意部\流程部是创意的过程和确认环节。

(1) 按简报发展创意L/O，并将L/O送交流程部。

(2) 流程部安排L/O形成前的内部讨论会，由客户部、创意部制作人员确认后形成正式的L/O。

(3) 创意过程中，制作部将要参与讨论，提示新的制作工艺及建议。

(4) 创意部须牢记所给的预算，如预算不合适，创意部必须通知流程部和客户部。

(5) L/O必须先交给流程部。

(6) 创意部的AD/Copy都不能接受没有工作卡号的修正卡的工作。

6. 流程部

流程部是打样和确认的环节。

(1) 必须有创意总监以上人员签字。

(2) 复印稿件，并放入工作袋。

(3) 交给客户部并有AM及以上人员签字。

(4) 客户部不可以擅自从创意部取走L/O，如L/O没有相关人员的签字，均作偷跑行为处理。

(5) 客户部不可以把没有签字的稿件拿去提案。

7. 流程部\客户部

流程部\客户部是工作简报最后的工作确认。

(1) 和创意部内部讨论，向客户提案。

(2) 所有L/O都必须经创意总监签字。

(3) 工作袋中应有复印件。

(4) 流程部要检查L/O是否符合项目的要求。

8. 客户部

客户部是准备向客户提案，工作简报的最终环节。

(1) 向客户提案，请客户确认。

(2) 告知流程部相关情况，并按客户要求修正。

(3) 修正卡所提的要求。

(4) 客户部配合在限定时间内确认，如客户不按时确认，流程部将会顺延交件日。

小贴士

媒体类别清单

媒体类别	媒体级别	媒体性质	广告形式
电视	国家级电视台 地方电视台 企业电视台 卫星电视台	—	15s、30s或60s广告 现场广告
广播媒体	国家级广播网 广播电台 地方广播电台	—	15s、30s或60s广告 现场广告
报纸广告	全国性日报 周刊报纸 特殊受众报纸	—	版面广告、分类广告、小广告、夹报广告 特刊广告
杂志广告	国际与全国性杂志	消费性杂志	正规印刷广告(黑白、彩色);封面里、封底里广告;折页广告;谈话广告;立体形象;凸透镜形象;歌曲广告
		商业性杂志	正规印刷广告(黑白、彩色);封面里、封底里广告;折页广告;谈话广告
		农业杂志	正规印刷广告(黑白、彩色);封面里、封底里广告;折页广告
		学术与行业杂志	正规印刷广告(黑白、彩色);封面里、封底里广告;折页广告
	地区性杂志	—	正规印刷广告(黑白、彩色);封面里、封底里广告;折页广告
户外广告	室外广告	全国性与地方性广告	海报板块;油漆告示;巨型看板
	交通广告	流动广告	车厢内(外)广告、出租车外表广告
		不动广告	车站广告、站牌广告
		空中广告	—
		流动看板	—
		小型户外广告媒体	如停车场收费器广告、自动取款机广告、垃圾桶广告、滑雪杆广告、卫生间广告、电话亭广告、行李手推车广告,等等
	特殊广告	如热气球、飞机喷字;等等	购物指南广告、电话簿黄页广告、特殊的查询指南广告、互动式广告、店内广告、机舱内广告、电影院广告、录像带广告

03

拓展知识

互联网络广告的特色

1. 互动性：双向的信息传播、推拉互动的信息供需模式。
2. 虚拟性：实时性、临场感、高速高效。
3. 私人性：量身定做、主动参与、个性化。
4. 全球性：无时差、全天候。
5. 永续性：社区意识、永续经营。
6. 多媒体：视频、音频与文字信息统一。

本章小结

　　本章从广告公司内部工作流程、职位和成功广告公司的流程案例三方面来帮助大家了解关于工作流程对广告公司业务开展和项目管理的重要性。可以通过模仿和借鉴绘制流程图表，同时，我们也能够运用设计案例和项目操作的方法来掌握工作流程。学习时要理论联系实践，分析案例可以从中学习到广告公司的流程管理技巧。

03

思考题

1. 简述流程图和流程的作用？
2. 广告公司的一般流程是什么？
3. 广告业务人员的工作流程什么？

实训课堂

广告公司工作流程实习

项目背景

　　广告公司由于规模大小不同，会设置不同工作部门，各个学校结合各自合作企业安排学生进行工作流程的实习，使学生在实习过程中了解工作流程的作用，并结合课上所讲授的知识练习绘制流程图。

项目要求

　　学生分小组到广告公司不同部门实习，了解实习部门的工作流程并绘制该部门的工作流程图。

实习时间任课教师可结合实际情况而定。

回到学校进行汇报和交流。

项目分析

广告公司各部门的工作流程是部门关键职能的体现，具体地界定和描述了各环节的职权和责任，其中每项关键职能的行使具有可操作性。工作流程是广告公司管理制度的重中之重，是衡量一个公司管理水平的重要标志，也是保证广告公司各部门工作顺利进行的前提。

第四章

广告公司的客户管理

学习要点及目标

- 通过本章学习，使学生了解什么是客户管理和客户关系。
- 通过本章学习和训练，掌握如何对客户进行管理，造成问题客户的原因，并结合实际正确运用解决问题的适当方法。
- 通过本章学习，提高学生分析问题和解决问题的能力，学会正确对待客户和学习与客户沟通的技巧。

本章导读

客户关系是广告公司经营管理中考虑的首要问题，但是大多数广告公司经理在处理客户关系问题时更倾向于去维持一种短期而不是保持长期发展的关系。完善并发展长期的客户关系，公司的经营计划以及对此计划的监控系统才能从中受益。

本章将首先分析并概述公司与客户间存在问题的原因；其次就如何发展客户关系做一个概括性介绍，包括高级管理层与客户管理层的接触、公司评价、客户进展报告、通过教育客户的方式更好地管理客户等；最后借鉴著名广告公司的客户关系维护经验，从客户的角度来看客户关系的管理。

引导案例

成美营销顾问公司与两个"王老吉凉茶"

凉茶是广东、广西地区的一种由中草药熬制，具有清热去湿等功效的"药茶"。在众多老字号凉茶中，以王老吉最为著名。王老吉凉茶发明于清道光年间，至今已有175年历史，被公认为凉茶始祖，有"药茶王"之称。到了近代，王老吉凉茶更随着华人的足迹遍及世界各地。

20世纪50年代初由于政治原因，王老吉凉茶铺分成两支：一支完成公有化改造，发展为今天的王老吉药业股份有限公司，生产王老吉凉茶颗粒(国药准字)；另一支由王氏家族的后人带到香港。在中国内地，王老吉的品牌归王老吉药业股份有限公司所有；在中国内地以外的国家和地区，王老吉品牌为王氏后人所注册。加多宝是位于东莞的一家港资公司，经王老吉药业特许，由香港王氏后人提供配方，该公司在中国内地独家生产、经营王老吉牌罐装凉茶(红罐)。

2002年年底，加多宝找到成美营销顾问公司(以下简称"成美")，初衷是想为红罐王老吉拍一条以赞助奥运会为主题的广告片，要以"体育、健康"的口号来进行宣传，以期推动销售。

成美营销顾问公司经初步研究后发现，红罐王老吉的销售问题不是通过简单的拍广告可以解决的，而是要解决品牌定位，成功地把王老吉凉茶推广到全华人地区。成美在提交的报告中还提出针对公司销售的好的建议，以中国人关注健康出发，"怕上火，喝王老吉"广告语在王老吉凉茶(红罐)的广告中深入消费者内心，打开了对凉茶不太熟悉的除了广东和浙江之外的华人地区。如图4-1所示，电视视频王老吉凉茶(红罐)广告中展示了容易引起上火的生活片段，而预防上火的有效而简单的方法就是喝红罐王老吉凉茶。成美营销顾问公司成功的广告推广和准确的广告定位，打开了凉茶的市场，从2002到2008年创造了王老吉凉茶饮料销售额翻了100倍的商业神话。

从2004年开始，经与加多宝公司协商，王老吉药业股份有限公司生产的盒装王老吉也使用"怕上火，喝王老吉"广告语进行推广。通过一年时间的推广，王老吉药业感到，盒装王老吉以"怕上火，喝王老吉"为推广主题不够贴切，不能最大限度地促进销量。

2005年底，王老吉药业向其战略合作伙伴成美营销顾问公司提出一个课题"盒装王老吉如何细分红罐王老吉的市场，以此形成策略指导盒装王老吉的市场推广"。成美再次针对绿盒装王老吉凉茶制定正确的品牌战略，王老吉药业据此进行了强有力的市场推广，2006年销量即由2005年的2亿元跃升至4亿元，年增长率高达100%。

成美营销顾问公司与加多宝公司的成功合作，为后来的与王老吉药业股份有限公司的品牌推广奠定了基础。

图4-1　王老吉(红罐)凉茶视频广告
(资料来源：成美营销顾问网，http://www.chengmei-trout.com/achieve-4.ap)

点评：

与客户建立一种长期的合作关系，这就要求广告公司与广告主同时进步，不断丰富自己。对广告公司而言，就是要求自己的员工更专业、更勤奋、更踏实、更有创意，公司管理更加完善、更具人性化；对于广告主就是要求其产品质量更好、产品和服务更加多样化、更具市场竞争力。这样才能促成广告公司与广告主之间的深度合作，使双方在品牌建立上达成共识，形成长期的合作关系。

第一节　广告公司如何维护客户关系

所有的广告公司都知道发展良好的客户关系的重要性。由于我国市场上广告公司数量众多，广告公司在与客户接触时谈判能力较弱。一些广告公司在处理客户关系时，除了正常地通过与客户各级组织机构保持良好关系，不断提高服务质量，使客户相信本公司是有价值和具有诚信的、把客户长远的效益铭记于心的专业的广告公司外，还通过从其代理费中拿出大比例的折扣返还给客户、给客户管理层提供非广告业务的好处来维持客户的关系。

本节将从正确理解客户关系以及分析造成客户关系破裂的原因，使学生了解如何维护成功的客户关系。

一、什么是"客户关系"

客户关系在广告公司管理中不仅指一般的公司与客户之间的业务关系，还有公司发展的重要的"成功的客户"，关系良好和保持长期合作的客户是公司经营发展的基础。

1."客户关系"与"成功的客户关系"

客户关系就是维护、保持与客户良好的沟通关系，不单只是单一的企划活动。成功的客户关系就是这种状态的长期持续。

2.成功客户关系的意义

要想了解并成功处理好客户关系，我们首先看看广告公司到底是从事什么样的工作，见图4-2。

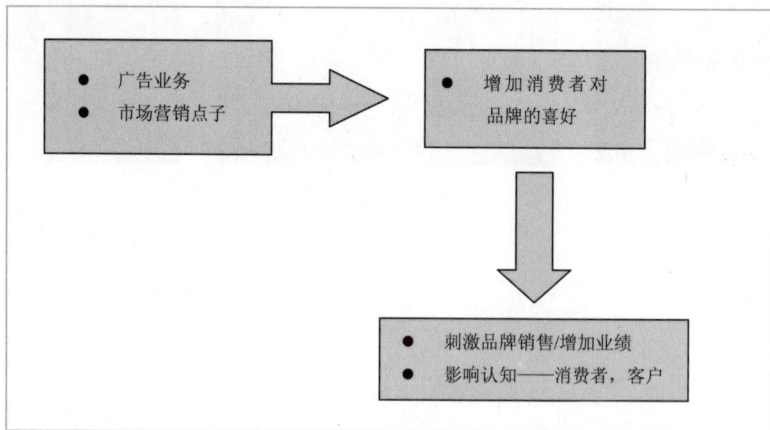

图4-2　广告公司的工作

由此看出，决定维护客户关系成败的关键，是依赖客户对广告公司的"产品"、"广告"

以及"营销点子"和执行者的认知，取决于广告公司竞争优势的强弱。

著名广告人泰德·李维曾这样说过："客户关系管理是一独特的管理领域，它其实能保持及强化无形的资产——非同一般的'友善'，而这与其他有形资产同等重要。事实上客户关系管理更难之处在于——可能需要花费你更多心力，想做到与客户长期保持良好的客户关系，当然，并不是在暗中使用那些不光明的手段，做到让客户了解服务人员的努力工作以及认同是非常必要的。"

小贴士

客户关系管理必备六大真正成功基石

协助打造真正强势关系的承诺。

1. 了解客户真正需求的原因的能力。
2. 客户真正动机、想法与感受。
3. 真正积极主动地建议、引导、推动客户。
4. 真正的沟通能力，善于倾听客户意见、表达自己独特的见解。
5. 真正优秀的判断和协调能力。
6. 善于真正解决问题。

04

二、广告公司如何处理与客户的关系

如何处理和维系客户要从广告公司和客户两个方面入手，做到知己知彼，才能做出正确的对策。

(一)管理层的接触

广告公司管理层最重要的事情就是与客户接触，与客户接触也是一个最容易出现错误的领域，与客户接触要求有一个合作的计划以及监督这一计划进展的系统。

1. 明确与客户接触的具体人选

这些人选包括已经指派给其他客户的人员，这是不可避免的重复指派，因为客户的管理层也没有指派只和一个广告代理公司接触的经理。

2. 要使更多的广告公司管理层保持与客户的接触

想当然地认为每一个成员都与客户拥有良好的关系是不切实际的，要使每个主要客户至少要与公司高层的两个人员保持经常的联系，以便客户了解整个公司情况。一般情况下，客户认识的广告公司管理层的成员越多，客户对整个公司及其各项工作越容易感到满意。

3. 保留与客户接触的记录

应记录公司高层管理层和一些业务部门与各个客户的接触情况，按季度进行定期检查。

公司管理层如果与客户沟通不够，那么公司往往就会丧失一些有利于业务发展的机会。

(二)对广告公司的评估

广告公司要时刻了解客户对自己的看法，定期通过双方沟通和评价的方式了解对方。

1. 客户的看法往往反映了公司广告业务的好坏

客户有时会隐藏对公司一些业务和方式的不满并加以克制，直到最后问题非常严重时才爆发出来，这时广告公司做出反应已为时太晚。例如，客户方面一些人对广告公司所分配负责他们业务的人员不太满意，但是问题并没有严重到天天抱怨的地步，然而某一天，某个特别的业务使问题升级，于是对广告公司所有潜伏的不满便会集中爆发。为了使气氛明朗，并为公司与客户保持一致立场提供有价值的信息，有必要阶段性地了解客户对公司的评估和态度。有的公司实行年度评估，但半年一度的评估则较为理想。

2. 评估的目的

评估的目的是使公司和客户双方的主要人员坦率地讨论他们之间的关系，广告公司可借助此机会指出客户组织机构中的成就与不足，探讨客户在广告运作过程中应做出的努力和配合工作。

3. 客户对公司评估表

客户对广告公司的评估以表格的形式，在简表中罗列对公司运作至关重要的因素，并用五度量表加以评估，如表4-1所示。

表4-1　广告公司评估表

评估项	优秀	好	一般	不好	差
创　意					
策略指导和参与					
创意产生					
广告运作					
制作能力					
对创意的支持					
总体贡献					
调　查					
创造性和创新性					
分析能力					
调查能力					
总体贡献					
媒　介					
创造性					
计划					

续表

评估项	优秀	好	一般	不好	差
购买					
监测和责任性					
总体贡献					
客户服务					
参与和在业务上的创造性					
策略指导					
产品组的管理					
总体贡献					
公司总体					
在业务上的创造性和策略发展上的品质					
公司产品的品质					
公司作业小组的水平					
公司高层管理的介入程度					
管理与控制客户的费用					
指定业务的持续性					

04

(三)现有客户业务的发展报告

每半年公司管理层或者负责某一客户的主要客户服务人员应填写客户业务的发展报告。这个报告迅速而及时地反映客户最新的业务状况，公司经营者可将它作为安排计划时的资料，在与客户最高管理层接触时，该报告可作为背景资料。

1. "现有客户业务发展报告"的内容

客户业务发展报告中将涉及关于该客户的信息，这是广告公司客户管理要做的工作内容。对于新入行的客户服务人员，"现有客户业务发展报告"中提示的需要了解的客户信息是非常具有典型性的，见表4-2。

表4-2　现有客户业务发展报告

客户名称：
1. 列出重要客户中发展广告业务的人员、职务，公司指定的员工和他们每一个与客户接触的责任。
2. 简要描述客户业务的整体状况和每一个客户的广告业务。
3. 描述公司与客户关系的状况：用特定的客户评价，总结对公司的评估。
4. 财务记录：提供近三年中客户营业额、收入、支出和利润的基本情况。
5. 提供从这个客户可能得到更多业务的信息。当前广告作业中营业额是否有增长？广告公司可以解决什么新产品或其他品牌的作业？这些作业的前景如何？公司是否有别的服务可以提供给客户？

续表

客户名称：

6. 请检查你认为现在需要解决的问题：
　　——客户的业务问题
　　——客户管理层发生变化的问题
　　——公司业务成绩问题
　　——与客户冲突的问题
　　——客户间合并或收购问题
　　——竞争问题
　　——客户业绩或市场占有率下降问题
　　如果这些问题中有一个存在，可能会使问题进一步扩大

2．报告中要体现的信息分类

第一部分是针对客户的信息，包括列出主要客户负责广告业务人员的名单、职务等，这很重要。由于客户和广告公司人员情况变动，这部分应经常修改，以保持最新、最准确的信息资料。

第二部分是关于客户的全部业务信息，尤其是关于客户业务状况的概述，公司根据客户的业务决定服务客户的人员数量。公司对客户关系的描述越详细越好，公司尽量要仔细收集来自不同渠道的信息，坚持履行步骤有助于公司处理好与客户的关系和改正公司的不足。

财务记录可以提供客户发展方向的信息。

第三部分应列出客户与公司间的信息，如双方就具体业务有可能出现的问题等，公司的经营者应意识到存在的问题。

小贴士

什么是广告提案

——提案是销售一个概念、一个点子、一个创意或者一个计划的过程。
——提案是一种合理的、有效的说服工作。
——提案是一次非凡的团队合作。
——提案是广告公司成功说服客户的必要手段。
——提案是个完整的广告行为。
——提案是广告服务过程的临门一脚。

拓展知识

开发客户的步骤与准备事项

广告公司客户开发通常会经历五个步骤，如图4-3所示。

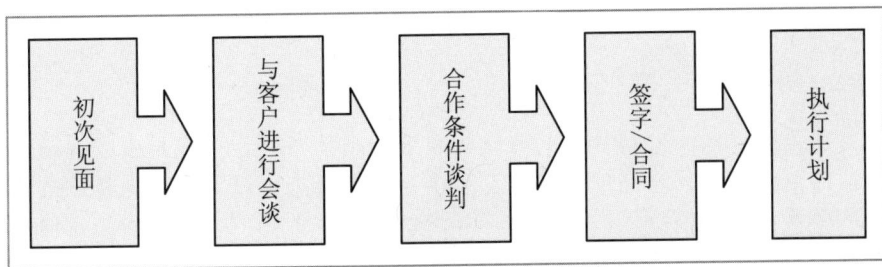

图4-3　开发客户的步骤

开发客户资料准备事项如下。

(1) 公司简介：包括公司规模与组织、服务内容及现有的客户结构。

(2) 公司作品集：包括广告影视作品集、平面作品集、CI案例、促销活动案例等。

(3) 市场资料：包括业界及客户的特性、市场及竞争动向、通路及价格状况、公司以前所做的广告分析等。

第二节　广告公司对客户的管理

背景资料

随着中国加入WTO，中国的广告业面临国际广告业进入国内市场的冲击，如何在激烈的竞争中生存和发展，提高市场竞争力，是每个广告公司管理者的一项迫切任务。随着我国广告逐步与国际广告市场接轨，广告客户对广告人和广告公司提出了越来越高的要求。如何完善客户服务，长期保持客户，以及开发新的客户，是每一个广告公司面临的艰巨任务。

一些人认为客户是上帝，是不可能管理的，但是事事迁就客户不见得就能处理好与客户的关系，因为客户最终还是最关心广告的效果。客户可能忘了自己与公司合作时起到了不好的作用，但他可能反过来会责怪公司没有尽到义务。事实上，管理客户是可以做到的，因为广告公司的管理，会使客户做得更好，而广告公司可从同样的经费中获得更好的广告效果。

在客户的组织结构中，有许多方面可以改进，这些改进有助于广告公司与客户关系的发展，从而使广告公司为更佳的广告运作拓展空间。

一、对客户的管理

广告公司关心的是公司与客户接触的机构，因为过多的客户层级有碍好创意的产生，就像公司内部过多的层级有碍创意的产生一样。所以，广告公司应当分析客户的机构，以便建议为广告运作而精简他们的机构，一般情况下获得最佳广告运作的客户级别是很少的(两级或三级)。

(一)精简客户管理层级

为了保证与客户的良好关系，建议广告公司要灵活处理，这样可以有利于合作项目的运作和效率的提高。

1．广告公司建议客户精简管理层级

广告公司希望客户适应公司计划的运作方式并不意味着客户不应有更多的级别以适应其自身企业经营的需求，而只是在广告运作过程中，某些级别可以不用。当客户最终同意其内部仅设两至三个认可的级别介入广告事务，并将这一系统告知广告公司时，管理级层面上的精简就完成了。

2．广告公司建议客户高层管理提前介入广告策划

广告公司建议客户高层管理提前介入广告策划是减少管理级层的另一个有效的方法，低级别非决策层的参与以及关于广告战略的无数会议是减少公司盈利和降低生产率的因素。

减少客户对广告运作介入的层级看起来容易，但做起来却困难重重，有的听起来其职务是发展广告运作的负责人，实际上并不真正负责此项工作。所以，在模糊的情况下，公司应该促使客户明确由谁来负责具体广告的进展，并确定认可的渠道。例如，应说明营销主管或营销副总经理有最终的决策权，在营销主管认可前，让下属先讨论广告运作，副手主持并负责所有的会议等。在这种情况下，广告公司便知道在决策过程中，基本上只与较少的客户层打交道。

(二)客户管理的方式

为了更好地进行客户管理，可以从以下三个方面提示客户，增加客户对广告策划的关注。

1．准确的战略决策

战略决策的失败有损广告活动，由于没有在战略这个核心问题上达成一致，广告公司数月甚至是数年的努力成为徒劳，公司应该在广告活动之前，与主要客户人员召开会议，通过讨论明确战略的意义，判断准确的战略决策方向。

2．建议客户注重市场调查

分析客户对调查研究的应用，并建议客户合理地利用调查结果。由于存在客户盲目埋头常年的案头工作，导致大多数客户会倾向于无风险但较平庸的广告。广告公司经常抱怨客户不愿做调查，而不尝试去提升客户的素质，使他们认识到在确定战略之前实施调查的重要性。

3．经常提示客户关注其真正的需求

客户常常不知道进行广告宣传最重要的事情是什么，需要做哪些前期的准备工作，一个普通的电视广告播出时可能只有短短的30秒时间，而在这背后广告公司往往要花大量的精力

进行前期的市场调研，准备可实施的广告战略。

客户普遍认为广告会帮助企业推销产品，由此取得丰厚的利润回报，但对于广告如何才能取得这样的效果了解不是很多。有经验的广告公司人员会提示客户关注其真正的需求，增加客户对广告策划的重视，这对于以后双方的业务合作都有益处。

案例

可口可乐如何通过广告吸引客户

可口可乐公司一贯重视广告宣传，其进入中国市场也不例外，每年都投入几千万元进行宣传，但是，可口可乐的广告宣传和品牌定位都是有严格限制的，以往都是由亚特兰大总部统一控制和规划，中国的消费者看到的总是可口可乐那鲜红的颜色和充满活力的造型，可口可乐以最典型化的美国风格和美国个性来打动中国消费者。十几年来广告宣传基本上采用配上中文解说的美国的电视广告版本，这种策略一直持续到1998年。

随着中国民族饮料品牌的蓬勃发展，可口可乐的市场营销策略在1999年发生了显著的变化，受其营销策略的影响，针对中国市场的广告宣传也进行了调整。2000年在中国推出的电视广告，第一次选择在中国拍摄，第一次请中国广告公司设计，第一次邀请中国演员拍广告，明明白白地放弃了多年一贯的美国身份。为了获得更多的市场份额，可口可乐正在大踏步地实施中国本土化。众所周知，可口可乐一贯采用的是无差异市场涵盖策略，目标客户显得比较广泛。从2000开始，可口可乐把广告的受众集中到年轻的朋友身上，广告画面以活力充沛的健康的青年形象为主体。"活力永远是可口可乐"成为其最新的广告语。

(资料来源：百度知道，http://zhidao.baidu.com/question/90290437.html)

4. 鼓励客户对广告公司的工作快速做出反应

广告公司应该让客户明白，在业务上不要顾忌与广告公司的关系而对一些问题采取回避或犹豫不决，这将会对本次业务造成更大的伤害，应该督促客户尽快对他们不满意的策略或者创意做出否决意见。

5. 坚持财务开放

广告公司盈利情况的年度总结是很有建设性的，明智的客户希望其广告业务代理公司以他们的努力获得应有的报偿。通过财务上的开放，使客户了解广告公司并不是获利很高的企业，有些客户往往不清楚看似简单的广告作品背后的辛苦劳动和大量时间的付出，广告公司应与客户坦诚地讨论财务问题。

6. 鼓励客户以经营者的角色参与广告运作

广告公司的员工愿意和客户方面坦诚、公正和充满情趣的人接触，如果客户意识到好的氛围会给广告公司的创作人员带来激情，就会提供一种使双方都愉快的工作氛围和环境。例如客户管理层可以将广告公司作为业务伙伴而不仅仅是服务提供者，设定一个开放、平等的基调。

7. 潜移默化地给客户灌输广告知识

在实际工作中并不是所有客户一开始都懂广告，正如客户要教给广告公司有关其产品的知识一样，广告公司也应教给客户广告观念和知识。客户懂得的广告知识越多，它会更加尊重广告公司的劳动。例如：全球性的大客户几乎都有能力成立自己的广告公司，而且广告知识和经验颇丰，但是并没有因此成立自己的广告公司，而是在生产、销售上努力，把广告业务交给专业的广告公司去做。

广告公司的客户管理是在做好客户关系管理工作基础上的进一步提升，其目的性更明确。广告公司在客观分析客户以及对客户服务的基础上，更要注意自身工作中存在的弊端，进行改正，得到客户的认同。对于广告公司来说，将长期稳定的客户关系看做是公司的资源，是公司品牌价值的体现，是其他竞争对手难以模仿的竞争优势，在做好公司内部管理的基础上，做好客户的管理工作，广告公司的发展才能长久。

拓展知识

怎样才是成功的客户关系

- 客户"认为"自己和你是同一团队——基于彼此共有的价值与共同目标，每天共同努力。
- 客户"感觉"广告公司在不断尝试给予重要的、新颖的、有执行力的广告与市场营销方面的建议。
- 客户"乐于"与广告公司一起工作——业务、创意、媒介、调研等，而且客户更愿意参与广告公司真诚的定期社交——而非仅是出于业务需要。
- 客户"信任"广告公司的承诺及忠诚。
- 客户觉得自己很重要，并随时感受到来自广告公司的支持。

小贴士

阻碍良好客户关系的绊脚石

- 骄傲——"我们才是专家"/"我们才是最棒的"。
- 短见——"我只做幕前辉煌，其他是别人的事"。
- 挖苦——"因为客户的'愚蠢'/'懦弱'，所以才不买我们的建议"。
- 频繁挣扎——经过很痛苦的历程才取得差强人意的结果。
- 缺乏奉献精神和忠诚度。
- 缺乏敏感度及沟通力。

二、如何与问题客户相处

任何广告公司都会遇到少数问题客户，不论客户组织内部本身是否有问题，总有其中的一些客户是比较难以相处的。长期以来广告公司积累了一些应对问题客户的方式，尽管这些方式并非都有效。

(一)客户组织内部本身的问题

从广告公司的角度来看，客户组织难以相处是由许多原因造成的，一旦发现问题客户的出现，即要针对造成问题的具体情况加以分析并制定对策。

1．客户本身的历史和文化

具有一定实力的广告公司在客户面前会获得更多的信任，而中小型广告公司会遇到各种类型的客户，如果发现客户企业的建立者对广告公司的专业性不信任、对广告公司采取命令式的态度，还有频繁地更换策划方案等现象，这时广告公司就可以从客户的企业发展和企业文化方面进行原因分析。

2．客户对广告活动不重视

客户的不积极态度有时来自客户对广告的不重视，在客户眼中，广告活动也许仅仅被看做是营销组合中很小的因素，导致客户相应地不太关注。

3．客户复杂的组织机构

客户复杂的组织结构会使广告运作难以获得认可，客户组织内部层级管理人员都可以对广告活动行使否决权，好的广告创意几乎很难通过层层的审核。客户层级过多，也浪费了公司大量的时间和资源，因为对客户的每一层级，广告公司都需要去沟通。

4．客户经常变换企业的经营内容

经常变换企业的经营内容的客户很难与一个广告代理公司保持长久的业务关系，不同的广告公司经过一段时间的经营后，都会相应对部分商业产品或服务领域熟悉，一个稳定的企业也会容易与一个广告代理公司保持长期的业务伙伴关系。

5．公司不能从客户的服务中盈利

客户经常性地拖欠广告费、委托公司大量的业务却又资金支付不足、客户索要部分代理费等，都会让广告公司本应获得的利润减少，长此以往会关系到广告公司的生存问题。

拓展知识

什么是目标设定时要遵循的SMART原则

管理的主要职责是先设定好一个可以实现的目标，然后推动团队来努力实现这个目标。目标不仅给经营者、中层管理者、员工以方向感，而且能使我们从日常工作的无聊中解脱出

来，当所有人都为了一个目标而工作时，会令团队更有凝聚力，工作效率提高。

设定目标必须遵循SMART原则，也就是可行性原则，它们是：

Specific——具体的

Measurable——可衡量的

Attainable——能达到的

Relevant——相关的

Time-bound——限定时间的

(二)对于问题客户的解决对策

如果广告公司充分地分析形势，了解问题客户产生的原因，则上述这些问题是可以控制的。

1. 广告公司提醒客户关注不良结果的发生

如果客户在发展广告和营销计划中使用过多的职能，广告公司可以通过强调这种结果的危害和提出积极的建议去说服。客户如有几个营销策略和广告执行文件，并要求在创意工作之前形成合同，广告公司和客户就会陷入文件与研讨的泥潭里，不会完成任何广告作品。

在大多数情况下，客户还是愿意听取广告公司就有关程序安排的意见，前提是在这一切发生之前，广告公司能提醒客户意识到会有不良结果的发生。

2. 积极向客户建议

如果客户问题的核心在于客户的组织形式，那么公司合理的做法是向客户建议一种选择性的组织结构。公司应该说明广告活动的认可部门级数越少，广告越有可能成功。

3. 站在客户的角度共渡难关

如果客户问题来自于支付费用，公司应通过提供可选择的对双方都有利的支付方式提醒客户。例如，如果客户以10%的代理费为基础给公司报酬，但是由于总投入不足以弥补公司的开支，则另一种可选择的以佣金为基础的制度是能给双方提供长期合作有效的方式。

4. 耐心和坚持是必要的

如果客户的问题出于其高级管理层根深蒂固的文化、价值观念，这可能在短时间内很难改变，但公司合乎情理、持之以恒的努力往往会有成效。

5. 发现并培养人际沟通能力强的员工

有的问题客户是由于客户内部员工引起的，这些员工处于客户组织的特殊位置，他们参与和影响客户的决策，处理这种制造问题的员工的有效途径是在公司中找出最善于处理此类问题和有经验的人员，对于大多数广告公司来说，选定合适的人是十分关键的。

有时广告公司不得不对负责某一产品的项目小组成员进行重新调整，这样做的风险是丧失与客户多年积累的合作经验和相互理解。

6. 三十六计，走为上计

当一切努力失败，公司受到严重挫折，对付问题客户的最后的办法就是终止业务合同。

广告公司当然不愿意放弃收入和盈利，但有时解除业务关系是应付这种情况最有效的办法。如果说整个客户内部或者客户所属行业都知道该公司与客户存在的问题，那么解除合约会使公司的荣誉和尊严得以保全。员工在愉快的环境下对公司有自豪感，激励他们更加努力工作，公司会有更多的精力接触新客户，这对公司的未来是有益处的。

第三节　广告公司与客户关系中存在的问题

背景资料

广告公司与客户之间是相互合作的关系，但在业务合作中会存在来自双方的很多因素干扰业务的进展与合作成果。本节客观地分析两者之间可能出现的问题以及原因，以及解决问题的对策和方法。在实际工作中问题往往是难以预料的，造成问题的原因也千差万别，在此只是总结出问题的一般规律，希望读者能学到发现问题、分析问题和解决问题的能力。

一、广告公司与客户之间存在问题的原因

在现实中，不管广告公司的运作多么好，服务质量有多高，客户与广告公司之间仍然存在许多问题。

(一)客户的业务经营状况不佳

如果企业的业务受挫——不管是什么原因，它所有的供应商，尤其是代理广告公司将不可避免地卷入这种不景气的危险当中。以往广告为这家客户业务的成功起到的作用越大，现在广告公司越有可能由于客户不良的业务状况而遭受指责。

一般来说，广告占零售额的比例越高，如果销售回落，广告越有可能被质疑。例如美容化妆用品，尤其是高档化妆品，通常广告支出占销售额的50%，这意味着每卖出一元钱，就有五角钱用在广告的费用上。即使广告只占有较小比例的商品，如果业务回落，客户领导层也会以苛刻的态度对待广告公司。大多数消费品其广告费占营业额的比例在10%左右，但投入广告运作的资金总量是相当大的。所以无论什么原因，客户不良的业务状况对广告公司来说都是一个明确的"报警信号"。

(二)客户组织管理层的变动较大

当客户出现管理层变动时，对于广告公司来说应马上做出对策和反应，以应对可能出现的客户关系问题。

1. 客户人事变动会直接影响发展计划的推行

客户的人事变迁是不可避免的，这种情况发生的时候，公司在一开始就已经确定下来一整套发展计划的投入运营将可能发生变故，客户的人事变动越大，发展计划越可能产生这类

04

问题。

2．人事变动越大对广告公司影响越大

客户产品经理或董事长的变动、甚至该职位以上的职位整体变动，更会令人不安。客户公司之间大量的兼并、收购更易导致广告公司与客户之间的关系恶化。

3．打破已经建立的默契合作

客户人事上的大变动是广告运作活动中最复杂的问题，因为广告公司被迫重头做起。客户与广告公司之间的关系跟夫妻关系一样，有许多属于他们自己的语言，许多长期合作建立的默契需要重新洗牌，广告公司以建立尊重和融洽关系为目的的训练计划往往需要几个月方能见效。

(三)广告公司的运作

广告公司的运作会对客户造成心理影响。让客户了解广告公司的运作可以使客户理解广告公司，并维持良好的沟通关系。

1．广告公司的运作问题可能是真实存在的，也可能仅仅是由于客户的想象

实际上，要证明广告的效果是比较困难的，由于不能证明广告发挥了多大的作用(尤其是对于销售来说)，客户就很容易假定广告公司所做的一切的价值低于他所支付的广告费用。

客户总觉得他支付的广告费可以做更多的事情，客户还是很关注广告公司的内部问题，如果广告公司对客户业务的主要创意人员进行调整，即使是正确的决策，客户也会认为这样的处理是错误的。因此，公司与客户之间相互的评估，不论是正式的还是非正式的都是非常必要的。

2．广告公司运作问题会出现在整个广告业务中

广告公司运作中的问题在整个广告业务的过程和各个环节都会发生。例如，广告公司在一个城市花费了预算的两倍费用，而在另一个城市只花费了一半的费用，而这两个城市都是新产品的试验市场，那么愤怒的客户就会打电话来询问，公司对此要有合理的解释。这些误解将会对公司与客户间的关系造成损害，除非公司与客户之间拥有坚实的良好关系的积累，否则这些问题是很难避免和克服的。

拓展知识

关于广告的经典语录

- 一个人的可悲之处不在于犯错误，也不在于老犯错误，而在于犯"老错误"。
- 没有"生命"的东西绝对服从——你见过一张逆风而飞的落叶或者纸片吗？
- 皱纹不过是表示原来有过笑容的地方。

● 我要陈述我的意见，并不是因为它好，而是因为它是我的意见。

● 一个影响深远的决定，其实来自于一个时期、一个小时、甚至一分钟。

● 我们的可口可乐中99.7%是糖和水，如不把广告做好，可能就没什么喝的了。(语出自伍德鲁夫)

● 人与牛的主要区别在于，人随时可以改变自己的主张，而牛却总是吃同样的草。

小贴士

广告人创意五条守则

第一条：只要想出在时代前15分钟的点子，不必想创造比时代早几个光年的点子。

第二条：先想出许许多多的点子，然后再把坏点子淘汰，沙中自有你寻找的金子。

第三条：不要只寻求唯一的正确答案，我们伟大的先哲们不是都说过吗？条条大路通罗马。

第四条：如果一时想不出来，就暂时休息一下，学习我们聪明的一休：休息、休息，休息一下！

第五条：一想到点子，马上记录下来，免得忘记。古人训：好记性，不如烂笔头！

04

二、避免问题出现和解决问题的方法

如果真有能解决和避免问题出现的灵丹妙药的话，管理就不像现在这么难以把控了。这里也是总结了有可以出现的问题和避免出现已发生问题的方法，在实际工作中这是要保持灵活的头脑，对问题做出正确的判断。

1. 建立一个双方认可的决策系统保障

在实际的广告活动中，公司与客户的关系破裂常常是因为对一种品牌或服务的广告战略的不同意见或误解造成的，所以，公司要有一个决策系统是极为重要的，对于这个决策系统，公司与客户双方都要拥有深信不疑的对待态度，并将它付诸实践。

一个使客户信服的决策系统是有效的，也是有价值的。公司进行创意执行时，难免要面临一些未曾设想的问题，如果客户不相信公司的决策，这些问题会导致严重的混乱现象出现，但是双方认可的一个决策系统会最大限度保障公司与客户之间关系的良好发展。

2. 检查与客户之间的关系发展

公司可实行与客户关系的阶段性评估，客户和公司各级层关系的人事变化都是不容忽视的，各级层关系的变化都将导致不满和相互关系的损害。公司与客户的关系在最高管理层间是难以测定的，公司最高管理层想掌控公司和客户上层关系的想法是不现实的，通常广告公司执行总监认为他同客户的同级人员的关系非常不错，但事实并非总是如此。公司的员工意识不到他与客户的关系出现危机，认为这不是什么不寻常的事，或者他们不想将恶化的形势告诉其他同级人员。

3．不要违反双方合作的相关政策

当客户认为广告公司违反了客户的有关政策时，公司一定要谨慎处理，公司与客户间的冲突必将影响两者的关系。例如广告公司为了自己业务的需要，想代理与自己现有客户业务相竞争的品牌，这会引起现有客户的不满。宝洁公司不允许自己的签约代理公司代理其他清洁用品的业务，如果广告公司不考虑这一点，就会恶化与客户的关系；宝洁公司对新闻媒介的宣传采取低调态度，不允许代理公司将其业务的有关文件放在公司员工的桌面上，不经许可不让代理公司对其经营状况向外界发表意见等。这些都是一家企业在长期经营中形成的政策，是广告公司应该注意并考虑的事项。

4．必须选择产品或服务类别以及客户

一个产品不同地区的考察是广告公司每年都要进行的工作，一个明智的广告公司会在一个特定的产品类别中与一个客户签订长期的合约。如果客户尊重合约，一旦有机会在这个类别中生产出新产品时，就会继续与这家广告公司签约合作。

5．时刻关注代理广告公司之间的竞争

当一家客户委托多家公司为其服务时，就会出现公司与客户之间的摩擦。客户在委托一家公司进行业务而又与另一家广告公司会谈以寻求更有利的条件时，会使代理广告公司非常不安，基于单一代理制和客户的买方市场，公司的管理层必须对客户的举动有所察觉。

04

小贴士

李奥贝纳的名言

- 广告没有永恒的成功。
- 有趣却毫无销售力的广告，只是原地踏步；但是有销售力却无趣的广告，却令人憎恶。
- 我们希望消费者说"这真是个好产品"，而不是说"这真是个好广告"。
- 企划广告时，就应该想到如何销售。
- 如果你无法将自己当成消费者，那么你根本就不该进入广告这一行。
- 如果你在芝加哥做不出好广告，换到别的地方也无济于事。
- 广告是人与人沟通的行业。
- 创意给人生命和乐趣。
- 我逐渐体会到，没有好客户，就不会有好广告；没有好广告，就留不住好客户。还有，没有任何一个客户，会买他自己都没兴趣或者看不懂的广告。
- 我始终抱着一个态度：没有"问题客户"，只有客户的重点问题。陷入问题中挣扎，永远比寻求解决之道浪费时间且消耗精力。

第四节 国际广告公司维护客户关系的经验

背景资料

对于广告公司而言，与客户的合作是件不太容易的事情，双方的相处就像高档酒楼与挑剔的食客。如何让食客们吃得舒服、吃得满意，并痛痛快快地买单，而且从此变成回头客，的确需要超凡的技巧和足够的耐心和细心。本节将从实际工作的角度，看看国际大广告公司处理与客户的关系的妙招和独特方法。

一、灵狮广告公司维护客户关系的要点

成功的广告公司对于维护客户关系具有丰富的经验，可以提供参考。

1．建立主动而专业的伙伴关系

在与客户接触时，把握一个平等、自信的态度，正确了解客户的目的与动机；同时也要了解客户代表的目的与动机，善于察言观色，在交流沟通中，让对方了解广告公司的操作，争取主动，让他欠你，不要你欠他。

2．成为客户品牌及市场专家

要掌握客户品牌的详细资料和信息，访问店铺和消费者，参观企业生产线，了解销售渠道，为得到客户情况可以要求客户提供其资料，并将所有收集的资料装订成册，做成资料集，方便与之合作和掌握一手客户品牌信息资料。

3．成为品牌的推动者

在公司中代表品牌立场，维护品牌，在客户面前代表消费者的良知；热衷推荐自己公司的建议，牢记自己的使命——推动品牌/增加销售，成为客户推动品牌未来的忠实伙伴。

4．在公司内部承担责任

在公司内部要勇于对客户负责，广告公司要站在客户的立场和角度做好各部门的统合工作，并沟通和协调各部门工作，主动提供相关资料，保障业务进展。

5．充分利用公司资源

良好的合作关系是工作的保障，清晰准确地把客户的要求传递给创作人员，尽量少返工，并保障交稿时间；对客户要务实，不能答应对方不合理的要求，对于创作部不能永远都是"急货"，建立默契的合作关系。

6．发挥团队精神

公司内部的团队和客户相关的团队，分工合作，同甘共苦，多鼓励、多关心，支持客户。

7．不要忘记广告也要盈利

给客户正确的方向，有力的推介使客户第一次就接受建议，可缩短时间和无谓的开支；给客户最佳作品，也要得到最好的报酬；收款要快、付款要慢；在合作中，与客户共同成长，为建立长期合作奠定基础。

二、奥美公司客户简报

下面我们为大家提供的是奥美广告公司的客户简报范例。客户简报是广告公司对客户的建议，使客户更加明确对广告业务的需求，填写客户简报可以更好地维护客户关系，客户简报的形式如表4-3所示。

表4-3 奥美广告公司的客户简报

客户：
产品：
日期：

1．我们行销目标是什么(市场占有率、销售量、铺货率等目标)？
2．竞争情况如何？
3．我们通过什么途径与手段去达到这个目标(行销策略)？
4．我们的广告目的是什么(如：告知上市、提醒购买、教育消费者、改变消费者对某产品的成见等)？
5．我们在广告中对消费者有何承诺？
6．消费者为什么相信我们的广告承诺(承诺的支持点)？
7．我们的品牌定位是什么？
8．我们的目标消费群是谁？
9．广告活动的时间、区域？广告的刊出、播出、使用时间、区域？
10．我们的广告预算是多少？
11．创意作品的要求是什么(使用场合、使用方式、文字、图片、CI的方面要求、规格(印刷品尺寸、电视广告的时间长短等)，制作物的材质、数量、交件的形式(草图、完成稿、菲林、印刷品等)，交件期限、交件地点等)？
12．其他补充(请附上任何有用的材料)

客户签名：_____

客户部门主管确认：_____

小贴士

简报的作用

不要小看简报的制作，它对你的同事来说是获取信息的重要来源，是了解客户的第一手材料。虽然优秀的创意是广告的灵魂之所在，但记住花钱做广告的是厂商而不是顾客，做一个厂商满意的广告，是创意通过的前提。所以在与客户沟通以后，简报做得越具体，越可以使你所在的创作团队拥有一个明确的创意目标。

三、客户对广告公司的建议

广告公司与客户双方的相处是需要一定技巧和耐心的，曾经与多家4A广告公司有过磨合的客户对广告公司人员提出12点建议，可以让我们从广告公司与客户关系的另一方面，了解如何处理好两者之间的关系。

1．为客户选择一个合适的业务员

最好是具有相关行业品牌服务经验的，并将其基本情况以书面报告的形式向客户通报。因为以后业务员(AE)就是广告公司与客户沟通的重要桥梁，不到万不得已，不要更换业务员，以免由此带来的混乱。

2．不要夸大自己的实力

一般情况下，客户在和你正式接触之前，基本上已掌握了你的个人情况，之所以与你合作，因为看重你在某一方面的长处。首次与客户接洽时，在提交的资料中注明你所服务过的品牌的具体情况，将这些情况如实相告，有助于在将来的合作中，避免客户寄予过高的期望和要求。

3．做好前期准备工作

每一个项目开始工作之前，尽可能地邀请客户方面的相关负责人和本公司创作人员座谈，在创作方面进行沟通，达成共识，以减少进行过程中不必要的浪费时间和精力。

4．测试非常重要

时间如果可以的话，每一个项目定稿之前都应该做测试，看看未来受众有什么反应，最好邀请客户参与，这样有利于双方及时沟通、共同改进。

5．掌握客户付款情况

及时了解客户付款情况，财务部门定期将客户的付款情况通报给AE，由AE出面与客户协商。如果客户未能按时付款，最好在提交设计稿请客户审核的同时，以书面形式提醒客户方面及时支付相关款项，措辞尽量委婉。

6．创作人员名单

向客户提交设计稿时，请附相关创作人员的名单，这样做既是对创作人员的尊重，也是表示创作人员对工作成果的责任。

7．及时掌握人事变动情况

广告公司的相关创作人员如有变动，要及时告知客户；客户方面如有人事变动，AE也应尽快告知本公司负责人，以避免可能由于人事变动带来的误会发生。

8．保持与客户的联系

即使暂时没有新的合作项目，也应和客户保持联系，至少每月通一次电话。

9．如果广告公司获得某项荣誉，别忘记和客户分享

如果与客户有关的，要在第一时间告知客户，稍后再以书面形式正式通报，并附相关证

书复印件；如果是与客户无关的，不妨在人多的场合以非正式的形式向客户通报这一喜讯，这样既是尊重客户，也是借此提升广告公司在客户心目中的形象。

10．真诚地关注客户

如果是客户获得某项荣誉，要在第一时间表示祝贺；如果客户遇到什么麻烦，能帮忙的不妨及时与之联系，并表达本公司的好意和诚意。

11．邀请客户参与公司的活动

广告公司内部的培训活动不妨邀请客户参加，这样有可能会带来意想不到的好处。

12．双方定期进行沟通

每一个项目的合作到一个阶段时，安排时间约请双方的高层负责人恳谈，开诚布公地对前期的合作进行评价，并讨论以后的合作事项。

你和客户做生意，但与客户代表是做朋友，双方的合作是从做生意而交上朋友，由交上朋友而做生意的。

拓展知识

奥美广告公司的企业文化

奥美创始人大卫·奥格威经常强调一些观点，其中就有以下九点被写入其企业文化中。

1．奥美——一个不可分割的整体广告公司。

2．我们要么做出好广告增加产品销路，要么饿肚子。

3．枯燥的广告不可能激发消费者去购买，只有充满新意的、有趣的广告才能激发他们购买的行为。

4．开阔眼界，开拓思路，向最好的挑战。

5．我们喜欢知识、反对无知；我们追求知识，就像小猪寻找食物一样。

6．如果你不想让你的家人看这则广告，那就不要做这则广告。

7．消费者不是傻瓜。

8．没有好创意的广告，犹如在黑夜行驶过往的船只那样不被人注意。

9．只做一流的生意，使用一流的方法。

小贴士

奥美广告公司是如何做的

一、寻找新客户

● 从媒介报道中得知他们(客户)在寻求新的广告代理商(电视、报纸等)。

- 去客户容易聚集的地方随时积极地推销自己。
- 从业界资讯获知他们有意要寻求广告代理。
- 主动打电话给你认为可以开拓的客户。
- 参加行业培训/演讲会议时多结识朋友。
- 参加朋友聚会时多收集名片，不忘告诉他们你是做广告的。
- 看到一个产品感觉不错，打个电话去同他们负责人聊聊。

二、观察客户

1) 客户对现在的代理商不满

  ——了解原因。

  ——我们能提供不一样的服务吗？

  ——与客户一起找出成功/失败的原因。

2) 对第一名的企业

  ——怎么让他们对公司感兴趣？

  ——他们需要的服务是什么？

三、与客户会谈的注意事项

- 一旦定好时间，千万不要随意改动。
- 别第一个提起公事。
- 少说、多听。
- 记住关键词。
- 别强力推销自己。

04

本章小结

  本章从广告公司角度分析客户关系的管理与维护，参考了国内外专家学者对广告公司的管理和作业流程的论述，借鉴4A广告公司的客户关系经验，系统地从维护成功的客户关系到客户管理、如何与问题客户相处，最后结合广告公司的客户简报和客户关系要点，提供了一些与客户成功相处的方式，有很强的实际操作性，使初学者更容易掌握一些处理客户关系的技巧。

思考题

1. 什么是成功的客户关系？
2. 解决问题客户坚持的原则是什么？
3. 维系良好的客户关系对广告公司的重要性是什么？

实训课堂

到广告公司的客户部实习，并撰写实习报告

实习要求

实习时间不少于1个月，了解至少一个广告项目运行过程中，客户的需求、接洽时间、次数、方式等。

实习报告要求

内容包括：实习日程记录表、实习报告；

要求不少于2000字；

内容细则：项目说明、设计流程、客户背景介绍与分析、客户要求、客户部与客户接洽的流程、内容，并对客户部的工作尤其是与客户交流的方法、方式进行分析和总结。

第五章

广告公司的主要类别

学习要点及目标

- 通过本章学习，使同学们全面了解广告行业中不同类型广告公司的业务专长，对于广告公司的业务方向和服务方向有明确的认知。
- 在理解广告公司分类的基础上，使学生能够理论联系实际，根据广告公司部门的设置和公司现有业务类型，判断出该广告公司的业务重点和发展方向。
- 通过本章实训，启发学生在求职时，有针对性地迈出个人职业生涯的第一步。

05

本章导读

　　根据工作职能和工作内容的不同，广告公司分为综合型广告公司和专项服务型广告公司两大类。本章除去介绍全案代理广告公司之外，还将结合目前广告市场的现状和新媒体的异军突起，对专项服务型广告公司中的广告设计公司、广告制作公司、广告代理公司和企业自办广告公司，进行介绍和说明。

引导案例

广告新技术成为广告新生力军

　　2007北京Ad：Tech国际互动多媒体会议，以及10月16至17日为期两天的无限广告新技术展，就充分地为我们展现了无限广告新技术席卷营销市场爆发的魅力。此次展会将近50家企业参加，包括腾讯、搜狐、新浪、雅虎中国、阿里巴巴、意锐、意动传媒等，展会上来自国内外的商家各显其能，让人们不得不欷歔感叹广告业由广播、电视、报纸、杂志等传统大众媒体统治的状况只不过是落日余晖。

　　那么传统媒体与网络媒体、手机媒体之间又有什么区别和特性呢？相比于传统媒体而言，网络媒体与手机媒体都有受众针对性高、消费者信息互动、二十四时全日在线、投放灵活等特性。

　　从形式上比较，以网络媒体、手机媒体为主的现代广告有着传统广告不可比拟的优势：全天候和全球性、传播速度快、网络广告与手机广告可以追踪广告的效益、投资回报的优化、实现广告与购买一步完成、有互动性。展会现场商家积极地展示自己的新服务、新产品，推出了新的网络广告投放形式，在原有的广告表现形式上，通过技术的应用，增加了广告视频、音乐、游戏、趣味组合等。比如某款汽车广告，除了展示视频和相关产品信息外，在广告视窗里还有几种颜色的选择框，消费者可以自行更换广告车体展现的颜色，进行随意搭配组合。

　　互动投影系统可以提供多种信息包括人们所想或所需的各种画面和图案，以其独特的方式来表达的新型的广告形式，同时还打破了传统静态广告毫无娱乐性的传统悬挂风格。随之而来的互动影音系统的出现已代表着一种新型的现代广告模式，能吸引所有的人群驻足观看和互动，有着极强的宣传效果。

与传统显示行业相比，互动投影领域不仅保留了原有的精美画面，丰富搭配的色彩，更加入了人体动作捕捉交互技术，让显示方式变得更加形象、生动，并具有趣味性，适用于所有公共室内场所，特别是休闲、购物、娱乐及教育场所。

单点大屏幕系统利用先进的计算机视觉技术，获取并识别手指在屏幕上的位置，并通过特定算法将手指在屏幕上的物理坐标转换为计算机屏幕的逻辑坐标及控制指令，实现手指或指状物在大屏幕上的触摸、标注等控制功能。从而该产品环境有着适应力强，排除了使用环境(温度、湿度)对触摸效果的影响(见图5-1)。

图5-1 单点大屏幕系统达到人机自然交互

(资料来源：网易新闻，http://new.163.com/07/1022/16/3RE1OETB0001125P.html；

王朝网络，http://www.wangchao.net.cn/kepu/detail_5403.html改写)

点评：

广告长期以来一直是企业获得直接利益收入、品牌知名度、企业名誉等最直接投放手段。随着信息时代的到来，广告投放的媒体也从传统的平面媒体衍生至今日的网络媒体、手机媒体，凡是人们生活所遍及的地方，大到机场，小到便利店，商家新兴的广告渲染方式无处不在。广告新技术的灵活应用，让受众眼前一亮，面对这些别出心裁的产品广告，从前看见广告产生的抵触心理早已被信息高科技带给我们的高质量的便利生活消费的惊喜所替代。

第一节 全案代理广告公司

背景资料

到1994年底，全国广告经营单位突破4万大关，达到43 046家。专业广告公司18 375家，但是，大多数广告公司规模不大，人员少，三五个人小作坊式的广告公司或"拼凑搭台"式的广告班子在专业广告公司中所占比例较大。把我们国内实力较强的广告公司，放到国际专业广告公司大环境中，会发现我们的广告公司缺乏竞争力，我国目前还没有在国际市场上具有竞争力的广告公司。全案代理广告公司是广告行业发展到较为成熟阶段出现的综合性规模较大的公司形式。

一、全案代理广告公司的概念

全案代理广告公司集合了市场宣传、广告投放、公关文案、市场调研、产品促销等多个项目整合的功能。它主要包括四个部门：创作部、客户部、公关部和媒介部。当客户把产品交给公司时，广告公司将对产品进行一站式服务，包括市场调研、价格定位、产品包装和广告设计、产品投放、公关策划以及促销活动和广告效果评估等。

二、项目广告服务内容

全案代理广告公司承接服务项目，广告服务一般包括如下几个方面的内容。

（一）整体广告策划方案

宣传推广的总体策划思路(包括前期的市场资料收集、与竞争对手优劣势比较、竞争对手近期推广策略、营销状况及广告推广状况分析)以及具体的广告执行方案；项目的VI设计手册等。

项目分析：市场背景、消费形态、产品特点及自身优劣势、竞争环境等。

广告定位：目标市场定位、项目形象定位、提出品牌的核心价值及可持续发展的战略。

媒介策略：针对本项目的特定目标市场，提供各阶段(月度、季度、年度)媒体策略和排期、媒介预算建议，并提供相应的媒介投放反馈(包括平面媒体发行量、传阅率、触达率、电波媒体的视听率等)分析。

软性新闻策略：跟踪北京市场变化和最新动向，结合项目特点和需求，提出有计划、有目的的软性炒作方案。

公关活动建议：结合各阶段销售任务，设计相关公关活动方案，参与公关活动实施过程，监控活动质量。

品牌形象建议：提出符合本项目特点的广告特性、有鲜明个性的统一视觉标准，解决品牌形象积累与销售信息传递的相关关系。

（二）系列广告创意表现

以光盘形式提交，内容包括：报纸、杂志广告，影视、广播广告，户外广告、现场包装、房展会现场平面、公关活动现场平面、客户通信、宣传单页、DM、展板等各类销售道具，公关活动所需各类宣传品以及针对本项目的软文撰写。

（三）项目网站日常维护工作

网站维护内容包括：甲方制作项目网站或改版网站时，乙方参与把控整体风格并进行栏目规划；在甲方的指令下发布和更新网站即时信息；网站的日常运营维护(比如网页管理、改进等)。

（四）公关活动管理工作

公关活动管理工作内容包括：年度及阶段性公关活动的思路构想；公关公司的甄选；公关公司运作执行的风险控制(比如活动执行前期的工作推进、工作内容的考核、议价能力的控制等)。

（五）其他工作

应甲方要求协助甲方进行与承接项目相关的其他广告宣传推广工作。

三、全案代理广告公司的策划流程

全案代理广告公司是广告公司中业务范围比较全面的一种类型，所以项目的策划流程也是较为复杂的。下面将从全案代理的概念和提案流程进行介绍。

(一)全案代理的作用

全案代理就是企业把产品销售的重担交到了广告公司的肩上，它意味着只有良好的销售业绩，才能换取企业的信任。而在进行庞大的广告攻势前，制定周密的广告制作流程好比机场的塔台管制，负责调控代理商的工作进度、时间表和交件期限。

全案代理中扮演重要角色的流程管理员是协调创意部、制作部与业务部的纽带，使各项工作在规定的期限内顺利进行，如图5-2所示为广告制作流程图。

(二)提案流程管理

全案代理的提案涉及步骤较多，下面将进行具体阐述。

1. 提案前期资料准备

客户总监和客户经理开始收集产品资料、竞争对手资料、行业资料等，并制作成简报，分类交给相应部门。同时，媒介部负责收集竞争对手的广告投放情况(近年来投放地区、金额、媒体种类)，以及竞争对手的广告表现。

2. 提案策划文案

客户经理、客户总监和策划总监、策划经理召开几次会议，讨论各自的一些看法和思路，正常时间为一周左右，当大家就某一策略思路达成共识后，再由客户经理和策划经理整理细化，并形成文字(策略思路)。

3. 提案讨论和策划方案

客户经理和策划经理开始讨论策划方案的框架和细节，两人合作或者指定其中一人完成整个提案的撰写。同时，向媒介部讲明策略思路，由媒介部完成媒介方案。并填写创意简报，经客户总监和创意总监签字后，召开创意简报会议。

参加者为客户总监、客户经理、创意总监、文案、美术。会上客户经理向创意部讲解创意简报，并就创意部的疑问进行解答。

4. 创意部开始工作

文案和美术开始构思创意概念(或称为点子)，总监负责把关。创意过程中，制作部将要参与讨论，提示新的制作工艺及建议，创意部有了几套比较满意的草稿方案后，会同客户部进行一次非正式的提案，一般这种提案会有几次，双方达成共识后，开始正式作创意表现。需要强调的是制作预算也要同时交给客户，如预算发生改动，创意部必须及时通知流程部和客户部。

文案撰写标题和内文以及影视脚本，随后，由美术指导开始做表现稿，创意总监把关。

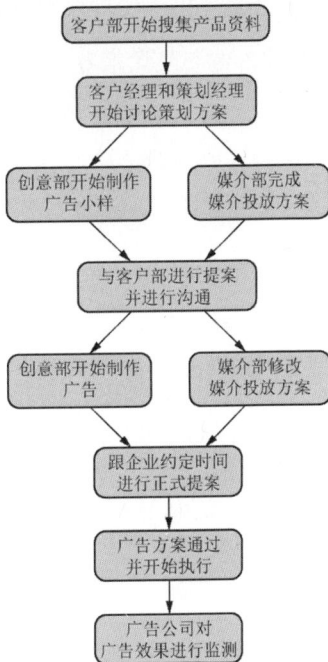

图5-2　广告制作流程图

05

同时，完成的策略方案也会提交给客户总监和创意总监，提出修改意见。

5．内部提案准备

客户经理根据进度，确定内部提案时间，到时进行内部正式提案，不断完善提案，一般会进行一到两次。

6．正式提案

内部提案确定，跟企业约定时间，进行正式提案(一般由总监来完成)。提案后会有三种情况发生：一是提案通过，根据方案开始执行；二是不通过，一切重新来，或者被客户解约；三是基本通过，做部分修改，准备进行二次提案。

拓展知识

申请成立广告公司应提交的文件

1．申请成立广告公司的报告
2．成立广告公司的可行性报告
3．部门批件
4．广告从业人员基本情况登记表
5．资金来源证明(需加盖拨款单位财务章)
6．经营场所证明
7．法人代表任命书
8．公司章程
9．申请部门(单位)企业法人营业执照或有关证明

第二节 广告设计公司

背景资料

在以上的几章中我们已经基本了解了广告公司的结构和工作流程，但是不是所有的广告公司都必须拥有如此庞大的机构呢？答案当然是"否"，我们可以用汽车行业的4S店来比喻广告公司的分类，汽车4S店所包含的是购车、定损、理赔、维护，但4S店只针对某一个品牌的车型进行维护；同样，全案代理广告公司虽然包含广告制作部门，但由于影视设备投入成本较大和专业设计人员工资较高但使用率较低两个原因，所以大多数只拥有平面设计部，并不包含影视部，甚至公关部门。

就中小企业而言，由于全案代理广告公司服务费用相对较高，所以，企业更喜欢与自己广告投放某一方面有擅长的广告公司合作，从而降低广告投入费用。下面我们就来了解一下他们的特色。

一、广告业务

独特的设计风格，是广告设计公司的生存之本，因此创意部是决定广告业务质量的重要部门。创意部门按客户的要求承接广告业务，这些业务大多涉及复杂的印刷工艺制作，比如烫金、包装局部过UV，以及特种纸肌理凹凸、模切，等等。多种工艺的结合可以使产品包装在琳琅满目的商品货架上脱颖而出，但是设计不当，或者对印刷工艺不熟悉将会使昂贵的印刷费白白浪费掉，更重要的是耽误产品的上架。

广告设计公司的主营业务以平面设计印刷为主，利润来源主要是高端印刷产品的制作，因此创意部门的主要业务有产品包装和刊物、企业年报、报刊广告、海报、品牌形象等的设计。

拓展知识

本土广告公司的利与弊

本土广告公司拥有得天独厚的优势，主要表现在以下几个方面。

(1) 与国际广告公司相比，本土广告公司具有一种先天的优势，即对中国消费者心理的把握，这种把握涉及历史、地理、人文等多方面。

(2) 本土广告公司拥有丰富的本土社会资源。广告公司面对的主要挑战之一是维持与客户之间长期的、稳定的和互惠的相互关系。由于对本地消费市场和媒介的了解，使广告公司与客户之间沟通顺利，并且可以根据客户产品的需要，量身定做特定的宣传企业文化的活动。鲜明的产品特色使企业的品牌形象更加突出。

(3) 企业管理简单，经营成本低。外企广告公司的优势在于标准化、技术、品牌全方位服务所带来的产业规范化优势，但高昂的服务费用使他们不得不把受众客户群定位为中国高端品牌。但由于中国企业还处于发展阶段，大量的中小企业把主要资金用于扩大生产，因此，小投入、有特色是他们对广告作品的要求，而低成本、高效率正是本土广告公司的优势。公司可以充分利用本地文化与商家产品相结合，从而创意出优秀的广告作品。图5-3所示为MANDARIN食品品牌的包装，设计结合了中国元素，体现了中式西点的品牌定位，令其品牌定位一目了然。

(4) 本土广告公司经营灵活，适应中国市场的需求。与外资广告公司相比，本土广告公司有时还涉及文化传播、信息发布、企业咨询、员工培训、城市形象设计等业务，从而避免了业务单一、资本规模小的弱势，使公司在面对激烈的竞争时，增加了抗风险能力。

图5-3　MANDARIN食品品牌的包装

然而，这些优势随着中国市场的日趋规范正在逐渐消解。我们看到，经过近20年在中国的发展，一些跨国广告公司基本实现了本土化，比如公司的中高层经营管理者以及员工大都从本地员工中产生，公司集中了本地广告界的大批精英人士，他们对中国传统文化有着深刻的体认，也知道如何与企业和媒体打交道，成为本土广告公司的强大竞争对手。再加上跨国公司先进的经营理念和管理模式，以及国际资本运作的经验等，使得一些中小型综合性代理公司生存更加困难，如果本土广告公司不能形成其核心竞争力，将很难在市场上与之抗衡。

二、制作部门设置差别

与全案代理广告公司广告制作部不同，部分广告设计公司拥有摄影部和插画部。摄影部大多拥有专业的摄影棚，他们的主营业务是为杂志社拍摄图片，所以使用率较高。昂贵的器材，以及具有专业的素质和丰富阅历的拍摄团队，是这个部门的特色。他们根据客户提供的策划方案和产品为其拍摄照片，随后由制作部做出广告样张。

为了达到图片的细腻程度，拍摄家电、汽车、住宅等利润率较高的大型物品，摄影部大多使用画幅在120以上的相机进行拍摄，丰富的层次，以及细腻的画面更有利于表现产品的品质，有利于吸引受众的关注。图5-4所示为中画幅相机仙纳，图5-5为林哈夫相机。

图5-4　中画幅相机：仙纳　　　　图5-5　林哈夫相机

手绘是插画部的特色，如何在众多同类产品竞争对手中脱颖而出，提高关注度，一直是广告公司所面临的挑战，而手绘广告由于其独特性常常产生令人意想不到的效果。但需要注意的是手绘成本较高并且制作周期较长，一般需要一周时间，且修改起来不方便。图5-6为摄影形式表现的菲亚特汽车广告，图5-7为手绘形式表现的东风雪铁龙C2汽车广告。

图5-6　以摄影形式表现的菲亚特汽车广告　　　图5-7　手绘形式表现的东风雪铁龙C2汽车广告

小贴士

"靳与刘"设计公司简介

"靳与刘"设计公司是由国际著名设计师靳埭强及刘小康领导的专业设计公司，创立于1976年，至今已有30多年的历史，是品牌形象策划工作的佼佼者。其专业资格早已获各界肯定，在国际设计比赛中亦屡获殊荣。

靳埭强

作为世界杰出华人设计师，靳氏在海内外荣获的奖项犹如恒河沙数。他是首位入选"香港十大杰出青年"的设计师及画家，也是1984年唯一获得市政局颁赠设计大奖的设计师。20世纪90年代开始，他陆续获得多项重要殊荣，如香港艺术家年奖之设计师年奖(1991)、90年代风云男士(1992)、杰出成就大奖(1998)及由香港特区政府颁予的铜紫荆星奖章(1999)等。

在21世纪，靳氏的卓越成就继续被表扬，如2000年获选英国20世纪杰出艺术家及设计师；多本国际权威设计刊物曾专题评介靳氏具时代性的设计，其中包括日本杂志《IDEA》、《CREATION》、《流行通讯》，瑞士杂志《GRAPHI》，德国杂志《NOVUM》及美国杂志《Communication Art》等。

于1993年，《IDEA》评选靳氏为世界平面设计师百杰之一。1995年，他更成为首位名列世界平面设计师名人录的华人。

刘小康

刘氏最为人所熟识的设计，是为屈臣氏所设计的蒸馏水水瓶。该设计成功融合了文化艺术与商业设计的元素，同时取得了提升品牌市场地位与促进本土设计文化发展的成效。此设计赢得2004年"瓶装水世界"全球设计大奖及2006年由香港传艺中心颁发的大中华杰出设计大奖。

刘氏现担任多家非牟利设计机构的领导职位，其中包括香港设计中心董事局副主席、香港设计总会秘书长及国际设计管理学会的顾问等。刘氏更于2006年获香港特别行政区政府颁授铜紫荆星章，肯定了其在国际舞台上为提升香港设计的形象所付出的努力及推动香港设计教育的贡献。如图5-8所示为"靳与刘"设计公司设计的湛江纯生啤酒平面广告，图5-9为"靳与刘"设计公司设计的麒麟啤酒平面广告。

05

图5-8 湛江纯生啤酒平面广告

图5-9 麒麟啤酒平面广告

第三节　广告制作公司

背景资料

影视广告制作通常被称为CF(Commercial Film)。目前，中国标版广告通常有5s、15s、30s三种主要长度形式。因为电视能够低成本、短时间覆盖大量观众，所以深受大众消费品企业的欢迎。一句精准深刻的广告语，一段沁心顺口的旋律，往往会成就一个知名品牌！这就是商家对优秀广告一掷千金、乐此不疲的原因所在。

影视广告在广告制作中是投资最大、制作团队庞大的一个部分。它缩短了空间差距，动感的画面以及生动的解说词和音乐使观众可以在第一时间感受到产品的功能、材质，从而引起观众的购买兴趣。影视制作公司对人员的素质要求较高，一般在策划公司列好方案后，交给影视公司的导演，再由导演编写分镜头脚本，通过后再由导演或制片人组织拍摄团队。作为即将从业的你，了解整个广告的制作过程是必不可少的。

广告制作公司分为户外广告制作公司和影视广告制作公司。户外广告制作公司以制作户外喷绘及施工为主，公司拥有简单的设计部，主要任务是把客户的设计稿放大到户外媒介所需喷绘的尺寸，并进行施工。

一般情况下户外广告制作公司还代理一些户外媒介，比如公交广告公司代理车站牌，还有一些广告公司代理电梯广告、单立柱广告等。

一、影视广告的分类

按照制作工艺分类，影视广告可分为电影胶片广告和录像磁带广告。

(一)电影胶片广告

电影胶片广告是摄影师通过摄影机把场景拍摄在35mm或16mm的电影胶片上，然后通过剪辑再转成磁带，送到电视台播放的广告。它的优点是色彩层次丰富、质感细腻、色彩感染力强，缺点是成本较高。所以，在做预算时，一般成片比例应控制在1:6左右，但对于更大的播出成本来说，这个投入是值得的。如图5-10、图5-11所示为胶片摄影机。

图5-10　法国生产的阿通摄影机　　　　图5-11　德国生产的阿莱摄影机

(二)录像磁带广告

录像磁带广告是摄影师把场景通过摄像机录制在录像带上，再进行剪辑完成。由于磁带的可重复使用性，以及可以使用监视器同步观看效果，所以这类电视广告投入成本较低，并且如发现不如意处可以及时补拍，无需考虑片比问题。缺点是色彩层次生硬，受镜头限制画面缺乏景深，从而影响视觉效果。

小贴士

拍摄小知识

如果想用磁带拍摄出接近胶片的效果，在前期拍摄时可以租借摄影机的镜头组。由于摄影机镜头光圈较大，所以拍摄时会增加景深，通过后期用计算机局部调色，也会达到令人满意的效果。图5-12所示为高清松下摄像机。

图5-12　高清松下摄像机

拓展知识

故事版Storyboard

故事版Storyboard(以下均简称为故事版)在20世纪30年代时，由华德迪斯尼发明，主要用于动画的制作。后因为它对制作的好处，拍摄真人电影的片场也开始使用。尤其是20世纪40年代以拍摄悬念电影著名的电影大师希区柯克，据说他在拍摄前都会完成所有的故事版，而真正拍摄时他只坐在一旁观看，现在真人影片中使用也非常普遍，尤其是有计算机特效的影片，都会在制作之前先完成故事版确定要做出来的是什么样的效果以免浪费预算。

故事版是指在动画的前制中，负责将剧本的文字描述转换成一格一格叙述故事进展的图画，有了故事版，动画师可以对镜头里的场面调度有基本的概念从而设计人物的表演而动画设计师也可以根据完成的故事来设计最后的镜头，因为他是视觉的沟通方式，所以对这些视觉的媒体制作特别有帮助。

二、影视广告的制作流程

通常，在中国制作一条30s的胶片电视广告平均制作费用是20万～30万元；在制作完成后再分别为客户提供15s、5s的精编版,从制作准备到成品交片,一般要经过以下工序。

(一)提案、签约

客户提出制作需求后,先由公司客户总监负责与客户进行前期沟通,并制作成简报,由美术指导和文案组成创意小组开始写创意脚本。一般整个制作周期在20～30天。由于广告制作经费较大,有时客户会通过几家广告公司进行比稿,所以创意脚本一般要准备三套,并对应不同报价。

创意方案中还将包括分镜脚本、画面说明及故事版,以便客户对成片拥有更为清晰的意象。在比稿成功后,客户才会与广告公司签订制作意向合同。

小贴士

有关电视广告的知识

广告的拍摄阶段为一天,后期剪辑为七天,后期剪辑方法分为先铺音频剪辑法和先铺视频剪辑法。由于电视广告长度一般只有30s,所以节奏是吸引注意力的关键。化妆品和服饰类广告大多是情感诱导型广告,所以先铺音频剪辑法可以加强视频的节拍感,突出产品的品质;而示范式和故事型广告则更注重影视画面的连贯性,而背景音乐的节拍就不是那么重要了,所以先铺视频剪辑法的制作就比较适合。

(二)报价

创意通过后,公司就广告片的长度、规格、交片日期、任务等与客户进行深入交流,提出建议达成一致,必要时形成书面说明,帮助理解创意背景、目标对象及制作风格等。公司会根据以上确定信息计算报价和提交制作日程表。

通常广告制作公司需要提交制作脚本、导演阐述、灯光影调、音乐样本、布景方案、演员试镜、演员造型、道具、服装等有关广告片拍摄的所有细节供客户和广告策划公司选择,最终一一确认,作为之后拍片的基础依据。待客户对公司提交的创意方案、最终报价及制作日程表确认后,双方签订具体的制作合同。

(三)拍摄

在进入正式拍摄之前,制作公司的制片人员对最终制作准备会上确定的各个细节,进行最后的确认和检视,以杜绝任何细节在拍片现场出现偏差,确保广告片的拍摄完全按照计划顺利执行。其中尤其需要注意的是场地、置景、演员、特殊器材等方面。

另外,在正式拍片之前,制作公司会向包括客户、广告公司、摄制组相关人员在内的各方,以书面形式的"拍摄通告"告知拍摄地点、时间、摄制组人员、联络方式等。

按照最终制作准备会的决议,拍摄的工作在安排好的时间、地点由摄制组按照拍摄脚本进行拍摄工作。为了对客户和创意负责，除了摄制组之外，通常制作公司的制片人员会联络客户和广告公司的客户代表、有关创作人员等参加拍摄。

根据经验和作业习惯，为了提高工作效率，保证表演质量，镜头的拍摄顺序有时并非按照拍摄脚本的镜头顺序进行，而是会将机位、景深相同或相近的镜头一起拍摄。另外儿童、动物等拍摄难度较高的镜头通常会最先拍摄，而静物、特写及产品镜头通常会安排在最后拍摄。为确保拍摄的镜头足够用于剪辑，每个镜头都会拍摄不只一遍，而导演要尽可能把脚本中的镜头拍摄完整，为后期剪辑准备充分的视频素材。

(四)后期制作

胶片广告后期制作的程序为：冲洗胶片、胶转磁、剪辑、数码制作、作曲或选曲、配音合成。当然录像带便没有胶片冲洗和胶转磁的过程了。

1．冲洗胶片

就像拍照片之后需要洗印一样，拍摄使用的电影胶片需要在专门的冲洗厂里冲洗出来。

2．胶转磁

冲洗出来的电影胶片必须经过此道技术处理，才能由电影胶片的光学信号转变成用于电视制作的磁信号，然后才能输入计算机进入剪辑程序。转磁的过程中一般会对拍摄素材进行色彩和影调的处理。

3．剪辑

现在的剪辑工作一般都是在计算机中完成。拍摄素材在经过转磁以后，要先输入到计算机中，导演和剪辑师才能开始剪辑。在剪辑阶段，导演会将拍摄素材按照脚本的顺序拼接起来，剪辑成一个没有视觉特效、没有配音和音乐的版本，然后将特技部分的工作合成到广告片中去，广告片画面部分的工作到此完成。

4．数码制作

用工作站制作一些二维、三维特技效果，可达到出神入化的地步，对加强广告中的整体效果起到了非常关键的作用。

5．作曲或选曲

广告片的音乐可以作曲或选曲。这两者的区别是：如果作曲，广告片将拥有独一无二的音乐，而且音乐能和画面完美地结合，但会比较昂贵；如果选曲，在成本方面会比较经济，但别的广告片也可能会用到这个音乐。

6．配音合成

音效剪辑师将配音演员的配音及背景音乐的音量调整至适合的位置，与画面合成在一起。在最后剪辑完成时一定要注意广告时长(以30s为例)，正负不能超过3帧。

小贴士

分镜头脚本

在拍摄前一定要画分镜头脚本，连贯的画面可以给客户直观的认知，同时，详尽的脚本可以使导演在拍摄时有所依据，使摄制组步调一致，在减小片比的情况下，不会出现漏拍场景的情况。

如果使用高清摄像机拍摄，就要注意尽量在脚本中不要设置镜头快速移动和人物快速移动的画面，因为中国的电视台播出信号以标清为主，以上两种情况在转换制式时画面会出现拖尾现象，从而影响广告视觉效果。

拓展知识

制作费包括哪些费用

前期：器材租赁、胶片(磁带)、场地、置景、道具、服装、摄制组人员费用(导演、制片、摄影师、灯光师、美术、化妆师、服装师、造型师、演员等)。

后期：胶转磁、后期机房租赁、二维及三维制作、音乐、配音、磁带、制作公司利润、税金等。

这些需根据广告创意及制作投入而定，制作费从十几万元至几百万元不等。对广告主而言，广告制作费预算一般以播出费用的10%左右为佳。

小贴士

什么会影响画面效果

前期的牌时虽然重要，但影视广告在剪辑时对画面力求完美，这就需要在后期做大量视频处理，比如画面局部调色、改变画面运动轨迹、四点跟踪等。普通PC机受软件和运算速度限制，往往在后期制作时画面渲染无法达到技术要求，所以建议使用比较专业的计算机或者GI的FLIM工作站，它们的精准调色会让你的广告画面锦上添花。

第四节 广告媒介代理公司

背景资料

很多知名企业的形象广告或者著名品牌的系列广告都是由综合性的大型广告公司代理，如联想就分别请奥美和电通做过全案代理，IBM的多款产品一直由奥美来做全案代理，这些综合型广告公司从为广告客户制订广告计划、制作广告和提供其他宣传推广方式到最终的媒体投放、监测和反馈等执行，承担着广告运作的整体策划和实施。

除这些规模庞大的广告公司之外，还有专项服务型广告公司，专指广告经营范围较狭窄、服务项目较单一、一般不承担广告运作的整体策划和实施的公司。但它能满足特定广告客户的特殊需要，具有一定的专业优势，同时顺应了广告专业化分工的趋势，有利于广告专业水平的提高。

一般说来，这些公司会为客户提供某一特定产业的广告代理专项服务，如房地产广告代理公司；或提供特定媒介的广告服务，如户外、交通、电视、广播、报纸、杂志、电子刊物、网络(页面广告、专题广告、电子邮件广告)、娱乐新媒体，以及大型活动如体育赛事代理、大型社会活动或公益活动代理等。

一、媒介代理公司

一则成功的商业广告会给客户带来超出预期的商业利润，而这则广告的成功可能是由于媒介购买而非广告创意本身。

(一)关于媒介代理公司

媒介代理公司是广告公司的一种类型，在目前出现众多媒介方式的状况下，媒介代理公司因能代理广告发布的媒介资讯而存在。

1. 概念

为客户提供特定行业或特定媒介的广告投放服务的公司一般也被叫做广告媒介代理公司或媒介购买公司，专门从事媒介研究、媒介购买、媒介策划与实施等与媒介相关的业务服务。它是早期广告代理中媒介代理职能的一种延续，又是适应现代广告业与广告市场变化的一种新的发展趋势。

2. 特点

广告媒介代理公司通常对媒介资讯有系统的掌握，能为选择媒介提供依据，能有效实施媒介资源的合理配置和利用，并有很强的媒介购买能力和价格优势。因此媒介购买能力、媒介策划与实施能力以及巨额资本的支持是这类公司生存和发展的必备条件。

从全球范围来看，独立的媒介公司及媒介购买公司，呈现快速发展的趋势。目前在我国，媒介集中购买是广告媒介业务发展的大势所趋，这一点已得到业界的普遍认同。

(二)国内媒介代理公司

国内广告业发展较西方晚，专业化的媒介代理逐渐成形也是近10年左右的时间。

1. 发展

我国内地的第一家专业媒介购买公司是1996年在北京由盛世长城(Sttchi&Sttchi)与达彼思广告公司合并成立的"实力媒体"(Zenith Media)。1997年智威汤逊与奥美广告公司在上海组建了"传立媒体"，也是业内知名的媒介购买公司。除此之外，中央电视台的未来广告公司、北京的海润国际广告、上海的兆力媒体和广州的大网与东升媒体等，都是国内较有影响的媒介购买公司。

2. 媒介的作用和职能

媒介是广告投放的载体，其广告职能是通过媒介的广告部来具体实现的。媒介最初的广告经营，集承揽、发布等多种职能于一身。随着现代广告业的不断发展成熟和广告经营机制的确立，媒介广告经营的职能和角色也相对集中于广告发布。

在实行完全广告代理制的国家和地区，媒介在广告经营中一般也只承担广告发布的职能，负责向广告代理公司和广告客户出售媒介版面和时间段，是媒介广告销售部门。如在美国，实行完全广告代理制，媒介以不直接与广告主接洽为原则，除分类广告外，媒介只承担广告发布的职责。由于职能和业务内容的单一，这类媒介的广告部门机构设置就较简单，广告部下设营业部门、编排部门、行政财务部门等几大部门。营业部门负责对外的业务联络和接洽，编排部门负责广告的刊播，行政财务部门负责行政财务方面的管理，督促广告费的及时回收。

而在没有推行广告代理制或没有实行完全广告代理制的国家或地区，媒介不仅负责广告的发布，还兼任广告承揽与广告代理之职，其媒介广告部门的机构设置就较复杂。日本与我国媒介广告部门的机构设置大体相同。如在日本，其广告产业结构与美英等国截然不同，媒介的广告经营职能与广告公司并没有明确划分，几乎就与广告公司相同。日本的媒介不仅接受广告公司的广告代理、发布广告，也直接向广告主承揽广告，为广告主提供广告制作及市场调查等多种服务。

3. 趋势

在我国现阶段的广告市场，各种新兴媒介和广告载体层出不穷，根据媒介的特点和运作方式的不同，上述两种代理方式并存。实行严格意义上的广告代理制，即对媒介的广告经营实行广告承揽与广告发布职能的真正分离，使媒介专司广告发布，是我国广告业今后发展的大势所趋。

二、网络广告

随着互联网的快速发展，网络广告呈现出多样化、发展快的势态，目前主要有：电子邮件、网页等形式。

(一)电子邮件广告

打开电子邮件，经常会收到各种广告，正符合现在提倡的"低碳"生活方式的理念。

1. 定义

电子邮件广告(E-mail Advertising)是指通过互联网将广告发送到用户电子邮箱的网络广告形式，它针对性强，传播面广，信息量大，其形式类似于直邮广告。

2. 形式

电子邮件广告可以直接发送，但有时也通过搭载发送的形式：比如通过用户订阅的电子刊物、新闻邮件和免费软件以及软件升级等其他资料一起附带发送。也有的网站使用注册会员制，收集忠实读者(网上浏览者)群，将客户广告连同网站提供的每日更新的信息一起，准确发送到该网站注册会员的电子信箱中。

这种形式的邮件广告容易被接受，具有直接的宣传效应。譬如当你向新浪网站申请一个免费信箱成功时，在你的信箱里，除了一封确认信外，还有一封，就是新浪自己的电子邮件广告。

随着电子邮件的使用越来越普及，电子邮件广告现在已成为使用最广泛的网络广告形式，许多厂商也采用这种直接而方便的广告形式。但值得注意的是，那些未经同意发送的垃圾广告邮件很容易引起用户的反感。广告主要在真正了解客户需求的基础上适时适量地发送邮件广告，否则只会浪费广告费。

3. 电子邮件广告特点

电子邮件广告具有针对性强、费用低廉的特点，且广告内容不受限制。其针对性强的特点，可以让企业针对具体某一用户或某一特定用户群发送特定的广告，为其他网上广告方式所不及。电子邮件是网民最经常使用的因特网工具。30％左右的网民每天上网浏览信息，但却有超过70％的网民每天使用电子邮件，对企业管理人员尤其如此。

中企联合网的电子邮件广告通过向中企联合网邮局向企业用户发送带有广告的电子邮件来达到效果，分为直邮广告、邮件注脚广告。直邮广告一般采用文本格式或html格式，就是把一段广告性的文字或网页放在E-mail中间，发送给用户。

经过长时间大量的实践证明，电子邮件是最具效果的广告形式。在正确应用的前提下，其回应率远远高于其他所有类型的广告。最近一次电子邮件广告活动的统计数据显示，60％的上网用户在邮件发送的首月内阅读了该邮件，其中超过30％的用户点击邮件里的链接到达目标页面。

(二)网页广告

1. 定义

网页广告就是利用网站上页面的广告横幅、文本链接、多媒体的方法，在互联网刊登或发布广告，通过网络传递到互联网用户的一种高科技广告运作方式。

2. 类型

网页广告的类型主要有旗帜型广告、按钮型广告、赞助式广告、插播字广告、关键字广告、墙纸广告、分类广告。

3．网络广告的特征

网络广告必将成为广告的"新宠"，它巨大的发展空间正在被关注。

1) 新兴媒体

随着互联网络的高速发展，网络广告也得到了较快的发展。网络广告借助其得天独厚的优势，发展迅猛，以致广告界甚至认为互联网络将超越户外，成为传统四大媒体(电视、广播、报纸、杂志)之后的第五大媒体。Internet是一个全新的广告媒体，传播速度最快，效果也比较理想，对于广泛开展国内业务的公司更是如此。

虽然我国的网络广告起步较晚，但随着国内教育水平的不断提高，上网人数的不断增加以及网络技术的不断进步，网络广告将成为国内业务公司最热门、最经济以及最有效的广告形式之一。

2) 发展空间巨大

目前网络广告的市场正在以惊人的速度增长，网络广告发挥的效用越来越重要，因而催生出了以经营网络广告为主的专业化广告代理公司。众多国际级的广告公司也相继成立了专门的"网络媒体部"，以开拓网络广告的巨大市场。

05

第五节　企业自办与本土广告公司

背景资料

近年来，中国凭借经济的高速增长，已经成为极具潜力的世界性市场，这对国外跨国公司来说无疑有着巨大的吸引力，没有任何一个国际广告巨头愿意放弃中国市场这块"大蛋糕"。广告领域全面放开后国外公司大举进驻，也必将从各个层面对中国的广告业乃至整个经济社会产生影响。据统计，全球排名前10位的广告集团已全部在我国建立了合资公司，这些国际性广告公司也已通过各种有形无形的方式，对国内广告业的整体格局产生了深刻影响。无论是整体上的规模实力还是专业水准和市场经验，本土公司同国外广告公司之间的差距都是非常明显的，本土广告公司如何积极应对即将来临的新一轮市场震荡与冲击，已成为目前无法回避的课题。

一、企业自办广告公司

企业自办广告公司可谓是"肥水不流外人田"，也可以为自己的产品开拓商业空间，由于公司业务主要是为产品生产服务，在管理上可以避免许多分歧。

(一)自办广告公司的类型

企业自办广告公司主要有以下两种类型。

1．品牌管理中心型广告公司

品牌管理中心，主要负责企业产品及形象与广告公司对接，以及企业广告费用的审核，只对内服务。

2．全案代理广告公司

全案代理广告公司不光为自己企业服务，也对外服务，比如三星。建立属于自己的广告公司有一个前提条件，就是企业要有较完善的产品线。三星拥有数码相机、笔记本电脑、电视和手机等多种电子产品，这使他为自己建立广告公司创造了有利条件。

(二)企业自办广告公司的优势

企业自办广告公司具有一定的优势，国际化的大企业看到此点成立自己的广告公司。

1．结合自己特色进行广告宣传

以三星为例，三星的品牌走到哪里，广告公司可以结合自身亚洲文化特色针对当地市场进行广告投放。

2001年，三星作为韩国的明星企业，无可争议地成为世界电子竞技大赛(WCG)的官方冠名赞助商。韩国是网络游戏的宗主国，WCG成为全球参与人数最多、推广最为成功的电子竞技赛事之一，素有"电子竞技奥运会"的美誉。三星电子已连续7年成为WCG的全球官方合作伙伴。

三星品牌通过赞助WCG打造一个实现数字整合的公众体验平台，这种特有的电子竞技比赛既成功地让人们感受到三星时尚、动感、科技的品牌魅力，进而提升三星的品牌影响力，吸引了一批年轻时尚客户群，又回避了欧美企业所擅长的体育竞技类营销战略，为自己以后高端品牌的发展铺平了道路。

2．在广告投放时减少了不必要的中间费用

广告代理的费用为广告总额的15%，以中国为例，企业直投的折扣点与广告公司的折扣点基本相同，企业的直投在节省代理费的同时也省去了部分税务。

3．增加了产品的保密系数

广告公司在为企业服务时都会签署保密协议，但由于广告公司从业人员跳槽频繁，企业商业机密外泄风险始终存在，企业自办广告公司可免除这一风险。

4．在市场调查方面可以掌握第一手有效资料

自建广告公司作为企业的一个子公司更熟悉所属行业状况和企业的产品，更熟悉所属行业状况和企业的产品，能更好地把握企业在营销传播上的需求，为广告主提供更有针对性的广告传播计划。

(三)企业自建广告公司所存在的劣势

企业创建广告公司在拥有一定优势的同时，不能回避的是其带来的问题。

(1) 在发达国家，企业文化与当地文化需要一定磨合的过程，在广告投放时受到一定限制。

(2) 使企业机构增加。

(3) 单一的客户，影响广告创意的发挥。策划思路狭窄，可能陷入"不识庐山真面目，只缘身在此山中"的困境，导致对企业在营销上出现认识不清。

二、本土广告公司

伴随中国的改革开放，外资企业在中国的开设每年呈上升趋势，外资和合资企业的商业广告在国内媒介的投入推动了广告业的发展。一些本土公司曾经认为，洋广告会在华水土不服，这个说法也正被逐渐打破。国际4A广告公司在华的设计人员已经基本实现本土化，不存在创意隔阂的问题，而且国外广告设计的专业性和精细程度是国内公司一时还无法赶超的。

（一）本土广告公司集团化的原因

中国本土广告集团化是本土广告公司应对外资集团的挑战，持续发展的最主要出路，实施集团化模式主要有以下几点原因。

1. 集团化是本土广告公司要在与国外广告集团的竞争中取得主动的必由之路

自改革开放以来，中国广告取得迅猛发展，本土广告公司在社会经济中扮演越来越重要的角色，但是，广告业的发展主要是以数量增长为主，没有实现整体质的飞跃。据统计，2002年中国的广告经营单位已达到89 552个，其中广告公司57 434个，而这中间很多是小广告公司，它们不断地倒闭，又有一批新公司不断地涌现，平均每个公司的营业额由2001年的79万元下降到2002年的69万元。由此可见，本土广告集团化势在必行，只有集团化才可以实现强大的梦想。

2. 集团化是本土广告参与国际竞争、走向国际的要求

广告市场的全面开放，国际广告集团长驱直入，加大中国市场的竞争力度。据预测中国广告市场势必成为世界第三大广告市场。随着国际广告公司进入中国速度的加快，中国本土广告公司所面临的对手不再是广告集团的子公司，而是他们背后的跨国广告集团，要应对国际集团的挑战，就只有集团的强大力量才可以取得胜利。

3. 集团化是国际广告未来发展趋势

中国广告市场是国际广告市场的重要组成部分，中国广告的发展必须同国际广告的发展接轨，必须适应国际广告的发展趋势。不管是世界广告的发展经历还是未来的发展趋势，集团化是其发展的主要方向和本质特征，我们必须紧跟发展潮流，才能走向世界。

（二）中国本土广告公司的集团化模式

走集团化道路是本土广告公司走向强大的首要方向，无论是民营小广告公司，还是大型国有广告公司，都应该是如此。中国本土广告只有联合起来，力量才能更加强大，才能够在与外资广告公司博弈中取得主动权，本土广告公司集团化的模式如下。

1. 依托自身实力，进行改制，对资源进行优化整合

作为中国"本土广告的扛旗者"的广东省广告有限公司其强大的转型策略之一就是成功改制，由单一国有产权改制为股份制企业，这是最具革命性的制度创新。

2．通过整合媒介资源增强实力

通过整合媒介资源，把省广、广旭、广博几个亿的媒介资源整合起来，组建"三赢"媒介公司，融媒介策划、购买、经营于一体，以更科学的媒介组合、创意，为客户赢得更为显著的投放效果，以量制价，与媒体搭建共赢平台，降低客户成本，实现三赢。

省广以"走一元化扩张，人才取胜的道路"为发展战略，公司的一元化道路取得成功，实现股份制、集团化的发展道路，做本土最强大的广告公司。

3．强势媒体向广告延伸

强势媒体向广告延伸模式的广告集团都是依托自身的资金优势和媒体垄断优势，围绕自己的业务组成立相关广告集团或传播公司。中央电视台和湖南广电集团就是代表性的例子，央视和湖南卫视都是中国最大的广告媒介，北京未来广告有限公司（本土广告公司营业额最多）和广而告之广告公司以及央视—索福瑞调查公司和央视市场研究中心等都是中国国际电视总公司旗下的子公司。随着政策和市场环境的变化，以强势媒体为依托形成广告集团的趋势将更加明朗化。

4．强强联合或兼并，走多元化道路

鉴于我国本土广告大多是以小作坊、小规模的形式生产，不同特色的广告公司实现强强联合是十分可行和必要的。通过对媒介资源的整合，广告公司不会再和以前一样任凭媒介摆布，将在与媒介的博弈中取得主动权，从以前的广告代理变为力图控制媒介乃至并购广告媒介。通过扩大经营范围、兴办市场调查公司、管理顾问公司、公关公司、文化传播公司等与广告密切相关的公司以组成广告集团。

5．以区域性整合为主要目标实现集团化

在中国广告公司多而全，主要以中小公司为主，但是实力弱小难以形成竞争力。因此，有必要对某一地区的广告公司进行整合，优化资源配置，实现集团化，这样能加强整个地区乃至整个国家的广告实力。

（三）本土广告公司的发展和革新

从另外一个角度来看，本土广告公司在集团化，专业化和国际化的同时，更应该注重自身内部的革新与管理，才能更好地实现集团化、专业化、国际化。主要有以下几个方面需要发展和革新。

1．深化管理，科学运作，重视人才

广告公司的管理无论是决策管理还是系统管理，其核心均是人的管理。以人为本的管理才能保证资源培育、资源配置以及运用的方面得到有效运行。要完善管理体制系统，科学管理，科学决策。

人才是企业的第一资本，企业在引进人才的同时，必须加强对人才的培养，才能够使其得以不断地发展。合理的人才结构组合，优势互补也是应该注意的一个重要因素。广告公司的运作一定要加强整体协作，要关注团队协作和运作的科学性。

2．扩展资本渠道和运作能力，充实发展后劲

广告行业的资本运作形式目前主要有广告公司间的投融资、行业外特别是广告主和媒体对广告公司的投资、广告公司通过上市融资等。目前本土公司主要是靠自我积累取得资本。但是我们应该尽可能地通过股权合作、吸收行业外投资及上市等方式筹集更多的发展资金，扩大公司规模，充实发展后劲。

3．提升自我形象，加强诚信建设

广告公司在为他人提升品牌形象的同时也应该加强宣传自己公司的形象，树立自身的品牌。在合作与竞争中要以实为本、以诚为引、以信为终，赢得客户的信赖，保持长期的合作，进一步吸引更多客户。

4．建立客户档案，密切客户联系

开发和维系客户是保证广告公司业务来源和持续经营的前提，如何开发、争取、维系客户成了保证公司良性运转的主线。首先要建立完善的客户档案；要与客户保持密切联系；尽量为客户降低成本并告知客户；常为客户产品和营销出谋划策；提供完整的工作报告和业务进程。尤其是对于本土小广告公司，长久维系客户对公司的发展是十分必要的。

5．革新观念、重视科研

广告公司应该改变过去对广告的看法，因时而变，时刻为客户着想，使客户利益至上深入到公司内部，满足客户要求，做高质有效的广告，要时刻把握市场动向，不断更新观念，与时俱进。

只有通过以上对广告公司自身的改造，才能够确保本土广告公司在发展中不偏离轨道，健康发展，解决发展的根本问题。本土广告公司在明确自身未来的发展方向的同时，内部还应该采取相应的对策，要从宏观和微观两方面把握自身发展的方向。

(四)本土广告公司优势

目前随着商业运作的成功，各国均有伴随自有品牌发展的广告公司的案例，这势必造成其代理广告公司对新市场情况的不了解，投放失败的案例也比比皆是，这样本土广告公司的优势就呈现出来。

(1) 首先在企业文化沟通上存在一定的共识。与日韩企业销售目标定位于海外市场不同，由于中国消费市场的庞大，中国企业首先关注的是本土的消费市场，而本土广告公司在广告创意上结合中国人的消费习惯，能给消费者留下深刻印象。

(2) 在中国企业进军国际市场时，本土广告公司会与企业同舟共济，与企业共同成长，避免了企业商业机密外泄的风险。

(3) 相对于外资广告公司，本土广告公司低廉的收费也使企业降低了成本，从而增加了产品竞争力。

(4) 由于针对多家国内企业，广告公司可以根据情况调整创意组人员所服务的品牌，使创意人员开发广告新思路，避免了工作的枯燥性。

在中国加入世贸组织以后，经过多年发展，中国已经逐渐成为世界商品的加工工厂。但

是由于品牌的缺失，中国产品销售在海外仍然处于为国际品牌代为加工的状态，巨大的利润空间被国际品牌所占有。现实告诉我们，光有质量，没有自己的品牌，是无法在国际市场上立足的。而企业只有与本土广告公司共同研发产品宣传策略，增加品牌知名度，才能迎来品牌国际化的美好明天。

本章小结

　　本章从广告公司的主要类别出发，向大家介绍了广告行业中，不同类型的广告公司的业务专长、广告公司的业务方向和服务方向；广告公司职能部门的设置和公司现有业务类型等内容，本章节内容能够为同学们求职提供一定的参考价值。

思考题

　　1. 以市场上的包装盒为样品，自己模拟制作同类样品包装盒一个，作品包括平面设计图纸、成品以及效果图。
　　2. 找影视广告一条，通过视频截图，以分镜头角度从景别、时长，特技三个方面进行广告作品分析。

实训课堂

分析4A级广告公司部门设置

项目背景

　　4A级广告公司在广告业中具有正规、业务能力强、部门设置规范等特点。通过分析4A级广告公司的部门设置、业务范围，有助于同学们了解正规广告公司的业务方向和服务方向。

项目要求

　　选择一家国内知名的4A级广告公司，分析、研究其部门设置以及各部门涉及的工作业务。格式为文本形式，最好以图表的形式加以分析。

项目分析

　　不同的广告公司，部门设置、业务范围有所不同，4A级的广告公司有很多并且各具特色。每位同学可以针对不同的4A广告公司进行分析，因此，班级内可以形成多样性资料，为将来同学们向广告公司求职提供一定的背景资料。

第六章

广告公司工作流程的计划

学习要点及目标

- 通过本章学习，让同学们了解广告公司工作流程计划是营销策划的一部分，并掌握计划的指导原则。
- 通过本章学习，认识广告目标的分类及创意计划五步骤。
- 通过本章学习，使学生了解计划编制是一种提前的预测行为活动，执行计划编制的任务时，应当按照一定的步骤有序地进行。
- 通过本章学习，让同学们了解计划的改进是广告策划的补充程序，以及在什么情况下需要对计划进行调整。

本章导读

计划是一种程序，是一种运用脑力的理性行为。广告公司制订工作流程的计划，它的最终目的是要给广告主带来效益，如果计划脱离了广告主的目标，那么，再好的计划对广告主而言也只是一种空想。

因此，策划者在决定广告目标、制订广告计划时，必须进行全面的可行性研究。由于流程计划涉及各个具体的部门，而有时各部门之间的目标存在一定的冲突，所以策划者在制订流程计划时要进行多方面的协调。

引导案例

"望家旺"广告报纸媒体策划

媒体投放目的

近年来房地产市场交易火爆，带动了家居建材产品销量的大幅上升。国际、国内建材巨头纷纷看中这片投资和赚钱的热土，各家都在紧密筹建，准备更为广阔地开辟和抢占建材市场，可谓"百花齐放、百家争鸣"。新一轮的残酷竞争在某种意义上是品牌和服务的竞争，这势必通过一些传媒告知消费者。

"望家旺"是一个新生的企业，在竞争中处于劣势，为向广大市民提供更多、更好的产品与服务，同时为了宣传企业形象，提升品牌形象，加大对企业自身的宣传和提高市场占有率，特此计划。

媒体介绍

"望家旺"地处西安市，商品主要销售主要面向市区、郊县(区)和周边地区的客户，所以针对陕西地区和西安市区的主流媒体进行统计和分析。主要媒体有如下几种。

(1) 报纸媒体：华商报、西安晚报、三秦都市报。

(2) 广播电视：陕西电视台、西安电视台、陕西人民广播电台、西安人民广播电台。

(3) 移动广告：公交车广告。

(4) 户外广告：路牌灯箱、固定广告牌。

报纸是广告媒介的中流砥柱，是四大媒介中最早被采用的媒介，以传播面广、时效性强、传播速度快、阅读人口众多、阅读方便、费用低廉而深受商家及消费者的喜爱。因此"望家旺"广告投放以报纸媒介为主体。

报纸媒体介绍

(1)《华商报》是陕西省侨联主管的一份综合类城市生活报，报纸被批准为对开日报60版，报纸突出市民化、都市化、生活化和时尚化，以信息量大、新闻快捷鲜活、有思想、有深度博得了广大读者的喜爱。

目前，《华商报》日发行量60万份，其中1/5零售，4/5为订户，西安市占发行量的70%，形成以西安为中心辐射宝鸡、咸阳、渭南等全省所有中等城市的发行网络。

随着报刊整顿和政府宣传力度的加大，《华商报》在省市政府机关、高校与企事业单位的发行量也迅速上升，其读者完全覆盖了社会的各个层面，是西北平面媒体中发行量最大、阅读率最高、广告效果最好的强势媒体。

(2)《西安晚报》创刊于1953年，是中共西安市委主办的面向市民大众的都市生活类报纸，日发行量超过36万份。每日出刊对开20版，实行自办发行与邮局发行相结合的发行方式，建立了以西安为主体遍及全省的发行网络，是西部历史最悠久的城市晚报。

(3)《三秦都市报》创刊于1993年1月，是陕西省委主管、陕西日报主办的一份大型综合性新闻性的对开16版日报，日发行量30多万份。报纸本着发现新闻、传播信息、提供资讯、启迪解惑、引导消费、服务生活的原则，力图体现鲜明的都市特色、强烈的时代特色、浓郁的情感特色和准确可信的权威特色。

报纸媒体比较分析

1．广告千人成本

《华商报》千人成本，0.07元/(千人/平方厘米)。

《西安晚报》千人成本，0.13元/(千人/平方厘米)。

《三秦都市报》千人成本，0.38元/(千人/平方厘米)。

2．日发行量

《华商报》日发行共60万份，西安市占42万份。

《西安晚报》日发行共36万份，西安市占71%。

《三秦都市报》日发行共30多万份，西安市占20余万份。

3．报纸平均每期阅读率

《华商报》平均每期阅读率52.8%。

《西安晚报》平均每期阅读率28.10%。

《三秦都市报》平均每期阅读率7.7%。

4．报纸独占读者量

《华商报》独占读者56.7万人。

《西安晚报》独占读者16.7万人。

《三秦都市报》独占读者2.1万人。

5．传阅率(有效阅读人数÷发行量)

《华商报》240万÷60万=4

《西安晚报》126万÷36万=3.5

《三秦都市报》100万÷30万=3.3

以上数据由中国国内领先的市场研究和媒介监测机构新生代市场监测机构提供。

根据数据比较，为了达到企业自身的宣传和市场占有率提高的目的，报纸广告投放媒体确定为《华商报》。

(资料来源：中国广告下载网，根据http://www.addown.com/Article/cehua/jiancai/2006128/2890.html改写)

点评：

"望家旺"广告计划书通过媒体分析及定位，确定了以报纸为主的广告宣传计划，符合企业现阶段的发展策略。由此可以看出，只有对广告宣传事先进行周密的计划，才能使广告活动有条不紊、顺利地实施。

第一节 计 划

 背景资料

计划是企业对于即将进行的广告活动的规划，它是从企业的营销计划中分离出来，并根据企业组织的生产与经营目标；营销策略和促销手段而制定的广告目标体系。计划概述广告具体做法的细节或各种特殊情况的细节；详细解释之所以选择或进行此类广告活动的理由；提出一个具体的时间安排表和媒体日程表等，使广告主及其决策者迅速、全面地了解广告计划，也是广告成功的先决保障。

一、计划的含义

计划是对整个广告活动的安排。按照不同的目的与要求，又有不同的类别。从包含的范围看，计划有广义与狭义之分。前者包括对广告调查、广告内容、广告表现、广告预算、广告媒介组合、广告效果测定等全部活动的安排与确定；后者是指广告目标、广告对象、广告地区、广告时机等的安排与确定。

从广告活动持续时间的长短看，计划又可分为2～5年的长期计划与6～12个月的短期计划。前者以广告战略为主导，在进行的同时需不断地加以调整。后者是一年内的计划，广告战术的比重比较大，往往以媒体分配计划和广告表现计划为中心。

二、计划的要求和特点

由于广告公司的流程计划关系到广告主能否顺利地开展营销活动，实现营销目标。因此，广告策划者必须保证工作流程的成功进展，而成功的流程计划又必须按照一定的要求在一定的指导原则下进行。

营销活动、营销目标是指什么

营销活动是企业通过策划、组织和利用具有名人效应、新闻价值以及社会影响的人物或事件，引起媒体、社会团体和消费者的兴趣与关注，以求提高企业或产品的知名度、美誉度，树立良好品牌形象，并最终促成产品或服务的销售目的的手段和方式。

营销目标是指在本计划期内所要达到的目标，是营销计划的核心部分，对营销策略和行动方案的拟订具有指导作用。一般包括财务目标和销售目标两类。

(一)计划的要求

制订计划要明确该计划的依据、对象和目标，计划的好坏也是审查制订计划的这三点要求的是否充分。

1．计划要以消费者为中心

广告公司工作流程计划作为营销策划的一部分，必须根据消费者需求来开展。首先，要进行市场调查研究，分析消费者心理；其次，在充分掌握消费者有关资料的基础上进行工作流程安排，让消费者接受广告公司的宣传并对广告产生认同，进而接受广告内容，最终付诸消费行动；最后，以消费者为对象，开展广告效果的调查，获得消费者对广告的反馈意见，在下一次具体的广告策划中加以改进，以取得整体上的最佳广告效果，实现广告主的营销目的。

06

目标市场与传媒习惯

每个产品进入市场时，都应详细分析消费群体和选择目标市场。不同的目标市场，有不同的传媒习惯，比如在中国，大学生习惯上网而很少看电视，出租车司机在开车时一般都习惯听广播，所以应选择适合的媒体投放广告，以达到最好的效果。

宜家在其他国家大量采用电视这一媒体进行宣传，这是因为宜家的经营理念是为大众创造美好生活，电视媒体恰好满足这一要求。

图6-1　北京宜家商场

在中国，宜家并没有做电视广告，因为只有上海和北京两家商场，如图6-1所示为北京宜家商场。它的目标顾客是年龄在25～45岁之间、受过良好教育、工作稳定、高收入的人群，这部分人群并不代表大多数中国消费者。因此宜家并没有支付昂贵的电视广告费用，这一决策为宜家节约了大量的营销成本。

2．计划要以分析广告主体(产品或劳务)为依据

广告公司在安排工作流程计划时，如果没有对所要营销的产品或劳务作深入的了解、分析和研究，没有把握好产品的个性特点，那么，在进行广告创意时就很难准确地进行产品定位，也很难把本产品与同类产品区别开来，当然，也就不会有好的广告作品，更不可能给消费者留下深刻的印象。因此，对产品进行分析研究，决定怎样做广告、做什么样的广告，是计划工作的基本依据。

安排广告流程计划不仅要以产品分析为依据做好每一次具体的广告宣传，更应当保持广告活动开展的延续性，要把宣传企业形象和提高产品声誉作为长期的工作任务。这是因为广告主在制订企业发展战略时要考虑长远规划而不是立足于眼前。

广告流程计划与广告主的长期发展目标是一致的，所以流程计划也应是一种长期行为。为了保证这一长期任务的实现，策划者应全面分析和周密研究整个营销期间内各种可能出现的情况，并采取相应的措施，从而保证广告工作流程始终以宣传企业形象和产品声誉为中心任务。

3．计划要明确一定的广告目标

缺乏目标的广告，必定是失败的广告，缺乏目标的广告流程计划，也会是无谓的劳动。所以广告流程计划从一开始就要有明确的广告目标，只有确定了目标，整个计划工作才能够有的放矢。如何才能确定广告目标呢？这就要求策划者明确几个问题：为什么做广告？做什么广告？如何做广告？广告要达到什么效果？

有了明确具体的广告目标后，广告策划者就可以确立统一的主题和旋律，在统一的主题和旋律的指导下，通过开展丰富多彩的广告活动，采用多种多样的广告形式，让广告深入消费者的生活，给消费者留下深刻印象，力求收到良好的广告效果。

案例6-1

"龙润"普洱茶品牌塑造

龙润集团研发推广的龙润普洱茶是一款由纯正普洱茶制作的速溶茶饮料。推出这样一种新型茶饮，实际上是占据了茶饮料市场的一个空位。

人们的生活水平越来越高，生活节奏越来越快，时尚、健康、方便、快捷，就成了现代人，特别是都市白领的需求。但现在茶市场上的普洱茶不但需要茶具、茶艺，而且从冲泡到可以喝需要一段很长的时间。当然，茶市场上也有众多的茶饮料，但是，这些茶饮料主要针对的是年轻的消费群，添加成分过多，自然也不能真实呈现普洱茶的原汁原味。因此，对于经常出差、工作繁忙的白领精英人士，喝上纯正的普洱，品尝云南原味，几乎成了一种不可能的奢望。

而龙润速溶普洱茶即冲、即泡、即饮，在这个方便与健康并重的时代，具有相当大的优势。分析了产品，自然要将产品的诉求明了化。龙润普洱想要带给人们什么？

从原点出发，与其合作的广告公司认为，作为一款茶饮料，首先应该从口味、口感来考虑。从名称来说，龙润普洱希望带给人们真正普洱的享受。

从价格来说，龙润普洱定价适中，相比普洱的高价、天价来说，较适于大众。

从附加价值来考虑，龙润普洱中含有天然普洱茶成分，养生健身，具有降血压、减肥等多重功效，带给人们健康。

从品牌来说，龙润普洱希望能在茶市场上占据一席空位，并以此为契机，一举将其做大做强，成为云南众多茶饮料品牌的代表。

因此，龙润普洱的诉求就应该是：随时品味，健康相随！广告目标主要针对办公室白领、职场精英。

（资料来源：广告人案例库，http://www.adcase.org/html/case/pinpailei/2009/0312/2012.html）

4．计划要借助于恰当的方式来表达广告主体和广告目标

根据特定的市场环境要求，以恰当的方式表达广告主体和广告目标，实质上就是广告创意的问题。计划的意图能否得以充分体现，广告目标预期能否实现，广告效果的好坏，关键就在于广告的创意如何。创意是广告的灵魂。广告的创意决定着广告的感染力，即广告能否引起消费者的共鸣，能否引起消费者的注意。因此在进行广告流程计划时，就要重视这一阶段，要做到标新立异，以新、奇、巧吸引消费者，从而保证广告策划的成功。

5．计划要以适当的传播媒介作为实现广告目标的手段

为实现广告目标，广告流程计划须综合运用多种广告媒介。广告创意只是把宣传主题艺术性地表达出来，而到底怎样把它付诸实际，就是流程计划所要研究的问题了。为了取得好的广告效果，在制订计划时，就要在分析受众、明确广告目标的前提下，对广告媒体进行全面的分析和比较，选择最恰当的媒体和传播内容。

案例6-2

创维"酷开2008创意中国行"活动

创维电视新推出新款酷开主题系列，这是一款十分出色的液晶电视产品，它兼具图片、视频、网络传输等多种特性和功能。

创维希望通过网络营销进行前期的市场推广。如何在2008年的特殊营销年份进行有效营销推广，同时区别于其他竞争品牌，成为本次营销活动的挑战。

营销活动中，创维酷开邀请网友将不同的2008，制作成一张张精彩而充满创意的图片，让这些图片记录更多2008时代印记，永久传承……

本次活动凭借新浪网的强大网络号召力，在奥运来临之际，开展"2008"创意图片征集活动，只要创作带有"2008"字样的图案并上传，即可参与网络评选活动。

征集活动与新浪论坛相互连接，参与者除了可以发布、跟踪自己的作品之外，也可以观看其他参与者的作品，并进行投票。另外，本次活动设立了酷开大奖和现金大奖两大类奖项，每一类大奖下设众多次奖项。网络投票机制和梯度奖项设置的引入使得本次活动吸引了

大量人气，并形成与产品功能的强关联性，使得活动达到良好的传播效果。

（资料来源：广告人案例库，http://www.adcase.org/html/case/2010/0430/3774.html）

6．计划需要通过不断修订和改进达到完善和成熟

成功的流程计划并不是一次就能完成的，其中经历广告环境分析，进入广告目标分析和创意分析，然后进入广告策略分析等过程。在此基础上作出广告决策，制订具体的广告计划、步骤、方法、措施并加以实施。在实施的过程中，又需不断总结经验，及时反馈信息，适时修正广告决策。

（二）计划的特点

流程计划具有以下四个特点，有了这四点流程计划就更清晰了。

1．计划是一项行动

实施一项广告活动是复杂的，需要各方面协同配合工作。广告计划就是把主要采用的步骤、时间安排写成行动文件。

2．计划是行动的说明书

广告计划对广告主、产品、服务面临的问题及机会加以陈述，解释广告实施步骤，解释怎样才能实现最终目标。

3．计划是一种承诺纲要

广告目标完成需要多少费用，为什么需要这么多费用，这些费用是如何安排的，它可能带来什么效益等，都是广告计划要回答的问题。

4．计划是努力的方向

广告计划一旦制订，就成了广告活动需要遵守的行动准则和努力方向。虽然计划具有灵活性，但这种灵活只是在一定范围内的有责任的灵活。

三、计划的基本原则

广告流程计划是一项系统工作，是一种创造性的思维活动。虽然具体的计划过程会因策划者的知识、经验等条件不同而有所不同，但一般来说，计划有其自身的规律，在具体的操作过程中，遵循一定的原则。

1．真实性原则

根据《中华人民共和国广告法》第三条、第四条的规定：广告应当真实、合法，不得含有虚假内容，不得欺骗和误导消费者。例如曾经引起轰动的"蒙妮坦换肤霜事件"，就是违背了真实性原则而造成的。

2．系统性原则

由于广告公司各部门有其具体的工作及目标，这就要求计划在全盘筹划、协调中进行。

3．灵活性原则

首先，要不断地调整计划工作，以使广告活动能适应不断变化的市场要求；其次，要能根据具体情况的改变而不断修正广告创意，使其具有新颖性；最后，要根据市场环境调整广告实施的策略，诸如媒体的选择和调整，广告投放地区范围的选择和改变，广告发布时机的选定等。

4．创新性原则

在广告策划的主题能引起受众共鸣的基础上，策划应有新意，从而有效地传递信息、引导需求。

小贴士

戴波诺——水平思考法

戴波诺认为，过去大多数创意是根据经验，对一种事物朝着一定的线路作直线前进推理。这种方法可以对事物作更深入的研究和表达，但不易产生新的创意。他认为水平思考法是完全脱离既有的观念，对事物作新的思考的方法。它比较容易产生新的创意。

戴波诺博士还以巧妙的比喻说明这两种方法的不同。他说：古时候有一位商人，向高利贷者借了很多钱，贪婪的高利贷者看中了商人年轻漂亮的女儿，逼着商人立即还债，并提出以女儿代替债务的要求，他还故意表示大方地提出一个方法：把黑、白各一粒石子放在袋里，由女孩子任取一粒，如果取出黑石子，则由女孩子代替债务。如果取出白石子，不但给女孩子自由，还自动取消债务。

正当高利贷者从地上拾取小石子放入袋里时，女孩子看到所拾的两粒石子都是黑色的。这时候，如果按照垂直思考法，女孩子只有三种办法：第一，拒绝取石子；第二，立即打开口袋，揭露高利贷者的阴谋；第三，自我牺牲，取出黑石子。但是上述三种办法中的任何一种，对于商人和女孩都没有什么益处。

面临这一难题，女孩子出乎意料地从口袋中取出一粒石子，并故意掉到很多石子的地上，然后说：“啊，怎么办……真对不起，不过看一看袋里剩下的石子，就可以知道我掉的是黑石子还是白石子。”由于女孩子的机智，解救了她父亲的困境。

由这个形象的比喻可以看出，垂直思考法只是对事物做详细检讨后，以既存的观念从“女孩子取石子是黑是白”这一方面去思考，而水平思考法却产生出一种创意，就是把既成的事实完全以另一个角度去思考，因而顺利、完满地解决了问题。

水平思考法的基本原理归纳起来就是以下几点。

(1)承认主要的构想或两极化的构想。

(2)搜寻对事物的不同看法。

(3)放松对垂直思考的严格控制。

(4)使用机会法与激发法以导入不连续思考。

戴波诺还认为，运用水平思考法，应多利用偶然产生的构想，从多方面观察，把握思考的结果。因为偶然产生的构思有相互辅助印证的作用，可帮助人们产生意想不到的创意。

其实所谓"水平思考法"，并不是20世纪才有的方法，在我国古代思想家的奇思异想里，在我国精彩绝伦的寓言小说里，在我国神奇无比的诉讼奇案里，充满着惊心动魄和富有智慧的水平思考法。例如晏婴使楚、诸葛亮舌战群儒，都是水平思考法的案例精华。

1976年，台湾知名广告策划者高渠先生曾用水平思考法为国艺传播公司挣得数百万元的广告费。当时国艺传播公司正在参加星辰电子表公司的代理权竞争。在最后的关头，国艺传播公司的创意与其他竞争对手的创意一样，都在强调电子表的"准"字上做文章，广告主感到非常失望。于是国艺传播公司经理找到了高渠先生，要他即时想出一个创意。

高渠先生看到诸多创意类同，认为广告上强调电子表的"准"字是一句废话，于是产生出以"一句废话"作为该广告系列的重点标题的创意。他的这一创意立即得到了广告主的赞赏，当场击败了所有参加竞争的20多个对手。

水平思考法比较容易产生一些新的、奇特的创意。是我国广告创作者值得重视和借鉴的。

5．可行性原则

首先，对广告目标进行可行性研究，即确定广告目标是否与广告的实际能力一致；其次，对实现广告目标的内外部条件进行可行性研究，这些条件既有广告公司自身方面的，又有市场方面的，还包括国家的政策、法规等宏观方面的；最后，要对实施方案的协调搭配进行可行性研究，有时各个部门的目标会存在一定的冲突，所以策划者要进行事先的分析，采取适当的协调方案。

第二节 计划的种类

背景资料

广告公司为广告主提供的服务包括为其提供市场调查服务，如市场动态、消费对象、产品特点等方面的信息和咨询；提供整体广告战略和具体广告计划；代企业实施广告计划，同时为确保企业的利益，检查广告实施情况和媒介效果；帮助举办各种促销活动和公关活动，树立企业的良好社会形象。根据不同的服务内容，广告公司所采取的流程计划及侧重点也会有所不同。

一、广告战略目标计划

广告是为广告主而做的。广告主最关心、最需要明确的就是一项广告活动可以达到哪些目标。广告流程计划中其他的基本要素，如确定广告预算、选择广告策略等，都要基于广告战略目标来开展。

依据不同的划分标准，广告目标可以分为以下几种。

1．按产品所处的不同生命周期进行划分

按产品所处的不同生命周期进行划分，广告目标可以分为介绍期的告知信息型广告目标、成长期的说服受众型广告目标、成熟期的保持品牌型广告目标、衰退期的提醒型广告目标。

2．按目标的不同层次划分

按目标的不同层次划分，广告目标可以分为总目标和分目标。总目标是从全局和总体上反映广告主所追求的目标和指标，分目标是总目标在广告活动各方面的具体化，如产品销售目标、企业形象目标、信息传播目标、预算目标等。

3．按目标所涉及的内容划分

按目标所涉及的内容划分，广告目标可以分为产品销售目标、企业形象目标、信息传播目标。

二、广告创意计划

广告创意过程无规律可循，严重依赖创作人员的灵感，但也要遵循基本的计划程序。

客户主管(AE)将讨论资料及各种广告策略整理综合成为一个创作说明简报，帮助创作人员了解工作内容，着手进行创作。在这一阶段，创意总监负责控制整个创意的品质，他通常会通过创意审核小组来评估创意计划的可行性。

美国著名广告创意者詹姆斯·韦伯·杨在总结多年广告创意经验的基础上，提出"创意计划五步骤"，将创意过程分为以下五步。

1．收集基本资料

需要收集两种资料，即特定的资料和一般性资料。所谓特定的资料是指与广告要表现的商品或服务直接关联的要素和信息。一般性资料则是指生活中一切与广告要表现的商品或服务没有直接关系的其他生动有趣的素材。

2．消化资料

创意的形成就像吃东西一样，要先咀嚼再消化，将收集的资料与广告目的结合起来进行反复的拼接与联想。

3．充分酝酿

在这一阶段对已经出现过的各种设计思想进行甄别、归纳和提高，逐步将思路向最好的创意想法集中。

4．创意诞生

在历经前面三个阶段后，真正的创意在这一阶段诞生。

5．强化并发展创意

并不是所有的创意都是完整的，通常还需要依据不同的情况对其进行修正。在此阶段，要对创意思路进行发展和细化，最终完成整个创意过程。

拓展知识

四位设计大师的创作理念

大卫·奥格威：好的品牌是巨大资产，必须全力维护。在经济繁荣时期，消费者不会对那些降价出售的产品感兴趣，同类产品繁多，品质相近，消费者难分伯仲时，形象突出的品牌自然使人另眼相看。比尔·本巴赫：广告执行本身也是内容，它与广告内容同等重要。一个病人可能吐出几个字但没人会理会他，而一个健康的重要人物说同样的话却能震撼整个世界。罗沙·理夫斯：广告最重要的目的是创造销售，而不是美感。好的广告应该不断重复，给受众留下深刻印象。李奥·贝纳：每一种产品都有固有的戏剧性，我们的主要任务就是发掘并加以利用。

三、广告媒体计划

媒体计划从客户部开始，完成后，媒介人员就可以着手收集媒体对象资料，评估媒体，提出媒体方案。计划得到广告主批准后，就开始执行媒介购买及实施。媒体计划完成后，媒体部门还会进行实施后的效果评估，向客户服务部及客户报告。图6-2所示为媒体计划工作流程。

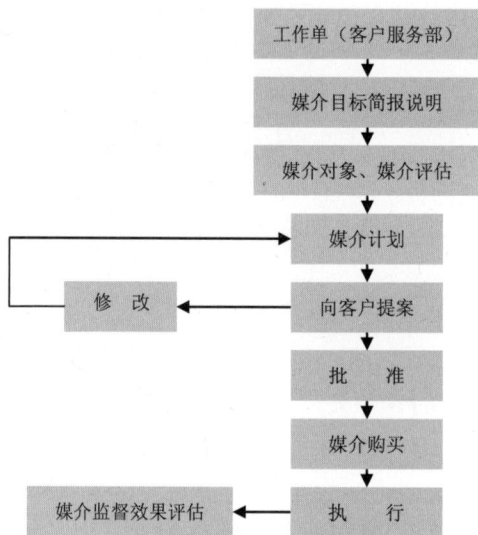

图6-2 媒体计划工作流程

(一)媒体目标

像广告目标一样，媒体目标也必须是明确的，媒体目标是行销目标的具体延伸。拟订媒体目标要明确下列问题。

1. 告诉谁

要传达的目标受众是谁？

2. 在哪里

广告的主要区域在哪里？

3. 是否季节性产品

季节性产品的媒体排期必须表现出其季节性特征。

4. 产品所处于的周期阶段

产品处在生命周期的哪个阶段？导入期的广告投入比成长期和成熟期要大很多。

5. 竞争对手

是否考虑竞争对手的广告投放？

6. 广告投放的效果目标

要达到多少的到达率、暴露频率、总视听率等。

(二)媒体评估

使用什么媒体、使用次数、投放的空间位置或时间段以及在每种媒体上该花费多少钱，这些问题都要通过正确地评估媒体来解决。

(三)媒体策略

要达到媒体计划目标，媒介人员需要在明确一些重要事项的基础上，制定具体的媒体策略。

1. 确定产品属性

由于各种产品的性能、特点、使用价值和流通范围都不同，广告宣传的要求也不同。所以应当根据产品的属性，采取不同的广告媒介。如耐用消费品广告，要向消费者作较详细的文字说明，使其对产品有全面的认识，因而选择报纸、杂志、样本等媒体比较合适。

2. 确定目标受众

确定广告受众，调查分析这些人喜欢看什么杂志，什么时间看电视及哪类节目，喜欢的歌星是谁等。然后就可以进行粗略的媒体选择与评估。

3. 确定传播媒体

媒体的性质以及媒体传播的方式、传播的范围等因素都直接影响到媒体的选择。如报纸有日报、周报，杂志有月刊、双月刊，电视有15s广告和30s广告，以及广播有A段、B段、C

段等。刊播同一媒体不同时段和版位的广告，其效果也不尽相同，如果忽略媒体的时间性和地域性等因素来选择媒体，无疑会使广告宣传黯然失色，甚至毫无效果。

4. 确定广告区域及预算分配

企业的广告活动与它的区域发展战略密切相关，因此要考虑媒体在地区上的分配，是全面出击，还是先点后面、以点带面，或是点面并重以及媒体经费如何分配，这些问题都必须事先有所安排。

小贴士

广告预算方法

金额分配法：根据各区域广告费投入量比例来定，比如，华东区广告费投入为全国的30%，则该区域广告媒体费用的投入也应是总费用的30%；视听众暴露度分配法：按市场目标的比例在各个不同区域分配视听众暴露度，比如，华东区的销售目标占全国市场的30%，则应达到总视听众暴露度的30%。

5. 确定广告排期

广告主可在一年中的几个短时期内挑选多家媒体刊播广告。比如，一年分四次刊播，每次为期一个月，可以将广告刊播时期的影响延续到不刊播的时期。或者在同一时期内购买许多不同的媒体，可以尽快让最多的人知道新品牌等。

6. 确定媒体组合

在同一媒体计划中使用两种或两种以上的不同媒体，这就是媒体组合。遇上两种以上的媒体，可以先组合两种媒体，将结果再与第三种媒体组合。

小贴士

媒体计划备忘录

不要浪费客户的金钱；时刻牢记广告效果才是根本；要有创意，要勤于思考、创新；了解媒体，掌握最新的媒体发展动态；评价所有合理的可选择的媒体，不要因习惯轻易放弃其他可能的媒体；与各媒体保持良好的关系。

四、广告策略计划

一个企业计划推出一项广告，目标是进行创造品牌的活动，提高其知名度。那么根据这项广告任务，广告公司就要制订相应的广告策略计划。

(一)广告产品策略

广告产品策略主要包括广告定位策略和广告生命周期策略。

1. 广告定位策略

定位理论的创始人艾·里斯曾指出："定位是一种观念，它改变了广告的本质。"定位从产品开始，可以是一种商品、一项服务、一家公司、一家机构，甚至于是一个人。但定位并不是要对你的产品做什么事，定位是你对潜在的顾客所下的工夫。广告定位策略的具体运用主要分为两大类：实体定位策略和观念定位策略。

1) 实体定位策略

所谓实体定位策略，就是在广告宣传中突出产品的新价值，强调与同类产品的不同之处和所带来的更大利益。实体定位策略又可分为功效定位、品质定位、市场定位等。

功效定位是在广告中突出产品的特异功效，使该产品在同类商品中有较明显的特点，以增强选择性需求。它是以同类产品的定位为基准、选择有别于同类产品的优异性能为宣传重点的。如百事可乐的宣传，就以不含咖啡因为定位基点，以区别于可口可乐。

品质定位是通过强调产品具体的良好品质而对产品进行定位。如美国的多芬(DOVE)香皂是把能够保持皮肤润泽的美容效果作为重点的定位。

市场定位是市场细分策略在广告中的具体运用。市场细分可以根据地理细分、人口细分、心理细分、受益细分、行为细分等多种因素进行划分。

2) 观念定位策略

观念定位是指突出产品新意义，改变消费者习惯心理，树立新商品观念的广告策略。具体有两种方法：逆向定位和是非定位。

逆向定位是借助于有名气的竞争对手的声誉来引起消费者对自己的关注和支持，以便在市场竞争中占有一席之地的广告产品定位策略。如在广告中突出名气响亮的产品或企业的优越性，并表示自己产品的不足，甘居其下，但准备迎头赶上，以获取消费者的同情和信任。

是非定位是从观念上人为地把商品市场加以区分的定位策略。最有名的例子是美国的七喜(7UP)汽水。他们在广告宣传中运用是非定位策略，把饮料分为可乐型和非可乐型饮料两大类，从而突破可口可乐和百事可乐垄断饮料市场的局面，使企业获得巨大成功。

案例6-3

英特尔奔腾处理器广告文案

正文：一部高效率的超级个人计算机，必须具备一片高性能的快速处理器。才能得"芯"应手地将各种软件功能全面发挥出来。Intel现率先为您展示这项科技成就，隆重推出跨时代的奔腾处理器，它的运算速度是旧型处理器的8倍，能全面缩减等候时间，大大提高您的工作效率。

除此之外，它能与市面上各种计算机软件全面兼容，从最简单的文字处理器到复杂的CD-

ROM多媒体技术应用，均可将这些软件的工作效率发挥得淋漓尽致，而它的售价却是物超所值，若想弹指之间完成工作，您的选择必然是奔腾处理器。

2. 广告生命周期策略

任何一种产品通常都有生命周期，只是周期长短不同。产品处在不同的生命发展阶段，其工艺成熟度、消费者的心理需求、市场竞争状况和市场营销策略等都有不同的特点，所以广告目标、诉求重点、媒体选择和广告实施策略等也有所不同。

1) 产品的导入期和成长期前期

新产品刚进入市场，产品的品质、功效等都尚未被消费者所认知。在这一阶段里，广告宣传以创品牌为目标，目的是使消费者产生新的需要。

这是广告宣传的初级阶段，在这一阶段，应该投入较多的广告费用，运用多种媒介配合宣传，形成较大的广告声势，以便新产品快速打入市场。

2) 产品进入成长期后期和成熟期

商品已经获得消费者认可。随着销售量的增加，广告主的利润已有保证，与此同时，同类产品也纷纷投入市场，竞争日益激烈。在这一阶段，广告应以巩固品牌为目标，维护已有的市场和扩大市场潜力，展开竞争性广告宣传，引导消费者的选购。

在此阶段，广告诉求应具有强大的说服力，突出本产品与其他同类产品的差异性和优越性，巩固企业和产品的声誉。

3) 在产品进入衰退期

产品供给日益饱和，新产品已逐步站稳市场。这一时期的广告目标，重点应放在维持市场份额上，保持产品的销售量或延缓销售量的下降。其主要策略是以长期、间隔、定时发布广告的方法，及时唤起消费者注意，巩固习惯性购买。

广告诉求重点应突出产品的售前和售后服务、企业信誉、产品稳定性等方面。

(二) 广告市场策略

广告公司要结合市场特点进行广告活动。一般来说，广告的市场策略主要包括广告目标市场选择策略和广告促销策略。

1. 广告目标市场选择策略

所谓目标市场选择策略，是指通过广告为企业的产品选定一定范围的目标市场，满足一部分人群需要的策略。任何广告主，无论其规模如何，都不可能满足所有顾客的整体需求，而只能为产品销售选定一个或几个目标市场。

广告的目标市场选择不同，广告的策略也不一样。广告选择目标市场是在细分市场的基础上进行的，市场按消费者的需求和满意度来分，有同质市场与异质市场两类。同质市场是消费者对商品的需求有较多共性、受广告影响不大的商品市场，比如一些生活必需品。异质市场是顾客对同类产品的品质和特性具有不同的要求、强调商品的个性、受广告影响较多的商品市场。

因此在进行广告策略计划时，要充分考虑到消费者的心理需求。依据消费者心理和市场制定的销售策略，一般可以分为无差别市场策略、差别市场策略和集中市场策略三大类，针对这三类市场策略，宣传广告也应采取相应的形式：无差别市场广告策略、差别市场广告策略和集中市场广告策略。

1) 无差别市场广告策略

无差别市场广告策略是在一定时间内，向同一个大的目标市场运用多种媒介搭配组合，做同一主体内容的广告宣传。它有利于运用多种媒介宣传统一的广告内容，迅速提高产品的知名度，以达到创立品牌的目的。

2) 差别市场广告策略

差别市场广告策略是在一定时期内，针对细分的目标市场，运用不同的媒介组合，做不同内容的广告宣传。这种策略能够较好地满足不同消费者的需求，有利于企业提高产品的知名度，突出产品的优良性能，增强消费者对企业的信任感，从而达到扩大销售的目的。

3) 集中市场广告策略

集中市场广告策略是把广告宣传的力量集中在已细分的一个或几个目标市场的策略。采取集中市场广告策略的广告主，一般是本身资源有限的中小型企业。为了发挥优势、集中力量，广告宣传只挑选对企业有利的较小市场作为目标市场。

这三种广告策略既可以独立运用，也可以综合利用，灵活掌握，主要是根据广告主的基本情况而定。

小贴士

如何选择不同的市场广告策略

无差别市场广告策略，一般应用在产品引入期与成长期初期，或产品供不应求、市场上没有竞争对手或竞争不激烈的时期，是一种经常采用的广告策略。

差别市场广告策略，这是在产品进入成长期后期和成熟期后常用的广告策略。在这一时期，产品竞争激烈，市场需求分化比较突出。由于市场分化，各目标市场具有不同的特点，所以广告设计、主题构思、媒介组合、广告发布等也都各不相同。

集中市场广告策略，它的目标并不是在较大的市场中占有小的份额，而是在较小的细分市场中占有较大的份额。因此，广告宣传也只集中在一个或几个目标市场上。

2. 广告促销策略

给予消费者附加利益，以吸引消费者对广告产生兴趣，可以在短期内收到广告效果，有力地推动商品销售。广告促销策略，包括馈赠、文娱、中奖、公益、体育赞助等促销手段的运用。

1) 馈赠广告

馈赠广告是一种奖励性广告，其形式很多，如广告赠券、折价购买或赠送小礼品等。食品、饮料和日用品的报刊广告多用此法。具体的形式多采用折价购买或附赠小件物品。这个办法既可以扩大销售，又可检测广告的阅读率。除广告赠券外，广告与商品样品赠送配合也是一种介绍商品的有效方法，但费用较高。例如，某产品的印刷广告上有"持此广告可优惠"、"买一赠一"等，这都属于馈赠广告。

2) 文娱广告

文娱广告也是广告促销的常用策略，如出资赞助文艺节目和电视剧、广播剧的制作等。例如，《北京人在纽约》的赞助商之一的宝洁公司，随着电视剧的热播，该公司及其产品也随之扬名。此外，如猜谜、有奖征答等，也是文娱广告的有效形式。

3) 中奖广告

中奖广告是一种抽奖中奖形式的广告推销手段，在国外很流行，也具有一定的效果。在我国不少地区有许多产品的广告策略采取这种形式。

4) 公益广告

公益广告是把公益活动和广告活动结合起来的广告策略。通过关心公益，关心公共关系，开展社会服务活动，争取民心，树立良好的企业形象，以此来增强广告的效果。采用这种形式，能给人一种企业利润取之于社会、用之于社会的好感。例如，雕牌产品的"妈妈洗脚篇"电视广告，其中尊老、敬老的观点赢得了很多父母的共鸣，雕牌因此会被很多人记住。

5) 体育赞助广告

体育赞助广告是受很多广告主推崇的做法，通过赞助运动队、赞助体育比赛，在比赛场地周边设置广告牌，以提高广告主或其产品的知名度和影响力。如日本电气公司原来并不知名，该公司在1982年开始赞助戴维斯杯网球公开赛后大获成功，提高了该公司在国际上的知名度，出口销售额翻了一番。该公司把赞助体育比赛看做是一本万利的事情。其负责人说："如果看一看效益与费用的比例，对于这种工作谁也不会撒手的。"

(三)广告实施策略

广告从计划到实施的过程中，在不同的阶段都各有不同的特点和策略。由于广告实施过程与媒体、产品和目标市场密切相关，因此，广告的实施策略与广告的产品策略和市场策略有许多交叉的地方。广告的实施策略主要有广告系列策略、广告时间策略、广告差别策略。

1. 广告系列策略

广告系列策略是在广告计划期内连续、有计划地发布统一设计形式或内容的系列广告，不断加深广告印象，增强广告效果。广告系列策略的运用，主要有形式系列策略、主题系列策略、功效系列策略和产品系列策略。

(1) 形式系列策略是在一定时期内有计划地发布数则设计形式相同、但内容有所改变的广告策略。由于设计形式相对固定，有利于加深消费者对广告的印象，增加广告主的知名度。这种策略的运用，适宜内容更新快、发布频度高的广告，如旅游广告、文娱广告、交通广告和食品广告等。

(2) 主题系列策略是指在发布广告时依据每一时期的广告目标市场的特点和市场营销策略的需要，不断变换广告主题，以适应不同广告对象的心理需求的策略。

(3) 功效系列策略是通过多则广告逐步深入强调商品功效的广告策略。这种策略或是运用不同的创意观念来体现商品的多种用途；或是在多则广告中的每一则都强调一种功效，使消费者易于理解和记忆；或是结合市场形式的变化在不同时期突出宣传商品的某一用途，起到立竿见影的促销作用。

(4) 产品系列策略是为了适应和配合广告主系列产品的经营要求而实施的广告策略。产品系列策略密切结合系列产品的营销特点而进行，由于系列产品具有种类多、声势大、连带性强的特点，因而这种策略在广告宣传中经常被使用。

2. 广告时间策略

广告时间策略，就是对广告发布的时间和频度做出统一的、合理的安排。广告时间策略的制定，要视广告产品的生命周期阶段、广告的竞争状况、企业的营销策略等多种因素的变化灵活运用。此策略在时限运用上主要有集中时间策略、均衡时间策略、季节时间策略、节假日时间策略四种。

1) 集中时间策略

集中时间策略主要是集中力量在短时期内对目标市场进行突击性的广告攻势，其目的在于集中优势，在短时间内快速形成广告声势，扩大广告的影响，迅速提高广告主或产品的声誉。这种策略适用于新产品投入市场前后，新企业开张前后，流行性产品上市前后，或者在广告竞争激烈时期，以及商品销售量急剧下降的时期。运用此策略时，一般采用媒介组合方式，形成广告宣传的高潮。

2) 均衡时间策略

均衡时间策略是有计划地反复对目标市场进行广告宣传的策略，其目的是为了持续地加深消费者对产品的印象，保持消费者的潜在记忆，挖掘市场潜力，继续扩大产品的知名度。在运用均衡时间策略时要注意广告形式的变化，应不断予人以新鲜感，而不要长期地重复同一广告内容，广告的频度也应疏密有致，不可给人以单调感。

3) 季节时间策略

季节时间策略主要用于季节性强的产品，一般在销售旺季到来之前就要开展广告活动。在销售旺季到来时，广告活动达到高峰，而旺季一过，广告便可停止。这类广告策略要求掌握好季节性产品的宣传规律。过早开展广告活动，会造成广告费的浪费，而过迟开展广告活动则会延误时机，直接影响产品销售。

4) 节假日时间策略

节假日时间策略一般在节假日之前数天开展广告活动，而节假日一过，广告宣传即停止。这类广告要把广告主产品的性能、价格等信息突出地、迅速地和及时地告诉消费者。

3. 广告差别策略

广告的差别策略是以发现差别和突出差别为手段，充分显示广告主和产品特点的一种宣传策略，主要包括产品差别策略、劳务差别策略和企业差别策略三方面内容。

(1) 产品差别策略，是突出产品的功能差别、品质差别、价格差别、花色品种差别、包装差别和销售服务差别的广告宣传策略。在运用广告差别策略时，一般首先要发现该产品与同类产品的功效差别，以宣传功效差别作为广告制作的主题，消费者能产生获取某种利益的鲜明印象。

(2) 劳务差别策略的基本原理与产品差别策略相同，主要是突出和显示同类劳务中的差别性，从而说明本企业的服务能给消费者带来更多的方便与利益。

(3) 企业差别策略包括企业设备差别、技术差别、管理水平差别、服务措施差别和企业环境差别等各项内容。

产品差别策略、劳务差别策略和企业差别策略是在实践中运用较多、效果也较好的差别策略。此外，心理差别策略和观念形态差别策略等也较为常用。

计划广告活动要面对的目标市场及目标消费者，是广告流程计划工作的重要环节，如果没有明确的接收对象，广告就会像"对牛弹琴"一样毫无作用。例如，某饮料企业开发出了一种咖啡因含量更多的可乐品种，广告定位为"早间可乐"，目标对象是那些早间喜欢喝咖啡的年轻人，这比从消费其他可乐的消费群体中吸引顾客更加容易。广告是针对目标对象而做的，只有确立了比较明确的广告对象，企业的营销计划才能得以顺利实现。

案例6-4

思圆魔鬼辣面的广告策略

多年来，思圆一直采用跟随战略，缺乏明确的代表品类。思圆的代表品类是什么？这是思圆亟待解决的问题。纵观方便面市场，康师傅是红烧牛肉面的代表，华龙今麦郎是弹面的代表，白象是营养大骨面的代表，统一因为缺乏明确的代表品类，被后来者华龙、白象甩在了身后。所以，思圆必须打造自己的代表品类，做品类的第一，才不至于在越来越激烈的市场竞争中，陷入被动局面。

在思圆的三款新品中，食尚V6走营养路线，但白象已占据营养面的顾客心智认知，思圆欲颠覆白象的市场地位，难度可想而知。手工拉面完全与顾客心智认知相悖：方便面是工业产品，不存在手工一说。这容易让顾客产生怀疑，继而不信任。产品创新必须与顾客心智认知一致，违背顾客心智认知的产品不可能成功。于是，广告策划把目光聚焦在了辣面身上。

但魔鬼辣面是否能成为思圆的代表品类？市面上已经有了康师傅的辣旋风、千椒百味，今麦郎的辣煌尚以及一些地方品牌。然而，无论是辣旋风、千椒百味、辣煌尚都是凭借母品牌的强大势能暂时领跑市场，没有形成顾客心智占位。辣旋风、千椒百味没有明确提出"辣面"品类，更像康师傅的口味系列产品。辣煌尚虽然提出了"经典辣面"，但是缺少足够支撑，并且没有实行品牌名和品类名的捆绑，谈不上占位。机会自然就落在了思圆魔鬼辣面身上。

为了抢先占据印度魔鬼椒这一最重要的支持，魔鬼辣面在广告表现上，紧扣印度元素，用了魅惑的印度女郎和欢快神秘的印度音乐。由此设置出竞争壁垒，阻隔可能跟进的竞争对手。

(1) 创意的重点在于表现"思圆魔鬼辣面是真辣面"的核心诉求，一切的视听元素都紧紧围绕这一核心展开，进行最大化地体现。产品记忆点在于表现强烈的辣，为此设置了面条都被魔鬼椒"惹火"的视觉亮点，强化思圆魔鬼辣面不是一般的辣味面，而是辣到"面"里头的"真辣面"，此视觉表现非常强烈、独特。

(2) 魅惑的印度女郎表明了魔鬼椒的独特出身，是"真辣面"的支持点。

(3) 篝火、年青人等氛围的塑造充分体现真辣面的"辣"所释放的激情——带来前所未有的香辣快感。

广告作用与心路历程

广告作用于广告对象的心理过程一般可分为以下五个阶段：A——Attend，吸引注意；I——Interest，引发兴趣；D——Desire，激发欲望；M——Memory，强化记忆；A——Action，促成行动。由这五个阶段可以看出，"吸引注意"是发挥广告作用的第一步，也是至为关键的一步。从广告对象的心理方面讲，广告能否吸引对象群体的注意是其成败的关键。只有引起了广告对象的注意和兴趣，才有可能促成购买行动。

五、广告效果计划

广告效果计划是一种预先的、提前的推测。也就是说，在广告活动有关计划确定下来以后，要对广告能产生的影响作一个大概的估计。由于各种因素的影响，这种预测可能会有一些出入，但这一项工作是必不可少的，否则，广告计划就很难实现其预定目标。

(一)什么是广告效果

广告效果有狭义和广义之分，狭义的广告效果是指广告所获得的经济效益，即广告传播促进产品销售的增加程度，也就是广告带来的销售效果。广义的广告效果则是指广告活动目的的实现程度，广告信息在传播过程中所引起的直接或间接的变化的总和，包括广告的经济效益、心理效益和社会效益等。

(二)广告效果的类别

作为一种信息传播活动，广告所产生的影响和变化是广泛的、多种多样的，从不同的角度可以把广告效果分成若干种类。对广告效果进行分类，有助于对广告效果计划的内容有更为深入的认识，便于根据不同类型的广告效果，制订相应的效果计划，同时也为广告计划的实施提供参考与依据。

最常见的划分方法是按照涵盖内容和影响范围划分。按照这种划分方法，广告效果可分为传播(心理)效果、经济(销售)效果和社会效果。

1．广告的传播效果

广告的传播效果也称为广告本身效果或心理效果，是指广告传播活动在消费者心理上的反应程度，表现为消费者对广告主、品牌等信息的认知及态度和行为等方面的变化。广告活动能够激发消费者的心理需求和动机，培养消费者对品牌的信任感和好感。广告的传播效果是一种能够产生长远影响的内在效果，是一个潜移默化的过程，主要由广告自身产生。

2．广告的经济效果

广告的经济效果也称为销售效果，是指广告活动对促进产品或服务的销售、增加广告主

06

获得利润的程度。广告主委托有关的广告公司运用相关传播媒体，把产品、服务及观念等信息向目标消费者传达，其根本目的是刺激消费者采取行动，购买广告产品或服务，以使销售扩大，利润增加。广告的经济效果是广告活动最基本、最重要的效果。

3. 广告的社会效果

广告的社会效果是指广告在社会道德、文化教育等方面的影响和作用。广告传播产品或服务信息，影响人们的消费理念，但在其传播过程中，必然蕴涵着社会价值和文化价值，会被作为一种文化而推广，会对人们某种社会意识的产生起到培育、加强或削弱的作用，非商业广告如公益广告，则直接对人们的道德情操、精神文明产生影响。广告对社会所产生的效果是深远的，需要重视和引导。

案例6-5

"蒙牛酸酸乳"巴士在线公交液晶视频广告效果调研

2007年7月"蒙牛酸酸乳"在深圳和东莞巴士在线公交液晶电视媒体投放广告后，为了更好地了解广告投放效果，委托CTR市场研究公司就"蒙牛酸酸乳"广告进行了专项市场调查。

为了保证调研的结果具有代表性，研究公司采用了在巴士站点附近拦截访问，测试点的选取和调研样本的发放方法为：调查点的选取覆盖广告所登载公车的所有线路；调研的样本将均匀分布在所有选取的调研点中。

研究发现，有63%的受众在公交车内液晶电视上看过蒙牛酸酸乳的广告。在看过广告的被访者中有68%的人表示喜欢该广告。广告投放后，47%的受众对蒙牛酸酸乳的印象变得更好，52%的受众表示将来会更多地购买产品。

同时，有53%的消费者表示会向其他人推荐蒙牛酸酸乳。图6-3所示为广告投放后受众对蒙牛酸酸乳印象的数据统计。

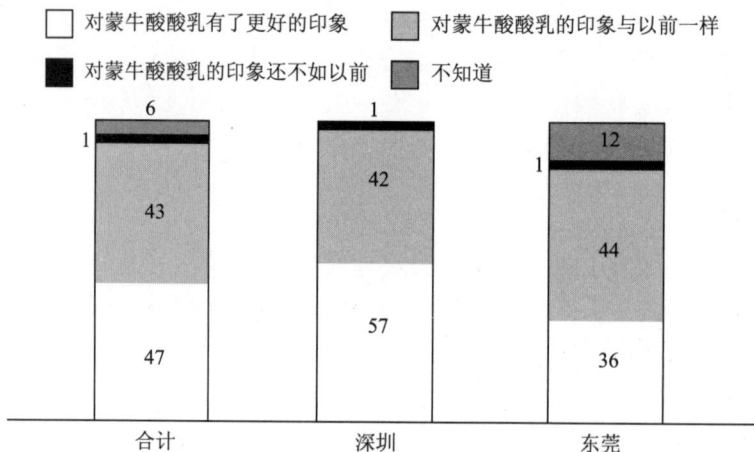

图6-3 广告效果数据统计

因此，蒙牛酸酸乳公交车液晶电视广告的投放，达到了提升品牌形象、促进产品购买的效果。同时，广告对目标受众的产品推荐度也起到了积极的作用。

拓展知识

发布网络广告注意的事项

在网站上发布药品、医疗器械、农药、兽药、医疗、种子、种畜等商品的广告，以及法律、法规规定应当进行审查的其他广告，必须在发布前取得有关行政主管部门的审查批准文件，并严格按照审查批准文件的内容发布广告；审查批准文号应当列为广告内容同时发布。

在网站上发布出国留学咨询、社会办学、经营性文艺演出、专利技术、职业中介等广告，应当按照有关法律、法规、规章规定取得相关证明文件并按照出证的内容发布广告。

第三节　计划编制的程序与实施

背景资料

计划编制的程序就是一个对项目逐渐了解掌握的过程，通过认真地制订计划，项目经理可以知道哪些要素是明确的，哪些要素是需要逐渐明确的，通过这一过程不断完善项目计划。阶段计划中包含的工作汇报和下一阶段工作安排是掌握项目进度的依据，从阶段计划对照总体计划，才能一目了然地看出工作的进展情况。

计划编制的过程，也是在进度、资源、范围之间寻求一种平衡的过程。制订计划的精髓不在于写出一份好看的文件，而在于运用自己的智慧去应对各种问题和面临风险并尽可能做出前瞻性的思考。一旦计划被负责任地完成，就可以给自己一个和管理层或客户交流与协商的基础，帮助你在项目过程中防范各种问题的出现，保证项目按时完成。

一、计划编制的流程

计划编制是一种提前的预测行为活动，不能毫无计划、毫无目的地进行，而应当根据可能预测到的各种情况制定相应的程序。当策划者接到计划编制的任务时，应当按照一定的步骤有序地进行。

(一)组建计划编制小组

计划编制小组一般由下列人员组成。

1. 总负责人

总负责人一般由广告公司的总经理、业务总经理、创作总监担任。总负责人的水平高低关系到整个计划编制活动能否成功。总负责人的主要职责是指导、协调各部门之间的关系，检查各部门的任务完成情况，对整个计划编制的质量进行严格把关。

2. 计划编制人员

一般由创意制作部的主管和主要业务骨干担任，他们的主要职责是负责广告计划的制订。

(二)进行具体策划

一般来说，计划小组在这一阶段要确定此次广告活动的各种具有指导意义的决策和为实现广告决策而采取的方式、方法。简单地说，就是计划小组要制定出具体的广告策略，包括广告产品策略、广告市场策略、广告媒体策略、广告实施策略、广告表现策略等。

(三)向相关部门下达具体任务

计划编制小组成立以后，必须对广告策划的事宜进行商议，把广告策划的具体事项进行分工，再分别向有关部门比如市场调研部、媒介部、创意制作部等下达具体任务，保证计划流程的顺利进行。

(四)撰写计划书

计划书是把广告策划的具体安排按照一定的格式整理成的文字资料，这是进行广告活动的指导大纲。计划书的内容要全面、详细、系统，要能为各部门开展具体工作提供参考。

二、计划编制的具体工作

这些具体工作程序大致有以下几个阶段。

(一)广告调查和广告环境分析阶段

计划编制是从广告调查开始的，广告调查的结果要为计划编制小组分析所用，广告调查获得的资料越全面、准确，计划编制也就越有可靠的基础。

(二)计划编制分析阶段

主要分析解决广告的战略策略、广告预算的合理分配、广告的实施范围、广告的实施效果等。

(三)综合决策阶段

对计划编制分析阶段提出的广告目标、广告对象、广告主题、广告创意、广告媒体、广告策略、广告时机、广告范围等进行再次分析，综合平衡，并进行可行性论证。

(四)编制计划阶段

广告策划怎样具体地实施，必须依据此阶段编制的计划，本阶段要做到：评估体会、确定目标、确定计划的前提；制定可供选择的方案；评价各种方案；选择方案；制定备用方案等。

三、如何撰写广告计划书

撰写广告计划书的方法有很多。一方面，不同的广告主往往有不同的要求；另一方面，不同的广告公司也通常有各自的方法。

(一)计划书内容

一般来说，广告计划书至少应包含下述八项内容。

1．前言

前言部分，应简明概要地说明广告活动的时限、任务和目标，必要时还应说明广告主的营销战略。这是全部计划的摘要，它的目的是把广告计划的要点提出来，让企业最高层次的决策者或执行人员快速阅读和了解，使最高层次的决策者或执行人员对策划的某一部分有疑问时，能通过翻阅该部分迅速了解细节。这部分内容不宜太长，以数百字为佳，所以有的广告策划书称这部分为执行摘要。

2．市场分析

市场分析部分，一般包括企业经营情况分析、产品分析、市场分析和消费者研究。撰写时应根据产品分析的结果，说明广告产品自身所具备的特点和优点。再根据市场分析的情况，把广告产品与市场中各种同类商品进行比较，并指出消费者的爱好和偏向。如果有可能，也可提出广告产品的改进或开发建议。有的广告策划书称这部分为情况分析，简短地叙述广告主及广告产品的历史，对产品、消费者和竞争者进行评估。

3．广告战略或广告重点

广告战略或广告重点部分，一般应根据产品定位和市场研究结果，阐明广告策略的重点，说明用什么方法使广告产品在消费者心目中建立深刻的印象，用什么方法刺激消费者产生购买兴趣，用什么方法改变消费者的使用习惯，使消费者选购和使用广告产品。

用什么方法扩大广告产品的销售对象范围，用什么方法使消费者形成新的购买习惯。有的广告策划书在这部分内容中增设促销活动计划，写明促销活动的目的、策略和设想。也有把促销活动计划作为单独文件分别处理的。

4．广告对象或广告诉求

广告对象或广告诉求部分，主要根据产品定位和市场研究来测算出广告对象有多少人、多少户。根据人口研究结果，列出有关人口的分析数据，概述潜在消费者的需求特征和心理特征、生活方式和消费方式等。

5．广告地区或诉求地区

广告地区或诉求地区部分，应确定目标市场，并说明选择此特定分布地区的理由。

6．广告策略

广告策略部分，要详细说明广告实施的具体细节。撰文者应把所涉及的媒体计划清晰、完整而又简短地设计出来，详细程度可根据媒体计划的复杂性而定。也可另行制定媒体策划

06

书。一般至少应清楚地叙述所使用的媒体、使用该媒体的目的、媒体策略、媒体计划。如果选用多种媒体，则需对各类媒体的刊播及如何交叉配合加以说明。

7. 广告预算及分配

广告预算及分配部分，要根据广告策略的内容，详细列出媒体选用情况及所需费用、每次刊播的价格，最好能制成表格，列出调研、设计、制作等费用。也有人将这部分内容列入广告预算书中专门介绍。

8. 广告效果预测

广告效果预测部分，主要说明经广告主认可，按照广告计划实施广告活动预计可达到的目标。这一目标应该和前言部分规定的目标任务相呼应。

在实际撰写广告策划书时，上述八个部分可有增减或合并。如可增加公关计划、广告建议等部分，也可将最后部分改为结束语或结论，根据具体情况而定。

(二)计划书写作要求

广告计划作为一种书面资料，在撰写时要注意以下问题。

1. 简短扼要

写广告策划书一般要求简短，避免冗长。要简要、概述、分类，删除一切多余的文字，尽量避免重复相同概念，力求简练、易读、易懂。

2. 少用代词

撰写广告计划时，不要使用许多代名词，广告计划中不要用"我们"之类的代词；广告策划的决策者和执行者不在意是谁的观念、谁的建议，他们需要的是事实。

3. 必要的摘要

广告策划书在每一部分的开始最好有一个简短的摘要。

4. 先写结论，然后简要证明，说明论证资料来源

在每一部分中要说明所使用资料的来源，使计划书增加可信度。

5. 既要完整全面又要突出重点问题

一般来说，广告策划书不要超过2万字，如果篇幅过长，可将图表及有关说明材料用附录的办法解决。

6. 要注重可操作性，切忌空谈

计划书每项要具有实现的可行性和可操作性。

7. 在撰写过程中，要多听取广告主的意见

撰写计划书多听取广告主的意见，更容易使广告主感到自己被关注。

拓展知识

国际知名广告公司

奥姆尼康——全球规模最大的广告与传播集团。创建于1986年的奥姆尼康集团(Omnicom Group)是全球性营销传播业的战略性控股公司，业务涉及广告、营销服务、专业传播、互动数字媒体与媒体购买服务等，旗下拥有BBDO、恒美广告(DDB Worldwide)、李岱艾(TBWA)和浩腾媒体(OMD)等著名广告业服务品牌。

Interpublic——美国第二大广告与传播集团。下属主要公司：麦肯·光明、灵狮、博达大桥、盟诺、万博宣伟公关、高诚公关。

WPP——英国最大的广告与传播集团。下属主要公司：奥美(Ogilvy&Mather，O&M)、智威汤逊(J Walter Thomspon，JWT)、电扬、传力媒体、尚扬媒介、博雅公关、伟达公关。

阳狮集团——法国最大的广告与传播集团。下属主要公司：阳狮中国、盛世长城、李奥贝纳、实力传播、星传媒体。

电通——日本最大的广告与传播集团。下属主要公司：电通传媒、电通公关、Beacon Communication。在华组织结构：北京电通由三方合资，日本电通占51%的股份、中国国际广告公司占47%的股份、大诚广告占2%的股份。

哈瓦斯——法国第二大广告与传播集团。下属主要公司：灵智大洋、传媒企划集团、Arnold Worldwide Partner。

精信环球——最具独立性的广告与传播集团。下属主要公司：精信广告、Grey Direct、GCI、领先媒体、安可公关，该公司为宝洁服务的时间超过40年。

四、计划的监督与改进

计划制订和执行中，要不断对其进展进行监督，并在发现问题时即时修改，保证计划的执行效果。

(一)计划的监督

当各职能部门完成各自的工作任务以后，广告计划的实施过程就正式开始了，那么，此时，计划小组是不是就一切万事大吉了呢？不然。计划小组还必须对广告策划的实施过程进行监督，要对广告实施后的效果进行检测和评价，以推断广告计划是否成功，还要根据信息反馈的情况对整个广告计划进行修正和调整，使计划不断完善。

(二)计划的改进

计划的改进是广告策划的补充程序，是通过对广告效果的检测和分析，适当地对广告计划进行调整和修正。这一过程非常必要，因为在广告活动实施一段时间以后，客观环境会发生变化或者原有的计划不够充分，从而要求对计划进行调整，具体来讲主要表现在以下几方面。

1. 广告对象发生变化

广告计划中所诉求的对象不准确，广告定位出现偏差，包括广告宣传的产品与消费者的需求不一致，广告宣传的重点与消费者的心理需求不一致，广告所选定的目标市场发生变化等。这就势必要对原有的计划进行调整。

2．广告主题需要调整

原来的计划对广告主题及围绕主题的广告创意不够准确，没有抓住商品的个性特点，没有针对消费者的心理，广告缺乏感染力等，因而需要对计划进行修正。

3．对广告策略进行修正

从广告策划的初期到广告实施一段时间后，广告的方式、媒体等发生变化，或者竞争对手的广告攻势增强，要求广告计划小组做出相应的反应，比如加大广告宣传力度、赋予广告更强烈的主题、重新调整媒体等。

拓展知识

户外广告的登记管理机关有哪些

按照广告设置地点不同，户外广告的登记管理机关分别有市政户外广告管理部门、工商行政管理部门、公安交通管理部门等多家，户外广告必须经过上述单位登记后方可进行发布。

第四节　广告公司工作流程的目标管理

背景资料

目标管理也可以称为绩效管理，是指广告公司各层管理人员与下属员工，务必在设立的目标和目标达成度衡量指标等方面达成共识，通过计划、实施、评价、报酬四个环节激励员工，推动实现部门、公司的目标。

实施目标管理是对广告流程的大目标进行层层分解，转化成各部门、各人员的具体实施目标，并通过有效的管理工作来达到预期的结果。

一、目标制定的意义与衡量标准

目标的制定是广告决策的标准，是评估广告效果的依据。目标管理的最终目的是促使消费者购买，促进产品销售。

(一)衡量目标的标准

任何目标都需要明确的衡量标准，衡量标准是定性与定量评价的尺度，它能够体现目标质量的高与低、成果的合格与优秀。

1．广告对消费者购买行为决策的影响

相关行为目标包括：光临零售店、试用产品、增加(购买)使用量、维持现有顾客对产品的忠诚度(减少或不用竞争对手的产品)。

2．广告对消费者认知心理过程的影响

相关的目标包括：知晓程度、对产品形象的认知、对产品的态度等。

(二)目标制定的内容

目标的选择和确定规定了广告应该取得的效果，是广告活动的出发点。目标的内容主要包括以下两点。

1．以购买行为决策为目标

包括吸引新顾客、维持品牌忠诚度、提高顾客的购买频率。

2．以广告认知心理过程诸要素为目标

最早的有关消费者认知心理过程的模式是AIDA——注意(Attention)、兴趣(Interest)、购买欲望(Desire)、行动(Action)的首字母缩写。此模式表明了人们从接触信息到最后采取购买行动的过程。后来又有许多的模式产生，一般来说都经历了未知—知晓—理解—态度—行动。策划者可以根据消费者所处的阶段制定广告目标。

案例6-6

"陈醋王"换醋广告导致交通拥堵

成都三圣调味厂为销售其产品"陈醋王"进行了广告策划——以报纸广告换醋，即消费者可凭《成都晚报》所刊登的"明天吃醋不要钱"广告版到指定商场换醋，结果由于计划环节的疏忽——没有对醋厂实行可行性研究，准备的1200瓶醋远远不够报纸的发行量，从而造成交通拥堵和互相抢醋的局面，最后好的创意导致了不良的影响。所以，广告公司预先做好工作流程计划，对计划进行可行性研究是一项极为重要的工作。

案例6-7

美国爱克姆制鞋公司的广告目标

(1) 通过广告宣传使得每年1000万名年龄在15～49岁的女式休闲鞋消费者中的25%知晓"爱克姆"品牌。

(2) 努力使知晓"爱克姆"品牌的消费者中的50%了解"爱克姆"鞋是高档鞋, 只有档次较高的零售商店才销售。

(3) 使了解"爱克姆"休闲鞋的消费者中的50%相信该品牌高质高价, 穿着轻便舒适, 款式新颖。

(4) 促使有意购买产品的消费者中的50%真正采取行动, 达成交易行为。

二、影响目标确定的因素

广告策划在一个时间段内预计要达到的目标并不是可以随意制定的, 要制定出正确合适的目标, 就必须系统地分析和全面地考虑影响目标制定的因素, 这些因素包括以下内容。

1. 企业经营战略

不同的经营战略应当制定不同的流程目标。当企业采取长期渗透战略时, 企业的广告目标也应是长期的, 运用各种广告形式传播企业和产品的品牌形象; 当企业采取集中经营战略时, 企业的广告目标多为短期的, 在短时期内用各种广告传播手段达到预期效果。

2. 产品的供求状况

市场上的产品供求状况也会影响广告目标的确定。如果产品供不应求, 市场需求量大, 广告公司的目标制定就应当定在塑造企业和品牌形象上; 如果产品供过于求, 应当先分析产品滞销的原因, 再针对原因制定广告目标; 如果产品基本供求平衡, 广告目标则应该放在激发、扩大市场需求上。

3. 产品生命周期

产品所处的生命周期不同, 广告目标侧重点应该也有所不同。(具体可参看本章第二节中的广告产品周期策略)

4. 市场环境

市场环境的变动会影响目标的制定, 广告目标应该针对产品在市场中发展的不同情况而制定, 根据市场环境的改变而做出调整。

5. 目标受众

可以以产品的认知度、广告的回想率、品牌知名度和消费者态度的转变作为广告活动的目标。

拓展知识

奥美的企业文化

我们的工作人员将他们的整个职业生涯奉献给我们的公司。作为公司的领导, 我们竭尽全力使每个工作人员在公司的工作生涯成为一个愉快、幸福的经历。我在我的所有工作目标中，将这一目标置于我们工作的首位，我相信，要使公司能为客户提供一流的服务，为股东们赚得利润，全倚仗于我们能否为公司每个雇员创造一个美好、幸福的工作环境。

我们把每个雇员作为一个"人"，而不是作为一件工具来对待。这听起来似乎有些虚发议论。然而，实际上作为以追求利润为行为目标的企业来说，要做到这一点似乎并不那么容易……

我们帮助他们解决一切困难与麻烦——工作、疾病、酗酒等。

我们帮助他们，使他们的天赋得到最好的发挥。我们投以非常巨大的资金和时间用于雇员训练和培养，这个投资量之大，大概是我们的任何竞争对手不能相比的。

我们的管理系统是非常民主的，我们不喜欢官僚政治，反对一级吃一级的森严的等级制。

我们憎恶企业管理中的无情、冷酷、失去人性的态度与方法。它使企业活动的根本目的异化，从创造文明变成对文明的践踏。

我们给经理很大的自由和独立自主权。

我们喜欢以礼貌、优雅方式处事的人。我们的纽约营业所还专门设立了"礼貌作风年奖"——以第一个获奖者的名字命名的朱尔斯·法因奖。

我们喜欢诚实的人，我们奉行的实践原则是：对客户诚实、对供应商诚实、对公司诚实——归根到底，对消费者诚实。

本章小结

本章从广告计划、计划的种类、计划编制的程序、计划的实施及工作流程的目标管理五方面来帮助我们理解广告公司工作流程计划的主要环节和要点。同时我们可以明确计划可以使广告活动达到预期的目的，计划有不同的分类方法，要制定出正确、合适的广告计划，就必须系统、全面地考虑影响计划编制的因素。工作流程的目标管理可以依据消费者的最终行为模式来进行。

思考题

1. 谈谈影响计划编制的主要因素有哪些？
2. 如何确定广告目标？
3. 什么是流程计划？它主要包括哪些内容？
4. 计划编制的程序有哪些？
5. 什么是目标管理？

实训课堂

为某新上市的牙膏产品选择合适的广告促销策略

项目背景

广告主一般通过给予消费者除了产品之外一定的附加利益，来吸引消费者对商品产生兴趣，可以在短期内收到广告效果。

项目要求

需要考虑所宣传对象为新品上市，并且是消费者日常使用的物品，通过适当的广告促销策略选择，使消费者在短期内对产品有所了解。

项目分析

不同的广告促销策略，在短期内收到的广告效果不尽相同。选择适合产品特性的促销策略能有力地推动商品销售，但如果抛开宣传对象的特点加以选取可能会适得其反。

06

第七章

广告公司的组织与管理

学习要点及目标

- 通过本章学习，使同学们理解广告公司工作流程的组织原理，并掌握组织设计的方式。
- 通过本章学习，认识广告公司工作流程的组织结构。
- 通过本章学习，启发学生多角度观察和认识广告公司的组织结构模式。

本章导读

各部门高度协作才能使每个广告项目在广告公司工作流程中良性运行并实施，以满足客户的信息传播需求。行之有效的广告运行机制背后，必定有一潜在的操盘手在起作用，这就是我们常说的组织原理。本章将从广告公司的组织、结构设计和组织模式三方面来帮助大家强化对组织管理的认知。

引导案例

IBM集成产品开发管理IPD解决方案

从2006年开始，长虹引入了IBM的管理咨询项目IPD(集成产品开发)。IPD是一套产品开发的模式、理念与方法，最先将IPD付诸实践的是IBM自己。20世纪90年代初，郭士纳让技术强大但缺乏章法的IBM导入IPD管理文化，成功地推动了IBM从技术向市场转化的商业路径。

IBM从计算机制造起家，目前已经剥离出售了全部的硬件制造业务，而以自身信息化建设、管理经验、技术储备为资源，全面转型到附加值更高、产业层级更高的信息服务业——在中国，一名信息咨询服务专家的每天收入甚至能达到上万元。"IPD给我们带来的是以业务为导向，而不是以行政为导向，这和当时长虹'行政决定一切、行政指导业务'是完全不同的。"负责长虹IPD项目的阳丹说。尽管长虹导入IPD已三年，但IBM的"以客户需求为中心进行整个技术决策"的体系带给长虹的影响已经很明显了。IBM整合技术和业务流程的目的不仅是为了降低成本，更是为了创新和持续增长。

IPD集成了代表业界最佳实践的诸多要素，包括异步开发与共用基础模块、跨部门团队、项目和管道管理、结构化流程、客户需求分析、优化投资组合和衡量标准七个方面的核心框架。最简单的理解就是根据最新的市场需求，由项目负责人跨部门组织技术、市场调研、质量、研发、采购、销售等人员组成一支项目团队，尽快研发符合需求的产品，并推向市场。而到该系列产品退市前，市场销量又与项目组每一位组员的收入牢牢挂钩。

(资料来源：比特网，http://solation.chinabyte.com/383/8808883,shtml改写)

点评：

在国内，IPD是一项新兴的企业产品开发模式，简单地说，就是由项目负责人组织企业各个部门通力合作进行新产品开发，是属于研发性质的团队。他们的目的是将研发的新产品成功推向市场，因此，共同的目标、利益发挥了团队每一位组员的积极性。通过这个案例，我们可以得出：只有广告公司各部门的高度协作才能使每个广告项目良好运行并实施，在广告主中取得良好的口碑。

第一节　组织原理

背景资料

俗话说"管理出效益"。组织设计作为一种主要的管理活动，对组织的效益起着举足轻重的作用，个人行为决定个人的成功，组织行为决定组织的成功，与此是同一道理。作为管理的核心组织设计是广告公司企业环境制造和保障业务发展的基础。

一、关于组织原理

组织是一个总概念，凡是朝向结构和有序程度增强的方向演化的过程和结果，就是组织。按照广告公司通用工作流程如何组织起来的方式，可划分为"自组织"和"他组织"两种方式。无论是哪种组织方式，终究离不开对立足于项目可行性、共赢性的项目沟通力的计划管理。深入地说就是对人心理的管理，重点是管理的期望。在每个广告项目实施的流程中，各部门经手的人很多，对项目的期望和看法都不同，即使是同一个人也会因为不同的原因有不同的观点。例如对制作部而言，对项目的期望不同，广告创意的艺术表现方式会大不相同，最终将影响到整个广告传播信息的质量。

由此可见，及时地沟通、管理，将在很大程度上减少工作流程中各部门的工作失误。基于同理心原理的沟通管理，更能有效地调整工作流程中各部门的协作关系。

广告公司的工作流程原本就是人工作的流程，这一流程的部门组织其实就是使项目沟通顺畅而形成的工作链条。针对不同的广告项目类型，进行合理的任务分解，定期对工作流程进行优化、总结、沉淀，通过有效的沟通将信息传达给项目组中的每一个人，真正做到分工协作。同理心原理在真实项目工作中的合理转换应用是广告公司工作流程可参考的组织原理之一。图7-1所示即为广告公司的工作流程。

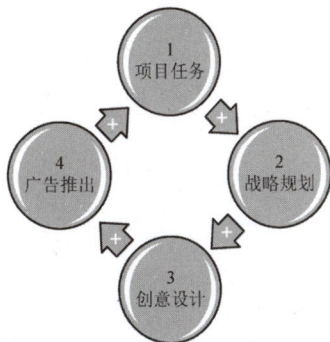

图7-1　广告公司工作流程

广告公司工作组织的目的对内就是沟通管理，对外是与广告受众沟通，即让广告的产品或品牌被接受的沟通管理。广告公司工作流程绝不是一成不变的。绝不可以将大公司的工作方式直接套用到小的广告公司的工作中。如图7-2所示，职能型广告公司的组织结构就不适合小型广告公司。

小贴士

同理心是指什么

20世纪20年代美国心理学家铁钦纳首度使用同理心一词时，指的就是一种行为模仿。同理心一词源自希腊文empathy(共情)，原来是美国理论家用以形容理解他人主观经验的能力。铁钦纳认为同理心源自身体上模仿他人的痛苦，从而引发相同的痛苦感受。他使用同理心一词与同情区别，因同情并无感同身受之意。

如在工作中多用同理心的表达方式与人沟通，可以提高项目组的团队合作意识。而不是一出现客户不满意情形，部门间就互相指责。俗话说"士为知己者死"，感同身受，将心比心地去了解对方想法，将感受清楚地回馈对方，易拉近关系，消除心理隔阂，有效地控制沟通过程，确立自己的立场，进而影响他人。

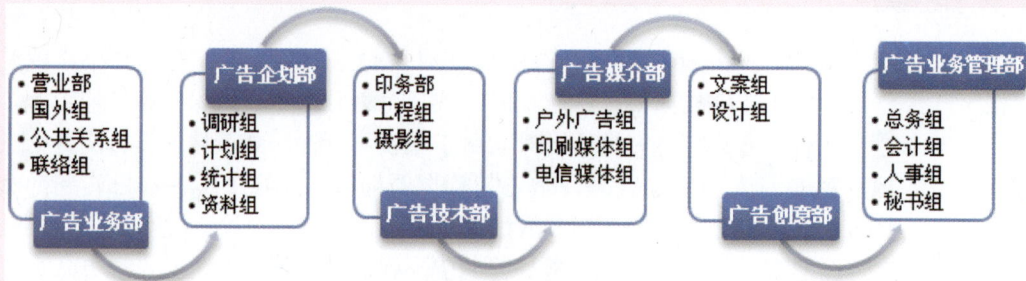

图7-2　职能型广告公司组织结构

(一)一般广告公司的内部沟通管理

一般广告公司的内部沟通管理分为三级体系进行。

1. 一级沟通体系

子项目内部沟通：由各广告部门的项目经理负责，每周组织项目组成员沟通项目进展情况，解决项目问题。

2. 二级沟通体系

项目群沟通：由总经理或总监发起，组织各子项目负责人，每周定期沟通各子项目进展情况，解决各项目重要问题，协调子项目间资源情况。

3. 三级沟通体系

高层沟通：实施方、客户方、其他方共同组织高层例会，高层例会的频率建议为月度或双月，由各方高层一起听取项目总监报告总体项目进展情况，对项目重大问题进行决策。

小贴士

什么是对外沟通

当你走进麦当劳，有没有发现一个问题？收银区的服务员在卖儿童套餐的时候会及时取出儿童卡通玩具奖品，同时向大人推荐和介绍儿童套餐，而不是一个劲儿地去诱惑勾引小孩子。这里面的实质问题是什么呢？这就是广告核心思想"影响有影响的人"的一种应用。广告公司将战略转化到收益的过程中，可适当从全局出发，争取客户本身团队的支持，将广告营销行为落实到收银员的服务行为中去，而不是简单地设计些广告卡通吉祥物。如图7-3、图7-4所示，这种售卖活动就是广告营销推广的一种方式。

图7-3　麦当劳售卖活动

图7-4　肯德基售卖活动

小贴士

什么是档案化管理

在一些工作完成后，总会有一些经验保留下来。这些经验往往会像记入史册一样，被记录在广告策划案、设计说明书、同行评审、项目总结等之类的关键性产出文档中。今后如有其他人接手同样或类似项目，就可以参考这些资料。在广告公司影像资料繁多的情况下，档案数字化管理显得更为重要。必要档案的建立，对将来提高同类型的项目分工的效率会有很大的帮助。

(二)广告公司工作流程的组织可以解决广告项目中的问题

当今社会，广告公司成功的关键不在业务量的大小，而在于业务完成的质量。无论广告项目多小，后续服务一定要有，一方面培育客户的忠诚度，另一方面提高自身的业务技能。只有完善的工作流程才可以实现对客户从开始到结束全方位全过程的服务。无论广告项目工作强度多大，都一定要建立自己的工作流程。而针对小项目，工作流程可设计得简单些，抓住主要矛盾，然而档案化管理的环节不可少。

1. 广告项目团队中的每个人在什么时间做什么事

一个有效的组织管理首先会有一个工作流程，使得每个项目团队成员清楚自己的职责和具体工作，以及完成的时间。一个优秀团队不一定是优秀个体的集合，但一定是每个个体优势得到充分体现的总和。

2. 把成果交给谁

通过组织管理可以明确工作流程的顺序，了解工作节点的关键和后续岗位。

3. 什么情况下走正常程序

在一般情况下，要严格按照组织管理制定的程序开展工作，这样程序中每个人如同流水线上的每道程序一样，这是组织管理追求的最佳状态。

4. 什么情况下走例外程序

任何组织管理在实际运行过程中都会受到挑战，程序是在理想状态下指定的，如果遇到项目团队中新成员不熟悉工作、项目时间紧、临时突发事件等问题，为了保障工作效果可以走例外程序。

只有有了有效的工作流程，在工作流程的各种情境中，处理好沟通管理，才能解决好以上问题，才能做好企业的管理，将员工能力与项目人力资源结构相融合，使员工自觉自愿地将个人经验积淀下来，成为企业可重复利用的"资产"。

二、广告公司工作流程重组

广告项目过程经常以技术分工为导向，而目前摆脱传统组织分工的束缚，以流程运作为中心，提倡面向客户、组织变通、员工授权及正确地运用信息技术，达到快速适应市场变化的目的，因而更关注如何满足客户期望，如何加快开发进度，如何控制成本。广告公司工作流程重组是业务流程重组中的一部分。

BPR是业务流程重组Business Process Reengineering的缩写。它的定义有几种，其中广为人知的是BPR创始人美国哈佛大学博士米西尔(Michael Hammer)的定义："BPR是对企业的业务流程作根本性的思考和彻底重建，其目的是在成本、质量、服务和速度等方面取得显著的改善，使得企业能最大限度地适应以顾客(Customer)、竞争(Competition)、变化(Change)为特征的现代企业经营环境。"后来经过不同学者的补充和完善，这种比较激进的管理理念逐渐变得内涵丰富。

在BPR中可以用到的技术和方法有很多。下面介绍一些常用的手法，以供广告公司参考。

1. 头脑风暴法

在运用头脑风暴法进行讨论时，鼓励与会者提出尽可能大胆的设想，同时不允许对别人提出的观点进行批评。运用头脑风暴法有助于我们发现现有企业流程中的弊病，提出根本性的改造设想。一些软件工具也可以用来支持这种讨论，与会者可以同时和匿名对讨论议题提出他们的建议和意见，根据关键字来进行存储、检索、注释、分类和评价。

2．德尔菲法

德尔菲法则经常用来论证企业再造方案的可行性。可以将初步的再造方案发给若干事先选定的信息系统专家，征求他们的意见。然后将各位专家的反馈意见经过整理和分析后，第二次再发给专家，让他们考虑其他专家的看法，对有分歧的地方进行更深入的思考。这样，经过几轮征集，最终可获得比较一致的意见。这对于减少BPR的风险、设置正确的信息化战略是十分有用的。

3．价值链分析法

在对企业的流程进行改造时，可以采用哈佛大学波特教授提出的价值链分析法。价值链分析法是辨别某种"价值活动"是否能给本企业带来竞争力的方法，这一理论最早发表在波特的一篇关于如何将价值链分析与信息技术结合起来的论文中，后来被发展成为企业战略分析的重要手段，对企业信息化建设也有很重要的应用价值。

波特认为，在一个企业中，可以将企业的活动分为主要活动与辅助活动两种。主要活动包括采购物流、生产制造、发货物流、市场营销、售后服务等，辅助活动包括高层管理、人事劳务、技术开发、后勤供应等方面的活动。

以上各项活动因企业或行业不同而具体形式各异，但所有的企业都是从这些活动的链接和价值的积累中产生了面向顾客的最终价值。因此，将一个企业的活动分解开来，并分析每一个链条上的活动的价值，就可以发现究竟哪些活动是需要改造的。例如，可以按照某项业务将有关的活动细分为几个范围(如将产品销售分解成市场管理+广告+销售人员管理+……)，从中发现可以实现差别化和产生成本优势的活动。

4．ABC成本法

ABC成本法又称作业成本分析法，主要用于对现有流程的描述和成本分析。作业成本分析法和上述价值链分析法有某种程度的类似，都是将现有的业务进行分解，找出基本活动。但作业成本分析法着重分析各个活动的成本，特别是活动中所消耗的人工、资源等。

5．标杆瞄准法

标杆瞄准法可用在设立改革的目标和远景、确定流程再造的基准等方面。在许多行业都有一些成功的企业，这些企业的做法可以为行业中的其他企业所效仿，因此，也可以将这些企业的一些具体的指标作为其他企业的标杆。丰田汽车的投资回报率(ROI)曾被作为日本汽车行业的标杆。当日产公司发现自己的投资回报率还不到丰田的一半时，他们就意识到问题的严重性。通过分析自己的业务流程，他们最后决定关闭了这家工厂。

6．流程建模和仿真法

对企业现有业务流程的分析并提出改造的方案可以用计算机软件的方法来进行，这就是企业信息流程建模。目前已经有许多企业信息流程建模方法和相应的软件系统问世。ARI(集成化信息系统架构)方法和工具是由德国萨尔大学企业管理研究所所长及ID-Cheer公司总裁威尔姆(Wilhelm Cheer)教授所提出。其设计理念是希望提出一个整合性的框架，将描述一个企业流程的重要观念尽量纳入到模型之中。

IDEF方法是ICAM Definition的简称，是美国空军在20世纪70年代末80年代初在集成化计算机辅助制造ICAM(Integrated Computer Aided Manufacturing)基础上采用ADT等方法发展起来的一套建模和分析方法。

20世纪90年代初期，IDEF用户协会与美国国家标准与技术学会合作，建立了IDEF标准，并在1993年公布为美国信息处理标准。目前IDEF是多种国际组织所承认的标准。为了减少项目的复杂性，使项目得以顺利进展，项目实施小组可以运用基于计算机软件的建模分析工具，如BPWIN等来建模。使用这些方法对企业业务流程建模后，不但描述企业现行流程，进行流程诊断和设计新流程，还可以对企业业务流程进行有关成本、效益等方面的模拟和分析。

总之，在上述的这些方法中，头脑风暴、德尔菲法、价值链分析和竞争力分析都是经典的管理方法和技术，而ABC成本法、标杆瞄准法、流程建模和仿真法则是比较新的方法，尤其是流程建模和仿真，为BPR项目提供了有力的工具。将上面这些方法和技术综合在一起，就为BPR团队提供了一整套有力的工具，可以在整个业务流程再造过程中运用。

第二节　组织设计与管理

背景资料

随着广告产业的迅速发展，各种类型和规模的广告公司数量日渐增多，如何在错综复杂的管理环境中合理设计组织架构和进行管理运作，实现公司发展目标，是广告公司必须面对的问题。

本节主要从论述传统组织模式和业务流程的缺陷出发，导入企业流程重构(Buine Proce Reengineering，BPR)的基本含义，并结合供应链管理的特征，讲述广告公司管理的重新设计及构造等相关问题。

一、广告公司的组织设计

流程的组织设计经常来源于对流程本身的分析。大型广告公司的组织级的广告项目管理系统经常采取如图7-5所示的形式。许多广告项目流程就是存在于这样的一种系统中。作为广告公司来说，要想提高自身竞争力，应该吸取同理心和流程重构等理论的精华，深化企业内部改革。具体对策如下。

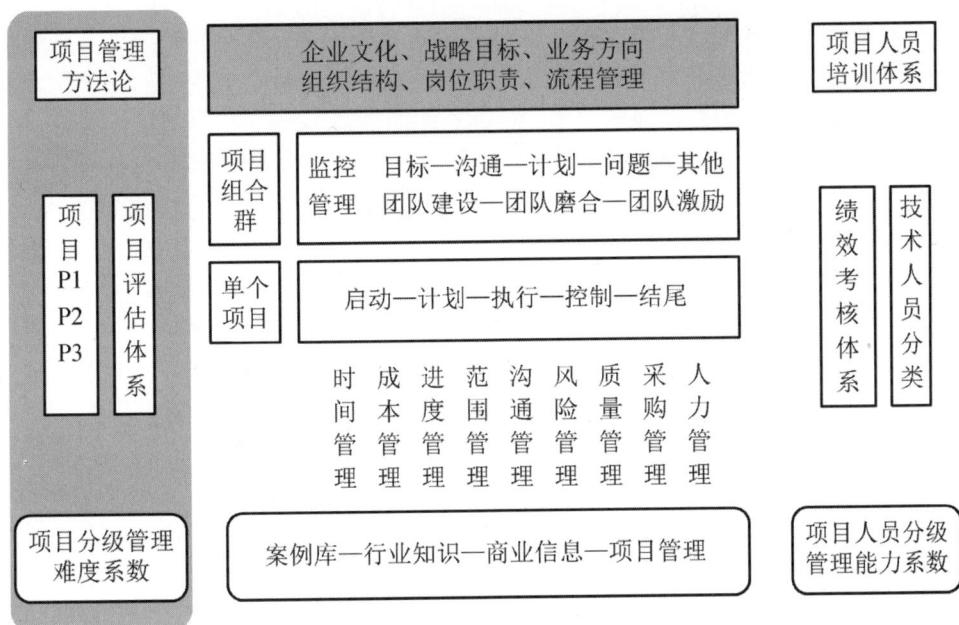

图7-5　广告项目管理系统图

1. 转变思想观念

广告公司要认清当前的形势。随着经济全球化的发展，进入中国的外国企业会越来越多，不出国门就已参与了国际竞争。如何应对外来企业的挑战已是每个企业必须认真面对的现实。企业要进一步认识到，市场经济体制从某种意义上说，就是市场决定一切，它要求企业的生产经营思想活动要围绕市场去进行。

2. 系统分析企业现行管理模式

BPR不是盲目打破一切。为了有效实施供应链管理和依据BPR进行企业流程重构，首要的任务之一就是分析广告企业现行管理模式存在的问题。BPR的原则之一是"需求牵引"，具体用于供应链管理模式时，就是找出当前的管理模式与业务流程存在哪些问题，这样才能做到有的放矢。

3. 理解供应链管理的实质

任何一种业务流程都是为实现一定企业职能而设计的。要想设计出适合供应链管理要求的业务流程，首先必须真正理解供应链管理的实质。供应链管理模式与传统管理模式的区别之一，就是前者可以实现主动进入需求方的工作进程，在需求方没有提出要货请求之前，供应方就可以安排自己的生产(销售)活动，而传统的管理模式，都是在接受需求方的订货合同之后才安排生产(销售)。

因此，供应链管理是一种主动进取模式，而传统的管理是一种被动接收模式。相比之下，前者的响应速度要比后者快得多，了解了供应链管理的这一特性，新的业务流程设计就有了出发点。

4．在电子商务支持下构建供应链管理业务流程

IBM公司将供应链管理定义为"借助信息技术和电子商务，将供应链上业务伙伴的业务流程相互集成，从而有效地管理从原材料采购、产品制造、分销，到支付给最终用户的全过程。在提高客户满意度的同时，降低成本、提高企业的效益"。

从IBM公司的这一定义中可以看出，借助电子商务实现企业间的物流和信息流的集成是一种很好的选择。因为电子商务是21世纪企业活动的一种主流形式，在这上面建立供应链网络，借助电子商务的技术平台实现供应链管理，对企业来说是一件十分便利的事情。因此，建立供应链管理环境下的业务流程系统，应该考虑电子商务的影响，应该把电子商务作为实现供应链管理模式的一种工具。如果企业间或企业内各部门间的信息交流还停留在传统的信息处理(主要以人工传递信息为主)的平台下，重构的业务流程也没有多大的意义。

5．基于供应链管理的企业流程与组织重构

传统的企业业务流程是建立在工序细分和工作简单化、专业化基础之上的。与之相应的企业组织都是多层次、多部门的"金字塔"形的组织结构。由于一个完整的工作要跨越多个职能部门，因此，各部门之间存在着大量的协调与沟通工作，有限的人力资源和时间都消耗在不能创造价值的协调工作上了。在这样的组织模式上，即使采用了供应链管理，其效果也可能十分有限，甚至不能推行下去。根据以上的研究结果，企业应该根据供应链运作的要求，根据本企业在供应链中的角色，重新设计和构造企业的业务流程。

拓展知识

电 子 商 务

电子商务通常是指是在全球各地广泛的商业贸易活动中，在互联网开放的网络环境下，基于浏览器/服务器应用方式，买卖双方不用谋面地进行各种商贸活动，实现消费者的网上购物、商户之间的网上交易和在线电子支付以及各种商务活动、交易活动、金融活动和相关的综合服务活动的一种新型的商业运营模式。

多数小型广告公司往往通过网络平台进行业务往来，在网络中寻找客户，进行业务洽谈，交付广告项目成果，在线电子支付等。这种交易活动就是电子商务中的一种形式。

二、广告公司的管理

广告公司的管理内容包括对广告主、广告经营者、广告发布者的管理，对广告信息以及广告收费的管理，对户外广告的管理等。

(一)对广告主的管理

指广告管理机构依照广告管理的法律、法规和有关政策的规定，对广告主参与广告活动

的全过程进行的监督管理行为。

1．广告管理机构对广告主的管理

广告管理机构对广告主的管理表现在两个方面：其一，保证广告主依法从事广告活动的权力；其二，保证广告主的广告活动遵守国家的广告管理法律、法规和有关政策规定，对违法广告行为，广告主应依法承担相应的法律责任，并接受广告管理机构的制裁。

2．对广告主的管理内容

根据广告法规定，广告公司对广告主管理涉及九项。

(1) 广告主提供主体资格证明。

(2) 广告主的广告活动应在其经营的范围或国家许可的范围内进行，不得超过其经营范围或者国家许可的范围从事广告宣传。

(3) 广告主委托他人设计、制作、代理、发布广告，应委托具有合法经营资格的广告经营者、广告发布者进行。

(4) 广告主必须提供保证广告内容真实性、合法性的真实、合法、有效的证明文件或者材料。

(5) 广告主应依法申请广告审查。

(6) 广告主在广告中使用他人名义、形象的，应当事先取得他人的书面同意。使用无民事行为能力的人，限制民事行为人的名义、形象的，应当事先取得其监护人的书面同意。

(7) 广告主发布烟、酒广告，必须经过广告管理机关批准。

(8) 广告主设置户外广告应符合当地城市的整体规划，并在工商行政管理机关的监督下实施。

(9) 广告主应合理编制广告预算，不得把广告费用挪作他用。

(二)对广告经营者的管理

广告公司作为广告经营者，应依法接受广告管理机关对其进行管理。

1．对广告经营者的审批登记管理

对广告经营者的审批登记管理是广告管理机关依照广告管理法律、法规对广告经营者实施管理的开始，属于政府的行政管理行为。

广告经营者的审批登记程序主要包括受理申请、审查条件、核准资格和发放证照四个阶段。

2．广告业务员证制度

广告业务员是专职从事承揽、代理广告业务的工作人员，而"广告业务员证"则是广告业务人员外出开展广告业务活动的有效凭证。

广告业务人员申请办理广告业务员证，必须接受专业培训与考核，然后向当地工商行政管理机关提出书面申请，并提交本单位证明材料，经省、自治区、直辖市或者授权的工商行政管理机关审核批准后，发放《广告业务员证》。

3．广告合同管理

广告合同一经依法订立，就具有法律效力，合同各方都应认真履行。广告合同纠纷时参与订立广告合同的各方当事人在依法订立广告合同后，对合同履行情况和违约承担责任。

解决经济合同纠纷的主要办法有协商、调解、仲裁和诉讼四种。

4．广告业务档案制度

广告经营者对广告主所提供的关于主体资格和广告内容的各种证明材料以及在承办广告业务活动中涉及的承接登记、广告审查、广告设计制作、广告发布等情况的原始登记材料，进行整理、保存，并建立业务档案，以备随时检查。

建立广告业务档案的作用主要有两个：一是业务参考作用，二是法律凭证作用。

5．广告经营单位的年检注册制度

广告管理机关依照国家广告管理的法律、法规和政策规定，对广告经营单位一年来的经营状况进行检查验收的一种管理制度。任何广告经营单位都必须经过年检注册，取得《广告经营单位年检注册证》后，才有资格继续经营广告业务，否则即为非法经营。

(三)对广告发布者的管理

为保障广告的真实性，保护消费者的合法权益，国家广告管理机构会依法对广告发布者进行管理。

1．广告媒介管理的概念

对广告发布者的管理，又叫广告媒介物业管理或者广告媒介管理，指广告管理机关依照国家广告管理法律、法规的有关规定，对以广告发布者为主体的广告发布活动的全过程实施的监督管理行为。

2．广告媒介管理的内容

对广告媒介管理包括以下三个内容。
(1) 对广告发布者经营资格的管理。
(2) 对广告发布者提供的媒介覆盖率的管理。
(3) 对广告发布者利用媒介时间、版面和篇幅的管理。

(四)对广告信息的管理

广告信息管理包括广告信息内容及其表现，它以广告作品的形式，经媒介的发布完成传播，包括广告内容的管理和广告表现的管理。

(五)对广告收费的管理

对广告收费的管理包括广告收费、广告收费管理和广告代理费管理三项。

1. 广告收费

广告收费是指广告经营者、广告发布者在承接和完成广告主委托的广告业务后，所收取的广告设计费、制作费、代理费和发布费。

2. 广告收费管理

广告收费管理是指广告管理机关会同物价、城建、公安等职能部门，依照广告管理法律、法规的有关规定，对广告经营者、广告发布者在设计、制作、代理、发布等广告业务活动中的收费行为的合法性进行的管理。

3. 广告代理费管理

对广告代理费主要实行国家定价管理，其标准是合法的，全国统一的，即广告经营者承办国内广告业务的代理费，为广告费的10%，承办外商来华广告的广告代理费，为广告费的15%。

拓展知识

组　织　设　计

组织设计包括两个方面，一是组织的结构设计，二是组织的运行设计，这两者有效结合才能满足企业经营战略对组织设计的基本要求。组织结构是组织运行的载体，而组织运行又是企业实现经营目标的运行平台，因此组织设计的特点也就主要表现在运行方面，这就是为什么我们常常见到许多企业具有类似的组织结构，而在实际的企业运营中，却发挥出差异很大的组织效率来。因此，我们在进行组织设计时应综合考虑这两方面的关系。主张用设计企业的手法取代控制与驾驭。

第三节　组织结构设计

背景资料

从目前的大型本土广告公司的部门架构来看，如图7-6所示，还主要是职能型的管理方式，流程管理控制的作用是很小的。而在国际广告公司的部门架构中，流程管理控制的作用则更大一些。这一节介绍的是广告公司工作流程中的组织结构设计。在组织结构设计的基础上，通过流程分析手段，进行组织运行设计。

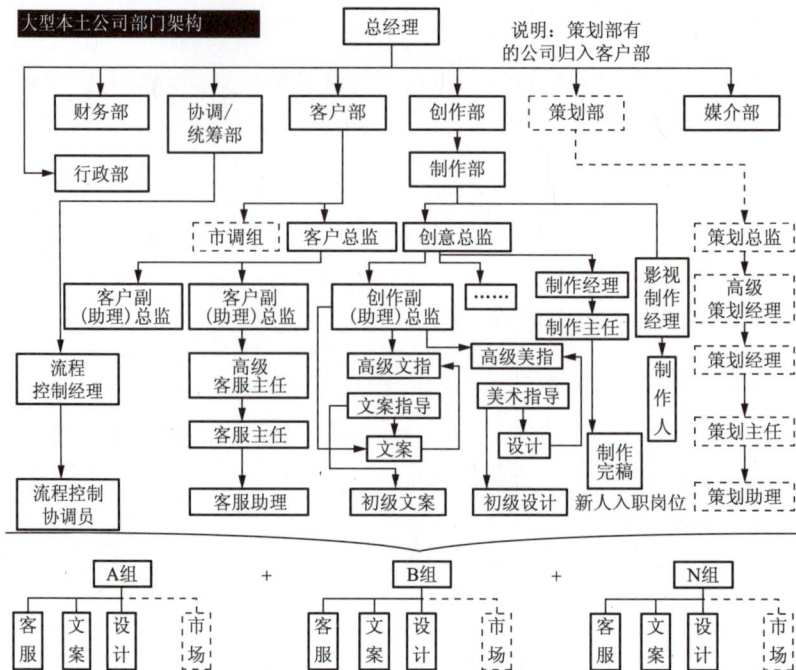

图7-6　大型本土公司部门架构

一、广告公司的组织结构

通常情况下，组织功能决定组织结构。组织整体目标实现需要完成多种职能工作，应在工作流程的合理设计中充分考虑劳动分工与协作。

一个工作流程存在缺陷，并不一定代表这个流程不好，或许相反能证明这个流程正在走向成熟。如图7-7所示，陶马缺一颗牙齿，可能初看以为是陶马工匠的失误，其实这正好表明这是一头正处壮年的马。

组织结构设计，是通过对组织资源(如人力资源)的整合和优化，确立企业某一阶段的最合理的管控模式，实现组织资源价值最大化和组织绩效最大化。狭义、通俗地说，也就是在人员有限的状况下通过组织结构设计提高组织的执行力和战斗力。

图7-7　汉代陶马

(一)组织结构设计

组织结构包括职能、框架、协调、规范、人员以及激励几个方面。

1．职能设计

职能设计是指对企业的经营职能和管理职能的设计。企业作为一个经营单位，要根据其战略任务设计经营、管理职能。如果企业的有些职能不合理，那就需要进行调整，对其弱化或取消。

2．框架设计

框架设计是企业组织设计的主要部分，运用较多。其内容简单来说就是纵向的分层次、横向的分部门。图7-8为国际4A广告公司的组织框架。

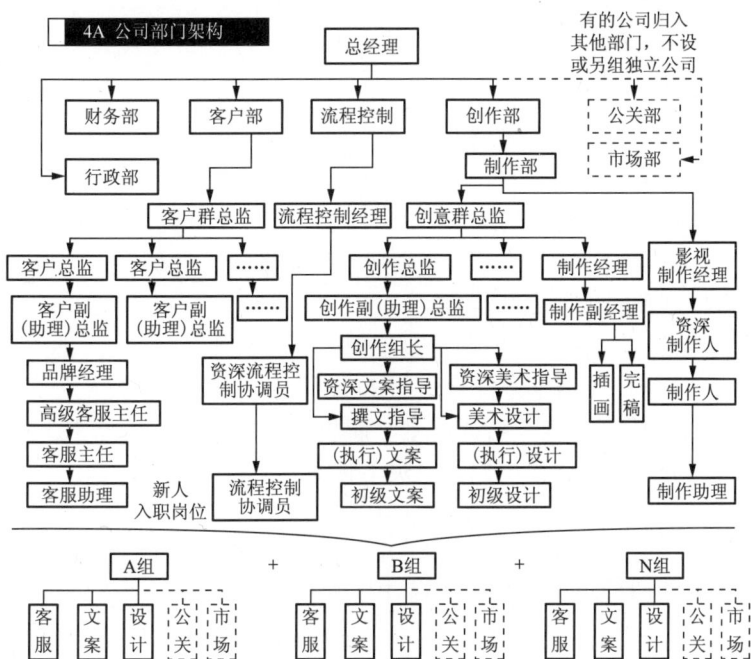

图7-8　4A公司部门架构

3．协调设计

协调设计是指对工作协调方式的设计。框架设计主要研究分工，有分工就必须有协作。协调方式的设计就是研究分工的各个层次、各个部门之间如何进行合理的协调、联系、配合，以保证其高效率的配合，发挥管理系统的整体效应。

4．规范设计

规范设计就是对管理规范的设计。管理规范就是企业的规章制度，它是管理的规范和准则。结构本身设计最后要落实、体现为规章制度。管理规范保证了各个层次、部门和岗位，按照统一的要求和标准进行配合和行动。

5．人员设计

人员设计就是对管理人员的设计。企业结构本身设计和规范设计，都要以管理者为依托，并由管理者来执行。因此，按照组织设计的要求，必须进行人员设计，配备相应数量和质量的人员。

6．激励设计

激励设计就是设计激励制度，对管理人员进行激励，其中包括正激励和负激励。正激励包括工资、福利等，负激励包括各种约束机制，也就是所谓的奖惩制度。激励制度既有利于

07

调动管理人员的积极性，又有利于防止一些不正当和不规范的行为。

(二)组织结构设计的历史与原则

组织结构设计的发展是在前人管理学流派的理论基础上，经不同的管理学家结合新的观念形成了不同的观点。

1．组织结构设计的历史

组织结构设计有两个观点，分别提出了不同的指导原则，他们的理论基础都来自古典管理学。

(1) 管理学家厄威尔曾系统地归纳了古典管理学派泰罗、法约尔、马克斯·韦伯等人的观点，提出了8条指导原则：目标原则、相符原则、职责原则、组织阶层原则、管理幅度原则、专业化原则、协调原则和明确性原则。

(2) 美国管理学家孔茨等人，在继承古典管理学派的基础上，提出了健全组织工作的15条基本原则：目标一致原则、效率原则、管理幅度原则、分级原则、授权原则、职责的绝对性原则、职权和职责对等原则、统一指挥原则、职权等级原则、分工原则、职能明确性原则、检查职务与业务部门分设原则、平衡原则、灵活性原则和便于领导原则。

2．组织结构设计的基本原则

在结合了历史上的两种主要组织结构设计流派的设计原则的基础上，精简归纳了以下五个大原则。

1) 任务与目标原则

企业组织设计的根本目的，是为实现企业的战略任务和经营目标服务的。这是一条最基本的原则。组织结构的全部设计工作必须以此作为出发点和归宿点，即企业任务、目标与组织结构之间是目的与手段的关系；衡量组织结构设计的优劣，要以是否有利于实现企业任务、目标作为最终的标准。从这一原则出发，当企业的任务、目标发生重大变化时，例如，从单纯生产型向生产经营型、从内向型向外向型转变时，组织结构必须做出相应的调整和变革，以适应任务、目标变化的需要。又如，进行企业机构改革，必须明确要从任务和目标的要求出发，该增则增，该减则减，避免单纯地把精简机构作为改革的最终目标。

2) 专业分工和协作的原则

现代企业的管理，工作量大，专业性强，分别设置不同的专业部门，有利于提高管理工作的质量与效率。在合理分工的基础上，各专业部门只有加强协作与配合，才能保证各项专业管理的顺利开展，达到组织的整体目标。贯彻这一原则，在组织设计中要十分重视横向协调问题。

主要的措施有：实行系统管理，把职能性质相近或工作关系密切的部门归类，成立各个管理子系统，分别由各副总经理(副厂长、部长等)负责管辖。设立一些必要的委员会及会议来实现协调。创造协调的环境，提高管理人员的全局观念，增加相互间的共同语言。

3) 有效管理幅度原则

由于受个人精力、知识、经验条件的限制，一名领导人能够有效领导的直属下级人数是有一定限度的。有效管理幅度不是一个固定值，它受职务的性质、人员的素质、职能机构健全与否等条件的影响。这一原则要求在进行组织设计时，领导人的管理幅度应控制在一定水平，以保证管理工作的有效性。由于管理幅度的大小同管理层次的多少成反比例关系，这一原则要求在确定企业的管理层次时，必须考虑到有效管理幅度的制约。因此，有效管理幅度也是决定企业管理层次的一个基本因素。

4) 集权与分权相结合的原则

企业组织设计时，既要有必要的权力集中，又要有必要的权力分散，两者不可偏废。集权是大生产的客观要求，它有利于保证企业的统一领导和指挥，有利于人力、物力、财力的合理分配和使用。而分权是调动下级积极性、主动性的必要组织条件。

合理分权有利于基层根据实际情况迅速而正确地做出决策，也有利于上层领导摆脱日常事务，集中精力抓重大问题。因此，集权与分权是相辅相成的，是矛盾的统一。没有绝对的集权，也没有绝对的分权。企业在确定内部上下级管理权力分工时，主要应考虑的因素有企业规模的大小、企业生产技术特点、各项专业工作的性质、各单位的管理水平和人员素质的要求等。

5) 稳定性和适应性相结合的原则

稳定性和适应性相结合原则要求组织设计时，既要保证组织在外部环境和企业任务发生变化时，能够继续有序地正常运转；同时又要保证组织在运转过程中，能够根据变化了的情况做出相应的变更，组织应具有一定的弹性和适应性。为此，需要在组织中建立明确的指挥系统、责权关系及规章制度；同时又要求选用一些具有较好适应性的组织形式和措施，使组织在变动的环境中，具有一种内在的自动调节机制。

(三)组织结构设计的程序

企业内部的部门是承担某种职能模块的载体，按一定的原则把它们组合在一起，便称为组织结构设计。图7-9所示为组织结构设计的关键流程。

图7-9　组织结构设计的关键流程

(四)影响组织结构的因素

分析组织结构的影响因素，可以为选择最佳的组织结构模式提供参考。

1．企业环境

企业面临的环境特点，对组织结构中职权的划分和组织结构的稳定有较大的影响。如果企业面临的环境复杂多变，有较大的不确定性，就要求在划分权力时给中下层管理人员较多的经营决策权和随机处理权，以增强企业对环境变动的适应能力。如果企业面临的环境是稳定、可把握的，对生产经营的影响不太显著，则可以把管理权较多地集中在企业领导手里，设计比较稳定的组织结构，实行程序化、规模化管理。

2．企业规模

一般而言，企业规模小，管理工作量小，为管理服务的组织结构也相应简单；企业规模大，管理工作量大，需要设置的管理机构多，各机构间的关系也相对复杂。可以说，组织结构的规模和复杂性是随着企业规模的扩大而相应增长的。

3．企业战略目标

企业战略目标与组织结构之间是作用与反作用的关系，有什么样的企业战略目标就有什么样的组织结构，同时企业的组织结构又在很大程度上对企业的战略目标和政策产生很大的影响。企业在进行组织结构设计和调整时，只有对本企业的战略目标及其特点，进行深入的了解和分析，才能正确选择企业组织结构的类型和特征。

4．信息沟通

信息沟通贯穿于管理活动的全过程，组织结构功能的大小，在很大程度上取决于它能否获得信息、能否获得足够的信息以及能否及时地利用信息。

总之，组织结构设计必须认真研究上述四个方面的影响因素，并与之保持相互衔接和相互协调，究竟主要应考虑哪个因素，应根据企业具体情况而定。一个较大的企业，其整体性的结构模式和局部性的结构模式可以是不同的。例如，在整体上是事业部制的结构，在某个事业部内则可以采用职能制的结构。因此，不应该把不同的结构模式截然对立起来。

(五)影响企业组织结构设计的因素

企业组织结构是企业建立内部运行秩序，实现各项构成要素配置的组合形态，它的形式是复杂多样的。企业的生产经营基本流程是决定组织结构形式的根本因素。除此之外，对其结构风格和设计思路的影响主要有以下五方面的因素：首先，是人体结构系统的影响；其次，为企业文化的影响；第三，是社会文化的影响；第四，为企业组织自身演变历史的影响；最后，是其他企业组织结构模式的影响。

二、广告公司组织结构设计案例分析

结合一个广告公司进行组织结构设计，针对结构中的设置部门进行详细的解析。

(一)广告公司的组织形式

根据广告公司的规模大小，采取相应的组织形式，小型企业一般采用集团制组织形式，而中型以上适合采用部门制组织形式。

1．集团制组织

集团制组织是指客户经理(AE)、广告撰稿人、设计师等各领域的专业人员共同开展广告策划、制作、联系业务等工作的组织，也是一种可以称之为微型事业部的组织。但是，集团组织只能被看做是广告制作部门，它不太适合于管理业务的职能。

2．部门制组织

在一般的企业里也经常可以见到，它是按业务内容进行部门分类的组织。例如，总务部、创作部、营业部等部门。我国的广告公司大多采用部门制组织制度。

(二)广告公司的部门组织

广告公司的各部门组织大致可以分成营业部门、媒体部门、制作部门、支援部门和管理部门。

1．营业部门

营业部门是与广告主进行业务联系的部门，管理着广告业务的受理、广告版面与策划的销售、广告计划的起草与实施等方面的业务，还负责签订合同、收款、支付等业务。营业人员对进行中的业务(称为交易)进行管理，发起新的策划；对公司内的各部门起着领导作用。此外，为了获得新的广告主，该部门还要向广告主提交广告计划书。

2．媒体部门

媒体部门是就广告版面与刊播时间、广告的实施与调整、广告的委托等方面的问题与广告媒体单位进行联系、交涉并签订合同的部门。很多广告公司的媒体部门都针对各种媒体设立了单独的业务分工科室，各科室的负责人与所对应的媒体公司负责人保持联系，及时对业务进行调整。有时该部门也与媒体公司在共同进行策划后提出广告计划书。

3．制作部门(创作部门)

制作部门由艺术指导、广告撰稿人员、影视媒体策划人员、设计人员等各种职业的人组成，直接从事广告的制作。这一部门采用前面提到的集团制(小组制)，根据不同的广告主和产品开展业务。印刷媒体(报纸、杂志等)上的广告大多是由广告公司自己制作，而电波媒体(电视、广播等)和促销等媒体上的广告，则大多是由广告公司设计、委托公司的生产厂家制作。

4．支援部门

支援部门不仅为营业部门、制作部门的业务提供支援，也为广告主的公关活动提供支援。我们把该部门的业务分成策划与调查业务、公关业务、促销业务、国际业务等几个部分进行概括介绍。

07

1) 策划与调查业务

策划业务是指制订广告与促销计划的业务，调查业务是指测试广告稿、测定广告效果、对广告商品进行市场调查、预测市场需求等业务。

影响调查业务质量优劣的关键因素是计算机，计算机性能的优劣反映出一个广告公司所拥有的数据库的数量及大小对调查数据处理能力的高低。

2) 公关业务

公关业务是指协助广告主进行公关宣传、制作需要发布的新闻、与媒体公司进行交涉等业务。

我国现有的广告公司中设立公关业务部门的公司比较少，而且正在组建单独公关业务部门的公司也不多。但是即使公司内没有单独的公关部门，也总会由某个部门来从事制定公关计划、进行公关宣传等业务。

从具体的业务执行情况来看，广告公司有时也向专业公关公司委托业务，但在多数情况下是由公司内部的媒体部门来从事这项业务。另外，从广告主对所谓市场营销活动的需求来看，公关部门的重要性今后会进一步加强。

3) 促销业务

促销业务是指提出促销计划(如策划活动、展览会、有奖销售、比赛等)、为广告主的销售活动提供支援的业务。该业务小组成员由产品设计人员、能馈赠奖品的自动售货机、促销活动设计人员、售点广告、(POP)设计人员、店铺活动设计人员、户外广告专业设计人员等组成。这项业务在很多广告公司已经成为部门的业务，而且不同的公司有不同的称呼，如促销部、销售信息部等。

4) 国际业务

国际业务是指对国外市场进行调查并收集有关媒体的信息、对海外广告业务进行管理的业务。大型和中型广告公司都在这项业务上增加人员投入。

5. 管理部门

这里所说的管理是指会计、人事、总务等业务，与其他行业的管理业务是一样的。

拓展知识

POP设计

POP是英文point of purchase的缩写，意为"卖点广告"，其主要商业用途是刺激引导消费和活跃卖场气氛。它的形式有户外招牌、展板、橱窗海报、店内台牌、价目表、吊旗，甚至是立体卡通模型等。常用的POP为短期的促销使用，其表现形式夸张幽默，色彩强烈，能有效地吸引顾客的视点，唤起购买欲，它作为一种低价高效的广告方式已被广泛应用。

POP的制作形式有彩色打印、印刷、手绘等方式。随着计算机软件技术的发展，在美工设计应用上更显其美观高效的优势，甚至可将手绘艺术的涂鸦效果模仿得淋漓尽致，并可以接受来自数码相机、扫描仪的jpeg图片等素材。特别适合对POP需求量较大的卖点快速高效低成本的制作。

POP主要应用于超市卖场及各类零售终端专卖店等，目前各大型超市卖场多印刷成统一模板后由美工根据要求填写文字内容，以满足琳琅满目的货品柜面不同的使用要求，机动性和时效性都很强。所以一般单纯的手绘POP是难以胜任的，必须以模块化方式批量制作。

中小型零售店、产品专卖店目前有向品牌连锁经营的发展趋势，在产品、促销计划和店面风格等方面和品牌经营者厂家同步运作，但在POP的使用上不少还是主张采用不同的文案，推出不同的折扣信息，有的店面甚至还有用黄纸毛笔书写"特大喜讯"之类的招贴。这显然不适应品牌运作的趋势，也许在这一点上品牌供应商应该考虑得更多。

第四节　组织结构模式

背景资料

如何创新组织结构、构建有利于企业实施管理的组织结构模式已成为许多管理学者及大量管理实践者关注的焦点问题之一，最近几年来，理论界也提出了许多新的组织结构模式。这一节介绍的是常用的组织结构模式，包括职能组织结构、项目组织结构和矩阵组织结构等，广告公司的组织结构直接关系到公司的运转和效率。

07

一、职能式的组织结构

职能式的组织结构将从组织形式、优缺点三个方面进行分析。职能式组织形式是目前应用广泛的组织形式之一。

(一)职能式组织形式

职能式是目前国内咨询公司在咨询项目中应用最为广泛的一种模式，通常由公司按不同行业分成各项目部，项目部内又分成专业处，公司的项目按专业不同分给相对应的专业部门和专业处来完成。职能式组织形式是最基本的、目前使用比较广泛的项目组织形式。职能式项目管理组织模式有两种表现形式。

(1) 将一个大的项目按照公司行政、人力资源、财务、各专业技术、营销等职能部门的特点与职责，分成若干个子项目，由相应的各职能单元完成各方面的工作。

(2) 对于一些中小项目，在人力资源、专业等方面要求不高的情况下，根据项目专业特点，直接将项目安排在公司某一职能部门内部进行，在这种情况下项目团队成员主要是由该职能部门人员组成。

(二)职能式组织结构的优点

项目团队中各成员无后顾之忧；各职能部门可以在本部门工作与项目工作任务的平衡中去安排力量，当项目团队中的某一成员因故不能参加时，其所在的职能部门可以重新安排人员予以补充；当项目全部由某一职能部门负责时，在项目的人员管理与使用上变得更为简单，使之具有更大的灵活性；项目团队的成员有同一部门的专业人员作技术支撑，有利于项目的专业技术问题的解决；有利于公司项目发展与管理的连续性。

(三)职能式组织结构的缺点

项目管理没有正式的权威性；项目团队中的成员不易产生事业感与成就感；对于参与多个项目的职能部门，特别是具体到个人来说，不容易安排好在各项目之间投入力量的比例；不利于不同职能部门的团队成员之间的交流；项目的发展空间容易受到限制。

二、项目式的组织结构

项目式管理组织形式就是将项目的组织独立于公司职能部门之外，由项目组织自己独立负责项目的主要工作的一种组织管理模式。项目的具体工作则主要由项目团队负责。项目的行政事务、财务、人事等在公司规定的权限内进行管理。

1．项目式组织结构的优点

项目经理是真正意义上的项目负责人；团队成员工作目标比较单一；项目管理层次相对简单，使项目管理的决策速度、响应速度变得快捷起来；项目管理指令一致，命令主要来自项目经理，团队成员避免了多头领导、无所适从的情况；项目管理相对简单，使项目费用、质量及进度等更加容易控制；项目团队内部容易沟通。

2．项目式组织结构的缺点

容易出现配置重复、资源浪费的问题；项目组织成为一个相对封闭的组织，公司的管理与对策在项目管理组织中贯彻可能遇到阻碍；项目团队与公司之间的沟通基本上依靠项目经理，容易出现沟通不够和交流不充分的问题；项目团队成员在项目后期没有归属感；由于项目管理组织的独立性，使项目组织产生小团体的观念，在人力资源与物资资源上出现"囤积"的思想，造成资源浪费；同时，各职能部门考虑其相对独立性，对其资源的支持会有所保留。

三、矩阵式的组织结构

为解决职能式组织结构与项目式组织结构的不足，发挥它们的长处，人们设计出了介于职能式与项目式组织结构之间的一种项目管理组织模式，即矩阵式组织。矩阵式项目组织结构中，参加项目的人员由各职能部门负责人安排，而这些人员的工作在项目工作期间，项目工作内容上服从项目团队的安排，人员不独立于职能部门之外，是一种暂时的，半松散的组织形式，项目团队成员之间的沟通不需通过其职能部门领导，项目经理往往直接向公司领导汇报工作。

(一)矩阵式项目组织结构

矩阵式项目组织结构有三种形式：弱矩阵、强矩阵和平衡矩阵式。

1．弱矩阵式项目管理组织结构

一般是指在项目团队中没有一个明确的项目经理，只有一个协调员负责协调工作。团队各成员之间按照各自职能部门所对应的任务，相互协调进行工作。实际上在这种模式下，相当多的项目经理职能由职能部门负责人分担了。

2．强矩阵式项目管理组织结构

这种模式的主要特点是，有一个专职的项目经理负责项目的管理与运行工作，项目经理往往来自于公司的专门项目管理部门。项目经理与上级沟通往往通过其所在的项目管理部门负责人进行。

3．平衡矩阵式项目管理组织结构

这种组织结构形式是介于强矩阵式项目管理组织结构与弱矩阵式项目管理组织结构二者之间的一种形式。主要特点是项目经理是由一职能部门中的团队成员担任，其工作除项目的管理工作外，还可能负责本部门承担的相应的项目中的任务。此时的项目经理与上级沟通时不得不在其职能部门的负责人与公司领导之间做出平衡调整。

(二)矩阵式项目组织结构的优点

团队的工作目标与任务比较明确，有专人负责项目的工作；团队成员无后顾之忧，项目工作结束时，不必为将来的工作分心；各职能部门可根据自己部门的资源与任务情况来调整、安排资源力量，提高资源利用率；提高了工作效率与反应速度，相对职能式结构来说，减少了工作层次与决策环节；相对项目式组织结构来说，可在一定程度上避免资源的浪费；在强矩阵式模式中，由于项目经理来自公司的项目管理部门，可使项目运行符合公司的有关规定，不易出现矛盾。

(三)矩阵式组织结构的缺点

项目管理权力平衡困难、信息回路比较复杂、项目成员处于多头领导状态。

四、复合式的组织结构

不同组织形式都有其优势和劣势，单一的组织形式优势突出，劣势也明显，所以有的项目中采用两种以上的组织结构，意在更好地开展工作。

1．复合式项目组织结构的含义

一是指在公司的项目组织形式中有职能式、项目式或矩阵式两种以上的组织形式；二是指在一个项目的组织形式中包含上述两种结构以上的模式，例如在职能式项目组织结构的子项目采取项目式组织结构等。

2．复合式项目组织结构的优点

最大特点是方式灵活，公司可根据具体项目与公司的情况确定项目管理的组织形式，而不受现有模式的限制，因而在发挥项目优势与人力资源优势等方面具有方便灵活的特点。

3．复合式项目组织结构的缺点

复合式组织结构也因此产生一些不足，即在公司的项目管理方面容易造成混乱，项目的信息流、项目的沟通容易产生障碍，公司的项目管理制度不易较好地贯彻执行。

组织结构模式可用组织结构图来描述，组织结构图也是一个重要的组织工具，反映一个组织系统中各组成部门（组成元素）之间的组织关系（指令关系）。以上介绍的几种常用的组织结构模式既可以在广告公司管理中运用，也可在具体承接的项目管理中运用。

拓展知识

矩　阵

矩阵(Matrix)本意是子宫、控制中心的母体、孕育生命的地方。在数学上，矩阵是指纵横排列的二维数据表格，最早来自于方程组的系数及常数所构成的方阵。矩阵图法就是从多维问题的事件中，找出成对的因素，排列成矩阵图，然后根据矩阵图来分析问题，确定关键点的方法，它是一种通过多因素综合思考，探索问题的好方法。

矩阵图的最大优点在于，寻找对应元素的交点很方便，而且不遗漏，显示对应元素的关系也很清楚。矩阵图法还具有以下几个特点：用于分析成对的影响因素；因素之间的关系清晰明了，便于确定重点；便于与系统图结合使用。矩阵图法的用途十分广泛，如图7-10所示，就是使用矩阵图的实例之一。

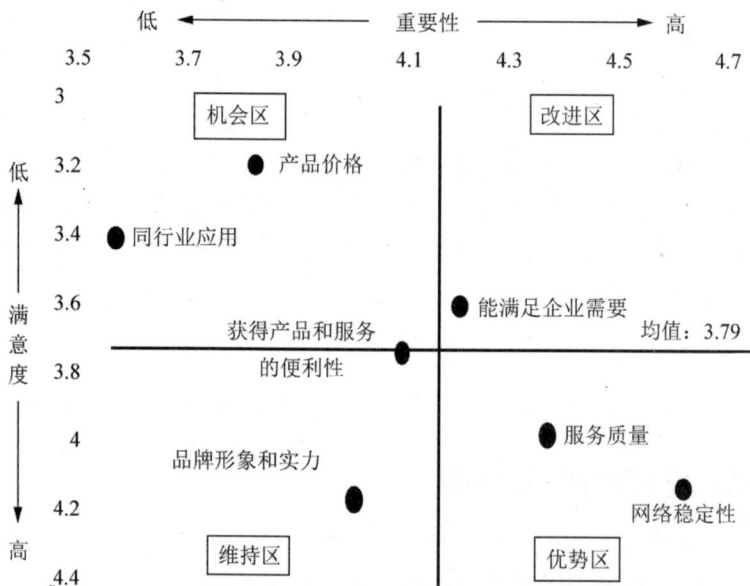

图7-10　信息化产品选择因素的重要性/满意度矩阵图

本章小结

本章主要讲解了如何组织广告公司的工作流程、工作流程的管理方法、广告公司的组织结构、组织结构设计的程序等几方面内容；并通过广告公司组织结构设计的案例分析，启发学生多角度观察和认识广告公司的组织结构模式，以便于今后可以利用所学知识，协助公司建立与广告公司工作流程相适应的组织结构模式。

思考题

1. 假设你拥有某一个产品，请设想广告公司该怎么为你服务呢？
2. 如何结合客户的产品销售目标，根据产品的特色确立广告团队？

实训课堂

为某新成立的广告公司设置组织结构

项目背景

某新成立的广告公司需要通过组织结构设计提高公司的竞争力。主要结构设计内容包括：公司框架设计、公司部门职能设计、公司人员设计等。

项目要求

学生每3人一组进行讨论，将广告公司的组织结构模式以ppt的形式加以阐述。

项目分析

企业建立内部运行秩序需要进行企业组织结构设计，不同公司的组织结构设计也不同，但结构设计的宗旨是相同的，即通过合理有效的组织结构设计来提升公司的实力。学生在完成此项目时，除了详细考虑细节设置外，还需要考虑公司的经营目标。

07

第八章

广告公司人力资源管理

学习要点及目标

- 通过本章学习，使同学们了解人力资源管理的概念，并了解广告公司人力资源管理架构。
- 通过本章学习，让学生了解广告公司人力资源管理中的组织机构。
- 通过本章学习，使学生了解激励理论以及此理论在广告公司运作中的作用，掌握具体实施方式。

本章导读

人力资源管理对于任何一个企业都是至关重要的部分。本章在对人力资源管理进行了总体说明之后，着重向同学们介绍人力资源管理与激励的基本原理、方法、模式以及作用，让同学们了解和熟悉广告公司的人力资源管理概况，尤其是组织机构以及激励计划在广告企业运行过程中的作用。

引导案例

百 年 麦 肯

麦肯成立于1902年，至今已有一百多年的历史。为了配合国际客户在国内的业务发展，麦肯于1991年年底在北京成立了麦肯·光明。十多年来，麦肯·光明服务并保持长久合作关系的客户数不胜数，还发展了许多国内的大型客户，在国内的业务呈现良好的发展势头。

麦肯重视广告人才的集聚和培养，作为国际广告业龙头之一的麦肯，积聚最富资质和培养最具有潜力的优秀广告人才是其永无止境的工作。麦肯不仅管理而且要求员工做广告界名人，当广告界明星。只有广告人才充满个性活力，才有可能拿出不一样的广告，产生伟大的创意。麦肯正是以其卓越的创意水平闻名于世，经典的广告创意成就了许多世界名牌，也为企业带来了丰厚的市场回报。

为迎接中国广告业的光明未来，麦肯已经着手精心准备。主要体现在三个方面：一是实施"人才管理计划"，与哈佛大学商学院合作研发一套为麦肯广告公司量身定做的人才管理系统，它包含了培训方法和评估工具等许多专门工具，并争取在最快的周期内落实；二是制订"创造需求计划"，一个对客户极具服务实效的系统，正在评估中；三是完善"全传播计划"，通过购买重组包括"魔动行销"等多家活动行销和公关公司，丰富麦肯的"传播服务网络"并使其更加灵动，颇富特色的品牌视觉管理公司也已经在操作中。

点评：

上述麦肯公司的案例并没有直接涉及人力资源管理的理念，但麦肯对员工的个性化要求、人才管理计划、创造需求计划及全传播计划的实施使其在创意水平方面得到了进一步的发展，巩固了其在业内的领军地位。麦肯公司在内部管理的方方面面无不体现出人力资源管理尤其是组织机构以及激励计划对其发展的重要性。

第一节　人力资源管理概论

背景资料

企业除了设备、资金等所需的资源外，只有人能够设计、制造产品或服务，能够控制质量，销售产品，分配财务资源，为企业建立全面的战略计划和目标，因此人力资源对于企业尤为重要。人力资源为每一个企业提供活力。查阅一下世界各大著名企业与跨国公司的高级领导者(如通用电气、东芝或宝马这样的)的演说或执行计划便可知道，他们认为人是他们最重要的资源，并且坚信，人力资源的有效管理是释放创造力和获得竞争优势的关键。

一、人力资源管理的概念

人力资源管理是公司管理活动之一，人是企业发展的重要资源，了解人力资源管理的内涵和管理体系，实现促进企业发展的目标。

1. 人力资源管理概念

人力资源管理是指企业的一系列人力资源政策以及相应的管理活动。这些活动主要包括企业人力资源战略的制定、员工的招募与选拔、培训与开发、绩效管理、薪酬管理、员工流动管理、员工关系管理、员工安全与健康管理等。即企业运用现代管理方法，对人力资源的获取(选人)、开发(育人)、保持(留人)和利用(用人)等方面所进行的计划、组织、指挥、控制和协调等一系列活动，最终达到实现企业发展目标的一种管理行为。

人力资源管理的最终目标是促进企业目标的实现。

2. 阿姆斯特朗对人力资源管理体系的目标规定

该目标规定：企业的目标最终将通过其最有价值的资源——它的员工来实现；为提高员工个人和企业整体的业绩，人们应把促进企业的成功当作自己的义务；制定与企业业绩紧密相连、具有连贯性的人力资源方针和制度，是企业最有效利用资源和实现商业目标的必要前提；应努力寻求人力资源管理政策与商业目标之间的匹配和统一；当企业文化合理时，人力资源管理政策应起支持作用；当企业文化不合理时，人力资源管理政策应促使其改进；创造理想的企业环境，鼓励员工创新，培养积极向上的作风；人力资源政策应为合作、创新和全面质量管理的完善提供合适的环境；创造反应灵敏、适应性强的组织体系，从而帮助企业实现竞争环境下的具体目标；增强员工上班时间和工作内容的灵活性；提供相对完善的工作和

08

组织条件，为员工充分发挥其潜力提供所需要的各种支持；维护和完善员工队伍以及产品和服务。

二、人力资源管理的内容、功能及职责

人力资源管理的内容，是保障其功能的体现，人力资源管理的职责主要是针对人力资源管理层而提出的。

(一)人力资源管理的内容

人力资源管理的具体内容包括以下十个方面。

1．职务分析与设计

对企业各个工作职位的性质、结构、责任、流程，以及胜任该职位工作人员的素质、知识、技能等，在调查分析获取相关信息的基础上，编写出职务说明书和岗位规范等人事管理文件。

2．人力资源规划

把企业人力资源战略转化为中长期目标、计划和政策措施，包括对人力资源现状分析、未来人员供需预测与平衡，确保企业在需要时能获得所需要的人力资源。

3．员工招聘与选拔

根据人力资源规划和工作分析的要求，为企业招聘、选拔所需人力资源并录用安排到一定岗位上。

4．绩效考评

对员工在一定时间内对企业的贡献和工作中取得的绩效进行考核和评价，及时做出反馈，以便提高和改善员工的工作绩效，并为员工培训、晋升、计酬等人事决策提供依据。

5．薪酬管理

薪酬管理包括对基本薪酬、绩效薪酬、奖金、津贴以及福利等薪酬结构的设计与管理，以激励员工更加努力地为企业工作。

6．员工激励

采用激励理论和方法，对员工的各种需要予以不同程度的满足或限制，引起员工心理状况的变化，以激发员工向企业所期望的目标而努力。

7．培训与开发

通过培训提高员工个人、群体和整个企业的知识、能力、工作态度和工作绩效，进一步开发员工的智力潜能，以增强人力资源的贡献率。

8．职业生涯规划

鼓励和关心员工的个人发展，帮助员工制订个人发展规划，以进一步激发员工的积极

性、创造性。

9．人力资源会计

与财务部门合作，建立人力资源会计体系，开展人力资源投资成本与产出效益的核算工作，为人力资源管理与决策提供依据。

10．劳动关系管理

协调和改善企业与员工之间的劳动关系，进行企业文化建设，营造和谐的劳动关系和良好的工作氛围，保障企业经营活动的正常开展。

(二)人力资源管理的功能

现代企业人力资源管理，具有以下五种基本功能。

1．获取

根据企业目标确定的所需员工条件，通过规划、招聘、考试、测评、选拔，获取企业所需人员。

2．整合

通过企业文化、信息沟通、人际关系调节、矛盾冲突的化解等有效整合，使企业内部的个体和群众的目标、行为、态度趋向企业的要求和理念，使之形成高度的合作与协调，发挥集体优势，提高企业的生产力和效益。

3．保持

通过薪酬、考核，晋升等一系列管理活动，保持员工的积极性、主动性、创造性，维护劳动者的合法权益，保证员工在工作场所的安全、健康、舒适，以增进员工满意感，使之安心满意地工作。

4．评价

对员工工作成果、劳动态度、技能水平以及其他方面做出全面考核、鉴定和评价，为其做出相应的奖惩、升降、去留等决策提供依据。

5．发展

通过员工培训、工作丰富化、职业生涯规划与开发，促进员工知识、技能和其他方面素质的提高，使其劳动能力得到增强和发挥，最大限度地实现其个人价值和对企业的贡献率，达到员工个人和企业共同发展的目的。

(三)人力资源管理的职责与任务

人力资源管理的职责是指人力资源管理者需要承担的责任和任务。

1．人力资源管理任务的内容

加里·德斯勒在他所著《人力资源管理》一书中指出：人事管理是管理过程的五大职能(计

划、组织、人事、领导、控制)之一,其工作任务主要包括以下几方面的内容。

(1) 工作分析(确定每一位雇员所承担的工作的性质)。

(2) 制定人力需求计划并开展人员招募工作。

(3) 对求职者进行甄选。

(4) 引导并培训新雇员。

(5) 工资及薪金管理(如何给雇员支付报酬)。

(6) 奖金和福利的提供。

(7) 工作绩效评价。

(8) 沟通(面谈、建议与训导)。

(9) 培训与开发。

(10) 培养雇员的献身精神。

2.人力资源管理职责

作为人力资源管理者应了解:机会公平、雇员的健康与安全、申诉与劳资关系的处理这三方面的有关内容。

简言之,我们可以将人力资源管理职责归纳为:工作分析;制订人力需求计划以及人员招募;培训及开发;薪酬及福利管理、绩效评估;劳动关系管理等几个方面。

小贴士

人力资源管理的方法

随着时代的进步、企业的发展,人力资源管理的方法在不断发展与创新。人力资源管理的内容与职责较多,且划分细致。而不同的管理方法,针对于不同的人力资源管理内容。同时一种管理方法可能在人力资源管理的多个方面都起到效用。

三、人力资源管理的方法

关于人力资源管理的方法,我们从人力资源管理的几个方法进行介绍和说明。

(一)"抽屉式"管理方法

"抽屉式"管理方法,是现代管理中最主要的职务分析与设计方法。

当今一些经济发达国家的大中型企业,都非常重视"抽屉式"管理和职位分类,并且都在"抽屉式"管理的基础上,不同程度地建立了职位分类制度。据调查统计,泰国在1981年采用"抽屉式"管理的企业为50%,在1985年为75%,而在1999年为95%以上。最近几年,香港的大中型企业也普遍实行"抽屉式"管理。

1．"抽屉式"管理方法的特点

"抽屉式"管理是一种通俗形象的管理术语，它形容在每个管理人员办公桌的抽屉里，都有一个明确的职务工作规范。在管理工作中，既不能有职无权，也不能有责无权，更不能有权无责，必须职、责、权、利相互结合。

2．"抽屉式"管理的五个步骤

第一步，建立一个由企业各个部门组成的职务分析小组。

第二步，正确处理企业内部集权与分权关系。

第三步，围绕企业的总体目标，层层分解，逐级落实职责权限范围。

第四步，编写"职务说明"、"职务规格"，制定出对每个职务工作的要求准则。

第五步，必须考虑到考核制度与奖惩制度相结合。

总之，职务分析要对企业各个工作职位的性质、结构、责任、流程，以及胜任该职位工作人员的素质、知识、技能等，在调查分析所获取相关信息的基础上，编写出职务说明书和岗位规范等人事管理文件。

(二)"破格式"管理方法

"破格式"管理方法是针对员工招聘与选拔以及员工激励的有效方法。

在企业诸多管理中，最终都通过对人事的管理达到变革创新的目的。因此，世界发达企业都根据企业内部竞争形势的变化，积极实行人事管理制度变革，以激发员工的创造性。

在日本和韩国企业里，过去一直采用以工作年限作为晋升职员级别和提高工资标准的"年功制度"，这种制度适应了企业快速膨胀时期对用工用人的要求，提供了劳动力就业与发展的机会。进入20世纪80年代以来，这些发达企业进入低增长和相对稳定阶段，"年功制度"已不能满足职员的晋升欲望，使企业组织人事的活力下降。20世纪90年代初，日本、韩国发达企业着手改革人事制度，大力推行根据工作能力和成果决定升降员工职务的"破格式"的新人事制度，收到了明显成效。

世界大企业人事制度的变革，集中反映出对人的潜力的充分挖掘，以搞活人事制度米搞活企业组织结构，注意培养和形成企业内部的"强人"机制，形成竞争、奋发、进取、开拓的新气象。

(三)"一分钟"管理方法

"一分钟"管理方法是较有成效的一种员工激励方法。

这种方法被西方许多企业纷纷采用，具体内容为：一分钟目标、一分钟赞美及一分钟惩罚。

1．一分钟目标

一分钟目标就是企业中的每个人都将自己的主要目标和职责明确地记在一张纸上。每一个目标及其检验标准，应该在250个字内表达清楚，一个人在一分钟内能读完。这样，便于每个人明确认识自己为何而干，如何去干，并且据此定期检查自己的工作。

2．一分钟赞美

一分钟赞美就是人力资源激励。具体做法是企业的经理经常花费不长的时间，在职员所做的事情中，挑出正确的部分加以赞美。这样可以促使每位职员明确自己所做的事情，更加努力地工作，使自己的行为不断向完美的方向发展。

3．一分钟惩罚

一分钟惩罚是指某件事应该做好，但却没有做好，对有关的人员首先进行及时批评，指出其错误，然后提醒他，你是如何器重他，不满的是他此时此地的工作。这样，可使做错事的人乐于接受批评，感到愧疚，并注意避免同样错误的发生。

"一分钟"管理法则妙就妙在它大大缩短了管理过程，有立竿见影之效果。一分钟目标，便于每个员工明确自己的工作职责，努力实现自己的工作目标；一分钟赞美可使每个职员更加努力地工作，使自己的行为趋向完善；一分钟惩罚可使做错事的人乐意接受批评，促使他今后工作更加认真。

（四）"和拢式"管理方法

"和拢式"管理方法强调个人与整体，西方背景的企业较多采用这种管理方法。

1．"和拢式"管理概念

"和拢式"管理是受到欧美企业认可并广为实行的管理方法，用以完成人力资源管理过程中"争取实现创造性合作，建立和谐工作关系"的职责。

"和拢"表示管理必须强调个人和整体的配合，创造整体和个体的高度和谐。在管理中，欧美企业主要强调个人奋斗，促使不同的管理相互融洽借鉴。

2．具体特点

"和拢式"管理方法，具体包括以下六个特点。

(1) 既有整体性，又有个体性，企业每个成员对公司产生使命感，"我就是公司"是"和拢式"管理中的一句响亮口号。

(2) 自我组织性，放手让下属做决策，自己管理自己。

(3) 波动性，现代管理必须实行灵活经营战略，在波动中产生进步和革新。

(4) 相辅相成，要促使不同的看法、做法相互补充交流，使一种情况下的缺点变成另一种情况下的优点。

(5) 个体分散与整体协调性，一个组织中单位、小组、个人都是整体中的个体，个体都有分散性、独创性，通过协调形成整体的形象。

(6) 韵律性，企业与个人之间达成一种融洽和谐充满活力的气氛，激发人们的内驱力和自豪感。

（五）"走动式"管理方法

"走动式"管理方法，是世界上流行的一种创新管理方式，用以加强沟通与合作。它主要是指企业主管体察民意，了解实情，与部属打成一片，共创业绩。这种管理风格，已显示出其优越性。

1．主管动，部属也跟着动

日本经济团体联合会名誉会长士光敏夫采用"身先士卒"的做法，一举成为日本享有盛名的企业家，在他接管日本东芝电器公司前，东芝已不再享有"电器业摇篮"的美称，生产每况愈下。士光敏夫上任后，每天巡视工厂，遍访了东芝设在日本的工厂和企业，与员工一起吃饭，闲话家常。清晨，他总比别人早到半个钟头，站在厂门口，向工人问好，率先示范。员工受此气氛的感染，促进了相互间的沟通，士气大振。不久，东芝的生产恢复正常，并有很大发展。

2．投资小，收益大

走动管理并不需要太多的资金和技术，就可以提高企业的生产力。

3．看得见的管理

最高主管能够到达生产第一线，与工人见面、交谈，希望员工能够对他提意见，能够认识他，甚至与他争辩是非。

4．现场管理

日本为何有世界上第一流的生产力呢？有人认为是建立在追根究底的现场管理上。主管每天马不停蹄地到现场走动，部属也只好舍命陪君子了！

5．"得人心者昌"

优秀的企业领导要常到职位比他低几层的员工中去体察民意，了解实情，多听一些"不对"，而不是只听"好"的。不仅要关心员工的工作，叫得出他们的名字，而且关心他们的衣食住行。这样，员工觉得主管重视他们，工作自然十分卖力。一个企业有了员工的支持和努力，自然就会昌盛。

案例8-1

麦当劳的"走动式"管理

美国麦当劳快餐店创始人雷·克罗克，是美国有影响的大企业家之一。他不喜欢天天坐在办公室里，大部分时间都用在"走动式"管理上，即到所属各公司、各部门走走、看看、听听、问问。公司曾有一段时间面临严重亏损的危机，克罗克发现其中一个重要原因是，公司各职能部门的经理官僚主义突出，习惯躺在舒适的椅背上指手画脚，把许多宝贵的时间耗费在抽烟和闲聊上。

于是克罗克想出一个"奇招"，要求将所有经理的椅子靠背都锯掉，经理们只得照办。开始很多人骂克罗克是个疯子，不久大家悟出了他的一番"苦心"，纷纷走出办公室，开展"走动式"管理，及时了解情况，现场解决问题，终于使公司扭亏转盈，有力地促进了公司的生存和发展。

拓展知识

奥美公司的用才之道

奥美一直谨记：有才之士寻找的是一项事业，而非一份工作。对新人而言，我们非常在意对方选择加入广告业的决心。而对正在努力工作的奥美人而言，他们相当重视如何塑造充满挑战、创新和自由的工作气氛，希望使他们不仅拥有现在，而且也能预见未来。

20世纪80年代，正逢台湾广告业的蓬勃兴盛，那时奥美每年都保持至少30%的业绩成长率，每年1～6月，就通过报纸广告大量招募新人。然而，问题在于主管不擅"抚养"新人，新人的夭折率奇高无比。

90年代，台湾奥美招募新人的频度与数量都有所下降。但比起同业，他们仍然迷信新人，只是所谓的"纯白纸"新人渐少，而增加了有工作经验但无做广告背景的新人。因为大家发现，这类新人进入状态快。另外很重要的一点，新人承受压力和挫折的能力也比较高。

育才

对广告传播而言，没有优秀的人才就无法造就公司。奥美认为，雇佣巨人，奥美才成为强大的公司，反之则会变成侏儒公司。每位主管都有责任不断培养自己的接棒人。

当然，组织和人一样也会犯错误，无论是在用人或培育人才方面，奥美过去也做了不少错误的判断和决定，再加上业界人才的挖角和跳槽，奥美经常首当其冲，人才培养中途而废的情形时有发生。但这些挫折并未阻挠奥美10年来不变的决心，奥美矢志营造一个具有学习与成长能力的组织。

培训，不只限于新人，也包括工作多年的资深干部，甚至公司的负责人。10年来的训练预算一直不受删减。训练大概可分为几种：新人训练、定期办公室训练、密集训练、海外训练、不定期训练等。

虽说企业可以提供学习的环境，奥美的创业人大卫·奥格威也以教学医院自诩，但员工本身的自我驱策，才是成长的关键，毕竟公司的训练只是一切的开始而已。如果一起工作的伙伴，包括位居高阶的主管们都能示范活到老、学到老、身体力行的精神，那么无论何种部门都会感受到不断求进步的气息，想懒惰都很困难。

辞才

过去10年，奥美也曾因员工的绩效评估不佳而劝退或辞退，但顾及个人颜面，尤其在中国，通常低调处理而不正式公布。但在辞才之前，大多给予适当时间缓冲，甚至还会提供不同的机会，调离原职或给予崭新的挑战。

辞才似乎是企业无法避免的一项痛苦抉择，正因为此，奥美在内部不断呼吁，征求人才时务必用心遴选，而试用期间更需仔细观察，特别是对新人的考察。

在这一切之上，最重要的是创造一个工作的好环境。然而近年来，因不断地尝试改变，想在现有的奥美文化中注入新鲜活力，目的动机虽为善意，但过程方法可能不够成熟，导致若干人才流失，这也是奥美当初始料未及的。

然而，人非圣贤孰能无过，组织也一样，跌倒爬起固然重要，但自省能力与改善行动才是往前迈进的关键所在。广告人也是人，虽然奥美身处一个充满变化的行业，但承受乱流的勇力，也不是想象中的那般从容不迫，这也许是奥美的下一个挑战。

展望奥美的未来，人才培育的方式愈来愈多元，组织学习能力愈来愈强，而在其中冲锋陷阵的，个个都是巨人！

第二节　激 励 理 论

背景资料

激励对于从事管理科研的学者和从事管理实践的管理人员都是一项非常重要的内容。激励理论是关于如何满足人的各种需要、调动人的积极性的原则和方法的概括总结。激励的目的在于激发人的正确行为动机，调动人的积极性和创造性，以充分发挥人的智力效应，做出最大成绩。

一、激励理论概述

激励理论依据行为心理学的原理，通过"需要"的分析，来满足人的需要，从而激发人的行为。

1．激励理论

在经济发展的过程中，劳动分工与交易的出现带来了激励问题。激励理论是行为科学中用于处理需要、动机、目标和行为四者之间关系的核心理论。行为科学认为，人的动机来自需要，由需要确定人们的行为目标，激励则作用于人的内心活动，激发、驱动和强化人的行为。激励理论是业绩评价理论的重要依据，它说明了为什么业绩评价能够促进组织业绩的提高，以及什么样的业绩评价机制才能够促进业绩的提高。

2．激励理论的理论依据

早期的激励理论研究是对于"需要"的研究，回答了以什么为基础或根据什么才能激发调动起工作积极性的问题，包括马斯洛的需求层次理论、赫茨伯格的双因素理论和麦克利兰的成就需要理论等。激励理论中的过程学派认为，通过满足人的需要实现组织的目标有一个过程，即需要通过制订一定的目标影响人们的需要，从而激发人的行动，包括弗洛姆的期望理论、亚当斯的公平理论、斯金纳的强化理论等。

小贴士

代表性激励理论小知识：弗洛姆(V.H.Vroom)的"期望理论"

最具代表性的弗洛姆(V.H.Vroom)的"期望理论"认为，一个目标对人的激励程度受两个因素影响。

(1) 目标效价，指人对实现该目标有多大价值的主观判断。如果实现该目标对人来说，很有价值，人的积极性就高；反之，积极性则低。

(2) 期望值，指人对实现该目标可能性大小的主观估计。只有人认为实现该目标的可能性很大，才会去努力争取实现，从而在较高程度上发挥目标的激励作用；如果人认为实现该目标的可能性很小，甚至完全没有可能，目标激励作用则小，以至完全没有。

在弗洛姆之后，美国管理学家E.洛克(E. A. Locke)和休斯(C. L. Huse)等人又提出了"目标设置理论"。概括起来，主要有三个因素。

1. 目标难度

目标应该具有较高难度，那种轻而易举就能实现的目标缺乏挑战性，不能调动起人的奋发精神，因而激励作用不大。当然，高不可攀的目标也会使人望而生畏，从而失去激励作用。因此，应把目标控制在既有较大难度、又不超出人的承受能力这一水平上。

2. 目标的明确性

目标应明确、具体，诸如"尽量干好"、"努力工作"等笼统空泛、抽象性的目标，对人的激励作用不大。而能够观察和测量的具体目标，可以使人明确奋斗方向，并明确了自己的差距，这样才能有较好的激励作用。

3. 目标的可接受性

只有当职工接受了组织目标，并与个人目标协调起来时，目标才能发挥应有的激励功能。为此，应该让职工参与组织目标的制定，这比由管理者将目标强加于职工更能提高目标的可接受性，可以使职工把实现目标看成自己的事情，从而提高目标的激励作用。

这些关于需要和目标的研究，都成为设计业绩评价体系必须考虑的因素，特别是激励的过程理论中提出的若干要求，对于设计有效的业绩评价体系具有指导意义。

二、激励理论的分类与介绍

自从20世纪20、30年代以来，国外许多管理学家、心理学家和社会学家结合现代管理的实践，提出了许多激励理论。这些理论的形成时间及其所研究的侧面不同，基本可以分为心理学研究领域的理论分类和管理学研究的领域的分类。

(一)以心理学研究为出发点的分类

心理激励理论可分为行为主义激励理论、认知派激励理论和综合型激励理论三大类。

1. 行为主义激励理论

20世纪20年代，美国风行一种行为主义的心理学理论，其创始人为华生。这个理论认为，管理过程的实质是激励，通过激励手段，诱发人的行为。在"刺激—反应"这种理论的指导下，激励者的任务就是去选择一套适当的刺激，即激励手段，以引起被激励者相应的反应标准和定型的活动。

新行为主义者斯金纳在后来又提出了操作性条件反射理论。这个理论认为，激励人的主要手段不能仅仅靠刺激变量，还要考虑到中间变量，即人的主观因素的存在。具体说来，在激励手段中除了考虑金钱这一刺激因素外，还要考虑到劳动者的主观因素的需要。根据新行为主义理论，激励手段的内容应从社会心理观点出发，深入分析人们的物质需要和精神需要，并使个体需要的满足与组织目标的实现一致化。

新行为主义理论强调，人们的行为不仅取决于刺激的感知，而且也取决于行为的结果。当行为的结果有利于个人时，这种行为就会重复出现而起着强化激励作用。如果行为的结果对个人不利，这一行为就会削弱或消失。所以在教育中运用肯定、表扬、奖赏或否定、批评、惩罚等强化手段，可以对学习者的行为进行定向控制或改变，以引导到预期的最佳状态。

2．认知派激励理论

行为简单地看成人的神经系统对客观刺激的机械反应，这不符合人的心理活动的客观规律性。对于人的行为的发生和发展，要充分考虑到人的内在因素，诸如思想意识、兴趣、价值和需要等。因此，这些理论都着重研究人的需要的内容和结构，以及如何推动人们的行为。

认知派激励理论还强调，激励的目的是要把消极行为转化为积极行为，以达到组织的预定目标，取得更好的效益。因此，在激励过程中还应该重点研究如何改造和转化人的行为。属于这一类型的理论还有斯金纳的操作条件反射理论和挫折理论等。这些理论认为，人的行为是外部环境刺激和内部思想认识相互作用的结果。所以，只有改变外部环境刺激与改变内部思想认识相结合，才能达到改变人的行为的目的。

3．综合型激励理论

行为主义激励理论强调外在激励的重要性，而认知派激励理论强调的是内在激励的重要性。综合性激励理论则是这两类理论的综合、概括和发展，它为解决调动人的积极性问题指出了更为有效的途径。

心理学家勒温提出的场动力理论是最早期的综合型激励理论。这个理论强调，对于人的行为发展来说，先是个人与环境相互作用的结果。外界环境的刺激实际上只是一种导火线，而人的需要则是一种内部的驱动力，人的行为方向取决于内部系统的需要的强度与外部引线之间的相互关系。如果内部需要不强烈，那么，再强的引线也没有多大的意义。

波特和劳勒于1968年提出了新的综合型激励模式，将行为主义的外在激励和认知派的内在激励综合起来。在这个模式中含有努力、绩效、个体品质和能力、个体知觉、内部激励、外部激励和满足等变量。

在这个模式中，波特与劳勒把激励过程看成外部刺激、个体内部条件、行为表现、行为结果相互作用的统一过程。一般人都认为，有了满足才有绩效。而他们则强调，先有绩效才能获得满足，奖励是以绩效为前提的，人们对绩效与奖励的满足程度反过来又影响以后的激励价值。人们对某一作业的努力程度，是由完成该作业时所获得的激励价值和个人感到做出努力后可能获得奖励的期望概率所决定的。

很显然，对个体的激励价值愈高，其期望概率愈高，则他完成作业的努力程度也愈大。同时，人们活动的结果既依赖于个人的努力程度，也依赖于个体的品质、能力以及个体对自己工作作用的知觉。

波特和劳勒的激励模式还进一步分析了个人对工作的满足与活动结果的相互关系。他们指出，对工作的满足依赖于所获得的激励同期望结果的一致性。如果激励等于或者大于期望所获得的结果，那么个体便会感到满足。如果激励和劳动结果之间的联系减弱，那么人们就会丧失信心。

(二)以管理学研究为出发点的分类

管理激励理论可以分为内容型、过程型、强化型和综合型四大理论类型。

1．内容型激励理论

由于需要是人类行为的原动力，因此这一理论实际上是围绕人们的各种需要来进行研究的，故又称需要理论。需要理论主要有马斯洛(A.Malsow，1954)的需要层次理论、阿尔德弗(Alderfer，1972)的ERG理论、麦克利兰德(D.C.Mc.Clelland，1961)的成就需要理论、赫兹伯格的"激励-保健"双因素理论。

1) 马斯洛的需要层次理论

最具代表性的马斯洛需要层次理论提出人类的需要是有等级层次的，从最低级的需要逐级向最高级的需要发展。需要按其重要性依次排列为：生理需要、安全需要、社会需要、尊重需要和自我实现需要。并且提出当某一级的需要获得满足以后，这种需要便中止了它的激励作用。图8-1所示为马斯洛的需要层次金字塔图。

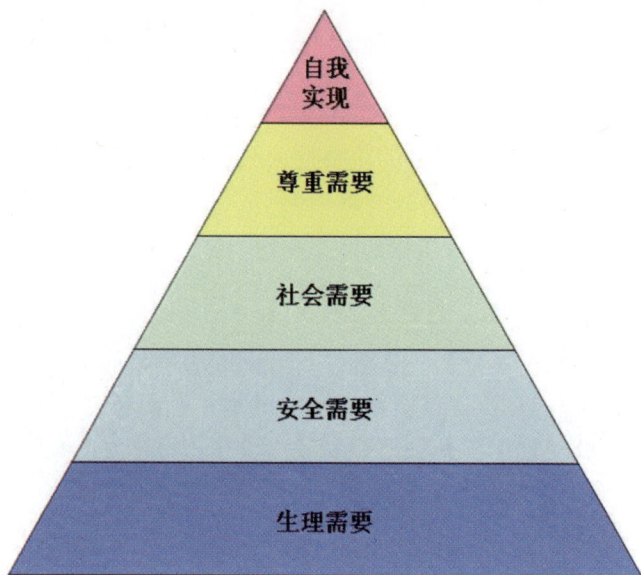

图8-1　马斯洛的需要层次

近来研究还发现，满足需要时不一定先从最低层开始，有时可以从中层或高层开始；任何一种需要并不因为满足而消失，高层次需要发展时，底层需要仍然存在；在许多情况下，各层次的需要相互依赖与重叠。

2) ERG理论

ERG理论是生存－相互关系－成长需要理论的简称。阿尔德弗认为，职工的需要有三类：生存的需要(E)、相互关系需要(R)和成长发展需要(G)。该理论认为，各个层次的需要受到的满足越少，越为人们所渴望；较低层次的需要越是能够得到较多的满足，则较高层次的需要就越渴望得到满足；如果较高层次的需要一再受挫而得不到满足，人们会重新追求较低层次需要的满足。这一理论不仅提出了需要层次上的满足到上升趋势，而且也指出了挫折到倒退的趋势，这在管理工作中很有启发意义。

3) 麦克利兰德的成就需要理论

麦克利兰德的成就需要理论认为，在人的生存需要基本得到满足的前提下，成就需要、权利需要和合群需要是人的最主要的三种需要。成就需要的高低对一个人、一个企业发展起着特别重要的作用。该理论将成就需要定义为：根据适当的目标追求卓越、争取成功的一种内驱力。

该理论认为，成就需要强烈的人事业心强，喜欢那些能发挥其独立解决问题能力的环境。在管理中，只要给他提供合适的环境，他就会充分发挥自己的能力。权利需要较强的人有责任感，愿意承担需要的竞争，并且能够取得较高的社会地位的工作，喜欢追求和影响别人。

该理论还认为，合群需要是人们追求他人的接纳和友谊的欲望。合群需要欲望强烈的人渴望获得他人赞同，高度服从群体规范，忠实可靠。

4) 赫兹伯格的双因素理论

赫兹伯格的双因素理论，认为职工非常不满意的原因，大都属于工作环境或工作关系方面的，如公司的政策、行政管理、职工与上级之间的关系、工资、工作安全、工作环境等。他发现上述条件如果达不到职工可接受的最低水平时，就会引发职工的不满情绪。但是，具备了这些条件并不能使职工感到激励。

赫兹伯格把这些没有激励作用的外界因素称为"保健因素"。他还认为，能够使职工感到非常满意等因素，大都属于工作内容和工作本身方面的，如工作的成就感、工作成绩得到上司的认可、工作本身具有挑战性，等等。这些因素的改善，能够激发职工的热情和积极性。赫兹伯格把这一因素称为"激励因素"，这就是"双因素理论"。

这一理论告诉我们，管理者首先应该注意满足职工的"保健因素"，防止职工消极怠工，使职工不致产生不满情绪，同时还要注意利用"激励因素"，尽量使职工得到满足的机会。

2. 过程型激励理论

过程型激励理论着重研究人从动机产生到采取行动的心理过程。这类理论表明，要使员工出现企业期望的行为，须在员工的行为与员工需要的满足之间建立起必要的联系。过程型激励理论主要有洛克(E.A.Locke)的目标设置理论、弗洛姆(V.H.Vroom)的期望理论、亚当斯(J.S.Adams)的公平理论等。

1) 洛克的目标设置理论

洛克的目标设置理论认为目标是激励因素影响个体工作动机的主要手段，给员工设置目标应根据目标的具体性、挑战性和认同性三大标准。目标设置理论的前提假设每个人都忠于目标，即个人做出决定不降低或放弃目标。设置目标可以提高一个人对能胜任某项工作的信心，即个体的自我效能感。目标设置理论奠定了目标管理的理论基础。

2) 弗洛姆的期望理论

弗洛姆的期望理论认为，人们从事任何工作的激励将取决于经过其努力后取得的成果的

价值(不论是正的还是负的),乘以经其努力后将在实质上有助于达成目标的信念。其公式是:
激励=效价×期望率。

其中,效价是指这个人对这个激励因素的爱好程度,即对他所要达到目标的价值的估计。而期望率是指通过特定的活动导致预期成果的概率。根据以上公式我们可以认为,当员工得到其所偏好的且有很高期望的工作时,才会使效价和期望率达到最高水平,从而使激励强度最大,这时的激励才最有意义。

3) 亚当斯的公平理论

亚当斯的公平理论认为员工激励不仅受报酬绝对数量的影响,更受到工作报酬相对比较的影响。同等的报酬不一定获得同样的激励效果,个体只有通过对报酬的横向社会比较和纵向历史比较,感到公平,才能激发工作积极性。

3. 强化型激励理论

强化理论主要研究人的行为结果对目标行为选择的反作用,通过对行为结果的归因来强化、修正或改造员工的原有行为,使符合组织目标的行为持续反复地出现。具有代表性的是斯金纳的强化理论和凯利的归因理论。

1) 斯金纳的强化理论

斯金纳的强化理论认为,人的行为是由外部环境刺激所作的反应。即人的行为的结果对动机有反作用。如果行为是好的结果,这就能对动机起正强化作用,即能使人的行为得到加强和重复;如果行为的结果使动机得到削弱,这就对动机起负强化作用,会使人的行为削弱或消失。这种理论的意义在于用改造环境的办法来保持积极行为,修正错误行为。

2) 凯利的归因理论

凯利的归因理论是关于人的某种行为与其动机、目的和价值取向等属性之间逻辑结合的理论。所谓归因,就是指为了预测和评价人们的行为并对环境和行为加以控制而对他人或自己的行为结果所进行的因果解释和推论。对行为结果的不同归因会影响人们的行为选择。这一理论的启示是:可以通过影响个体的归因,引导他反复选择组织期望的行为。

4. 综合型激励理论

综合型激励理论主要是将上述几类激励理论进行结合,把内外激励因素都考虑进去,系统地描述激励全过程,以期对人的行为做出更为全面的解释,克服单个激励理论的片面性。代表理论有罗伯特·豪斯(Robert House)的激励力量理论、布朗(R.A.Baron,1986)的VIE理论、波特(L.Porter)和劳勒(E.Lawler)的期望几率理论。

1) 罗伯特·豪斯的激励力量理论

罗伯特·豪斯的激励力量理论是在双因素理论和期望理论基础上提出了一个整合模型:激励力量=任务内在激励+任务完成激励+任务结果激励。他的贡献在于把内外激励因素有机结合了起来,内在激励包括工作本身提供的效价和工作绩效产生的效价及其期望值,外在激励包括工作完成带来的各种外在报酬的效价。

2) 布朗的VIE理论

布朗认为激励是绩效(Value)、手段(Instruments)和期望(Expectancy)的乘积。其中任何一项要素为零,激励就等于零。该理论的实质是对目标设置理论和期望理论的综合。

3) 波特和劳勒的期望几率理论

该理论认为激励力量大小取决于多方面的变化因素，涉及当事人对该项工作的成功、所获报酬、公平性、角色意识、个人技术能力以及相关影响的认识和评价。它可进一步看做是VIE理论和公平理论的结合。

三、激励理论实践应用的几种模式

上述介绍的理论是在描述一般性的原理和规律，在实践过程中单独使用某种以上介绍过的激励理论情况很少，在企业实践的过程中，需要灵活运用各种激励理论，创造出行之有效的激励方式。以下介绍的几种激励模式是从大量的企业管理过程中归纳出的几种常用方式。

(一)物质激励

物质激励是激励理论应用中最常见的手段，要正确理解和运用物质激励，以达到激励的目的。

1．物质激励的性质

物质主要指工资、奖金、福利等基本待遇。物质基础与经济利益，是人们生存和生理需要的基本条件，即马斯洛需求论中满足生理需要和安全需要的基本条件。

2．使用物质激励方法需注意的事项

(1) 根据亚当斯的公平理论，只有确保物质激励的相对公平，才能确保激励作用的较好发挥。即人们在相应级别上可以得到大体相同的报酬，同时在级别相同的情况下，薪水与奖金的数量还应当能够反映个人的工作业绩，体现多劳多得的原则。

(2) 物质激励只有当预期的报酬与目前个人收入相比差距较大时，才能起到激励作用。

(3) 对于马斯洛需求层次论中对低层需求越多的人，物质激励越有效。相反如果激励对象在金钱需要方面不那么迫切，那么物质激励的作用将会削弱。

(二)工作激励

工作激励让员工有快乐和成就感，满足员工被尊重的"需要"。

1．工作激励的性质

工作激励指稳定的工作关系和良好的工作环境以及员工能积极参与到工作管理中去，体会到工作的乐趣。让员工参与商讨和自己有关的行动，产生使命感，既能激励员工，又能为企业的成功获得有价值的知识。参与也是一种信任和赏识的手段，它能满足归属需要和尊重需要，尤其是给人一种成就感。让员工积极参与工作实现工作激励的关键就是使工作丰富化，改进工作方法，提高工作动机，变革工作内容，使人们体验到工作的意义和赋予的责任。

2．工作激励的内容

(1) 工作的完成需要多方面的技能和才干，能调动员工的工作积极性，挖掘他们的潜力。

(2) 员工拥有完成工作的各种必要权利，能独立自主并完整地完成某一项工作，从而能获

得一种成就感。

(3) 员工应能认识到工作的积极性，工作结果有健全的反馈机制，从而激励员工完成工作。

(三)目标激励

1. 目标激励的性质

目标是人的一种期望，有了明确具体的目标，才能激发出人们奋发努力的动力。制定并实现目标也是组织存在的目的，所以目标既是激励的手段又是管理的目的。

2. 目标激励方法需注意的事项

在这里强调管理者应对做出成绩的人们给予行之有效的物质与精神的奖励，处理好成绩与奖励的关系，并根据结果对员工履行职责的情况进行评估，做到奖惩分明。

1) 确立目标要适宜

目标激发人去奋斗，目标的价值越大，实现的可能性越大，动力也就越大。如果目标虽然吸引人，但是同时难度极大甚至无法实现，那么激励力量不会很大；同理如果目标价值不大，过于轻松就能完成，也不会产生很大的激励作用。因此，目标的设置需要在有实现的可能性的同时还具有相当的价值。

2) 要让员工参与目标的制定

不同的员工拥有不同的学识、能力、经验和自信心，从而对于目标的期望率也是不同的。因此让员工参与目标的制定，协调员工的期望值，既有利于合理调动人的积极性，又有利于目标的实现。

3) 要处理好成绩与奖励的关系

人总是希望在达到目标后能得到期望的报酬和奖励，其中奖励可以包括酬金等物质上的奖励，也包括得到社会的承认和同事的赞许等精神上的奖励。

(四)典型激励

典型激励可以满足员工的心理需求，可以通过树立"典型"，带动团队其他员工的行动。

1. 典型激励的性质

典型激励指的是树立良好的榜样，一个良好的典型是一面旗帜。把抽象的道理转化为具体的典型，通过典型激发员工的行动，可以激励斗志鼓舞士气，起到潜移默化的作用。

2. 典型激励方法需注意的事项

(1) 要善于发现典型，特别是身边的典型，于细微之处见精神，从平凡的人中发现不平凡的事。典型应有广泛的群众基础，经得起考验，而不能凭领导者的好恶，人为硬性拼凑制造典型，否则会适得其反，引起人们的反感，挫伤积极性。

(2) 对典型不能求全责备，更不能神化典型。典型人物也是平常人普通人，有其出色的一面更有普通的一面，对典型人物的宣传要真实可靠，引导人们学其所长，避其所短，而不能过分渲染、添枝加叶、任意拔高，使其失去真实性。如果过于美化典型人物不仅会给他们带来身心压力，还会削减人们学习的热情。

(3) 要保护典型，对那些中伤打击典型的错误言行要进行批评教育，坚决制止，以防止狭隘心理和嫉妒心理的产生和蔓延。

(五)组织文化激励

组织文化激励可以使员工个体有归属感，独特的企业文化可以满足员工的团队归属的"需要"。

1. 组织文化激励的性质

组织文化是组织成员统一意志的体现，这种意志可以形成自身的发展机制并产生效应，使组织成员从内心产生一种奋发进取的动力。

2. 组织文化激励的作用

无论是企业组织、行政组织还是事业单位组织，都应形成自己独特的组织文化。组织文化所起的激励作用不是被动消极地满足人们对自身价值实现的心理需求，而是通过组织文化的塑造，培养成员的共同规范、共同信仰和共同追求，使组织成员从内心深处自觉产生为本组织拼搏的精神。

组织文化具有强大的心理激发力、精神感召力和能量诱惑力，并弥漫于组织群体之间，犹如一道无形的力量，把每个个体的行为整合起来，维系、主导并昭示组织中的所有成员，引导他们朝着既定目标去奋斗。

实践中激励的手段和方式还有很多，如危机激励、产权激励、晋升激励、荣誉激励等。前面曾论述，激励理论应用于实践是一个创造性的过程，只要设计合理，行之有效，各种激励模式都可以并应该应用于实践，为实践服务。

第三节　激励机制

背景资料

激励的实质是指怎样在生产过程中激发员工的工作积极性。在企业运行的实践中，人们将激励理论实际运用在管理过程中，即制订激励计划。

物质激励的科学运用可以追溯到19世纪晚期弗雷德里克·泰罗(Frederick Taylor)，他最早推广使用了奖金，即支付给产量超过预定标准的雇员的现金报酬。泰罗是米德沃尔钢铁公司的基层管理人员，他发现厂里的工人在每天工作12小时之后，还有精力回家在他们的阁楼上工作。原因在于当时的工资制为计件制，工人根据产品数量和单个产品报酬(计件工资率)来确定其收入。

但是当产量上升时，部分雇主会削减计件工资率及单个产品的报酬。这大大削减了工人的生产积极性。即雇员会以尽可能慢的速度工作，把产量维持在可接受的最低水平的倾向。

为此，泰罗看到了制定日公平工作标准的必要性，并使用奖金来激发员工生产积极性，成为用奖金和绩效工资作为激励企业员工工作的鼻祖。

一、现代企业激励机制的内容和分类

激励机制包含物质激励机制和精神激励机制两大方面的内容。

(一)物质激励机制

物质激励包括工资报酬、绩效工资与奖金、福利和服务。

1．工资报酬

工资报酬有直接货币报酬，包括工资、薪水、奖金、佣金和红利等形式；还有间接货币形式支付的福利，如雇主支付的各项保险、带薪休假旅游等。工资的确定应主要考虑以下几种因素的影响，首先是相关的立法，其次是公平原则，对公平的追求是决定工资率最重要的因素。工资率的确定主要有两个步骤，首先是对于行业的薪资调查，接下来是根据调查确定本企业各职位的薪资水平。

2．绩效工资与奖金

现代企业在绩效与奖金方面建立了较为全面的激励机制体系。根据企业规模与组织机构内各部分的职能组成，制订了不同的具有针对性的激励计划。对于组织机构完善、规模成熟的企业，可以分为生产工人激励计划、中高层管理人员激励计划、销售人员激励计划、其他专业人员激励计划、组织的整体激励计划；对于小型企业，主要应处理好以下几点关键问题。

(1) 处理好基本工资、加班工资以及红利即项目奖金的计算和区分工作。

(2) 要考虑公司目前所处的经营阶段，在设计激励机制时，雇主应考虑企业的发展阶段。

(3) 注重生产率的同时还应对质量进行评估测量。

(4) 让雇员参与系统设计。

目前我国广告公司市场规模小、起点低的公司数量占相当的比例，甚至成为目前广告公司的特征，激励机制对于小广告公司的管理还是很实用的。

3．福利和服务

奖金是付给那些工作超过给定标准的个别工人的货币奖励。与此相对，雇员福利则对所有的雇员都适用。在当今企业运行中，奖金对雇员的激励作用越来越弱，因此需要新型的奖励，所以福利计划在激励机制中起到越来越重要的作用。福利的管理也成为一项越来越专一化、代价越来越高昂的工作。在实际操作中有许多福利计划，在此主要分为四大类。

(1) 用于带薪不工作时间的补充性工资，包括失业保险、休假和节假日休息、病假、遣散费等。

(2) 保险福利，包括人寿保险、医疗保险、生育保险、工伤补偿等。

(3) 退休福利，包括社会保障、养老金。

(4) 雇员服务福利，包括信用互助会、法律服务、咨询以及社交和娱乐机会等。如托儿服务、教育津贴、交通津贴、文化津贴(发放电影票、组织参观展览)、住宅援助、度假奖励、伙食服务等。

现代企业的福利五花八门，竞争激烈，如ASP公司开办免费瑜伽班；惠普公司加班可以打的回家、办公区里设卧室、洗手间隔壁设豪华淋浴房等。

(二)精神激励机制

精神激励包括价值激励、尊重激励、情感激励、环境激励、培训激励等，这些激励措施的采用，都可以发挥有效而持久的激励作用，其中如何培养雇员的献身精神是精神激励的重要组成部分。

案例8-2

Google公司的员工福利

午餐福利会成为吸引你留在一个公司的关键因素吗？调查发现，65%的人持肯定态度，而接近一半的人期望拥有双倍餐补。吃喝是人生永恒的主题。聪明的老板应该已经发现，关心了员工的胃，比发个大红包更加有效。

最有名的午餐福利是Google公司的食堂。关于Google食堂一个有意思的传说是，曾经有一位工程师经过测量后发现，自己无法按照Google的食品准则在100英尺内找到食品，所以希望后勤部门改进这种情况。于是后勤负责人告诉他，在Google不会出现这种情况，因为在你头上就有Google的食堂。(Google的食堂就在该员工办公室的上层)。

Google食堂历史悠久。几乎每个硅谷的工程师都以在Google食堂免费享受三餐为乐。不过现在Google食堂也搬到了北京公司，在Google中国大楼一层和六层都设有餐厅，北京的员工已经达到570位，在高峰时段，Google食堂排队会排到餐厅外的大厅里。食堂的厨师都是高薪聘请的名师：来自山东的特级厨师薛师傅是Google中国的总厨师长，他在一次国宴级的大厨PK赛中获胜，成为Google中国的厨师长，带领12位师傅为Google中国的食堂提供饮食。

在Google 中国的食堂吃饭，每顿饭包括30个中西菜品，包括海鲜、各种肉类、水果、汤、菜、粥、甜品、主食、饮料等，还包括麻辣烫。除了咖啡、可乐等常见饮料外，其他各种果汁、饮料也有几十种。更重要的是，如果你今天吃到了一种好吃的食物，感觉好吃，还想再吃，那么至少要半个月之后才有机会再次吃到相同的菜。图8-2为Google公司食堂一角。

Google每年光花在美国员工身上的免费食物的总支出就达到了7228万美元。这听起来很惊人，但事实上与Google2007年总共赚了42亿美元相比，这些投入所占比例并不是很大。

图8-2　Google公司食堂提供的员工膳食服务

二、专业人员激励计划

专业人员是指那些将用其专业知识来解决雇主的问题的雇员。他们包括律师、医生、设计师、经济学家和工程师等。专业人员的报酬决策包括许多独特的问题。对多数专业人员来说，同其他雇员相比，除了金钱有激励作用以外，出类拔萃的工作成果和被同事所赞扬等物质激励以外的激励也起到很大的作用。

1. 适合专业人员的物质与非物质激励

在物质刺激方面，最基本的形式同样是绩效工资。另外，对于研究团体专业人员最有效的激励计划是红利形式的激励。据研究表明，专业团体项目的设计、开发和营销新产品的时间周期较长，而红利这种形式相对而言与薪资之间的比例关系通常比较稳定，发放红利的运行周期较长，可以在一年以上，能够很好地配合项目工作周期长的特点。

在非物质刺激方面，如为专业人员提供良好的设备、帮助他们定期出版著作等方法，也能激励专业人员做好他们的工作。

2. 对关键有功人员的奖励

奖励组织之中关键的有功人员，发挥典型激励的榜样作用，也是激励专业人员以及专业团队的有效方式。根据对美国高技术企业中高层管理人员和关键有功人员报酬状况的调查，约76%的企业有各种形式的正式或非正式的奖励关键有功人员计划。

奖励手段主要有以下四种。

第一，现金即付的形式，83%的企业采用现金即付的形式。

第二，特殊津贴方式，与现金即付类似，占35%。

第三，支付股票的形式，约半数的企业采用支付股票的形式，包括股票赠与和提供购股优先权。

第四，非货币奖励，包括汽车、旅游、研究基金和年休假等间接物质奖励。另外还有公众赞扬以及自由选择研究项目和"职业生涯得到全面改善"等形式。

3. 改进客户服务质量的激励方案

企业还制订绩效工资计划以奖励雇员为提高企业的顾客服务质量标准而作出的贡献。该方案对于保险业、银行客户部门等与顾客直接打交道的服务行业最为有效。

例如，Aetna人寿及灾害保险公司运用了这项方案。该计划包括企业对关键人员实行不同奖励计划的比例。雇员的基本报酬方案以其绩效的总体状况为依据，以顾客服务质量为基础的明星绩效计划则为绩效显著的雇员提供周期性的红利。

另外对于专业技术团队，该项方案也有重要的作用，因为专业技术团队所开发的项目同样也面对其服务对象，并且以满足顾客需求为根本，该项计划能够提高雇员对顾客需求的了解程度，雇员对顾客需求的关注程度。

三、组织的整体激励计划

许多企业都制订了全体雇员均可参与的奖励计划，包括利润分享计划、雇员持股计划、收益分享计划等。

(一)利润分享计划

利润分享即多数员工均可获得一部分公司利润。这项计划主要能够起到增加工人的义务感、参与感和合作感的作用，因而能够减少雇员流动，鼓励员工勤奋工作。

利润分享计划有以下两种形式。

1．现金计划

现金计划即每隔一定时间，把一定比例的利润作为利润分享额分给员工。例如美国俄亥俄州林肯电器公司创立的林肯激励体制，该体制内容为，每年都依据对雇员成绩的评估来分配年度总利润。同时还制定了提案制度，工人可以在实施期间以节约的资金中获得奖励。林肯计划是实施比较成功的利润分享计划。现金计划是应用最多的整体激励方式。

2．延期利润分享计划

在监督委托管理的情况下，企业按预定比例把一部分利润存入雇员账户。这类方式使员工可以享受税收优惠，因为个人收入所得税的支付要延期到雇员退休后，从而降低了员工的纳税率。

(二)雇员持股计划

公司把一部分股票(或可以购买同量股票的现金)交给信托委员会(它的作用就是为雇员购买一定数额的企业股票)，其数额通常依据雇员年报酬总额的比例确定，但一般不超过15%，并把股票存入员工个人账户，直至其退休或不再工作时再发给他们。有关研究表明该方式能够加强雇员的合作意识和对企业的义务感。因为这种方式增加了提供物质刺激的机会，创造了新的合作精神，并有助于班组完成工作。

(三)收益分享计划

鼓励多数或全体员工共同努力以达到公司生产率目标，从而能够分享成本削减带来的收益。该种计划的实施可以分为八个步骤：确定计划的总体目标、定义具体的绩效测量标准、确定基金规模测量标准、决定采用何种方法在雇员内部分配收益额。常用方法是平均分配，报酬的数量必须足以引起员工注意并对其行为有激励作用，专家建议报酬数量最好为工资额的4%～5%；确定报酬方式，通常为现金形式，偶尔也采用普通股票或延期现金形式；决定红利的发放周期，这取决于所采用的测量标准；建立员工的支持或参与体制。这种体制一般包括决策参与、计划修订会议、建议制度、协调人员关系、解决问题小组、部门参与、培训方案、业务交流、内部审计和外部审计。

综上所述，成功而有效的组织整体激励计划，绝大多数都是将员工的经济收益尤其是中长期的利益与企业的经济收益以及长远的繁荣发展相挂钩，并且增加员工的参与感，从而达到激励员工努力工作与企业共盛衰的效果。

四、培养雇员的献身精神

员工献身精神是一种指导原则，是一种理念。对于培养员工的献身精神，有许多宏观的观念和战略，例如，进行基于人力资源管理效用的员工献身精神培养；树立"以人为本"的管理理念；制定从员工献身精神出发的人力资源管理策略，主要是指通过人力资源管理中的培训、薪酬、福利和晋升等途径激发和推动员工的动机、行为，以增加员工对企业的认同。

在人力资源管理实践过程中有以下几方面可以培养员工献身精神。

(一)关注具有献身精神的员工

尤其是在企业员工的招聘中，要从源头开始注意招收具有献身精神的员工，使其一开始就能够比较容易融入企业价值观念中，以减少对员工价值观念进行改造的成本。

美国著名的DELL公司创始人迈克尔·戴尔就说过："如果这个人可以认同公司的价值观和信念，也了解公司目前的运营和努力方向，那么他不但会努力达到眼前的目标，也会对组织的更大目标有所贡献。"企业培养员工的献身精神只有转化为员工的信念才能真正发挥其作用。

(二)通过人力资源培训培养员工献身精神

人力资源培训是企业对员工进行再造的重要方式，也是企业在培养员工献身精神中采用的重要手段，是一种比较直接而有效的方式。作为员工软技能的培训，应该作为企业人力资源培训计划的组成部分，并制定相应的培训目标、培训方案和考核方法，落实培训经费和培训资源。

值得注意的是对于软硬技能的培训应给予同等重视，虽然软技能(例如对企业文化的认同以及献身精神等)的现场培训效果不会像硬技能那样明显，但这是必不可少的环节。

例如，韦尔奇在任通用公司总裁期间，18年中他就亲自在公司学校讲授250多次课，并把企业的五条核心价值观印成卡片让员工随身携带。该例子中，培养员工的献身精神也就是要把这一内容当成员工必备的技能列入员工培训中，并通过细节落实培训目的。培养员工的献身精神也是企业培训的内容之一，将员工献身精神的培训贯穿到企业的培训工作中将会提高企业的培训效果，同时为企业的软技术培训提供方法。

(三)将员工献身精神作为工作绩效考核设计的原则

为培养员工的献身精神，把其作为工作绩效考核直接表明企业管理的导向。

1．绩效考核

绩效考核是人力资源管理中的核心内容之一，绩效考核决定着员工对企业的贡献，也决定着员工获得的奖励。所以绩效考核能够对员工的行为产生直接的影响，在绩效考核中体现员工献身精神的价值可以从导向上鼓励员工的献身精神。当然，员工的献身精神不是容易量化的指标，但可以在考核中作为指导原则以加权、乘数等方式体现在绩效考核体系当中。

2．绩效考核之外的评价

除了能量化的绩效考核项目，还要对员工献身精神在绩效考核之外的激励方法。

(1) 企业的评价体系可能不止于绩效考核，绩效考核只是日常性的、正规化的评价。在绩效考核之外，对员工献身精神的鼓励要体现在企业的每一种评价中，包括领导对员工的口头、物质等不同形式的评价。

(2) 企业的薪酬分配和福利都要对员工的献身精神进行激励，并在福利中增加员工的就业安全保障。以员工献身精神为导向的员工评价就是要在企业中形成一种对员工献身精神的鼓励氛围。绩效考核更多的是对员工的激励，需要运用心理学的原理和方法。

(3) 对员工的激励绝不是给钱和提升那么简单，激励有一套方法和企业的价值观问题，正确的激励就应该是基于企业员工价值观的培养，从价值观上，也就是以人为本地进行员工激励，从而达到激励与企业目标的正向相关，形成激励和企业发展的同步。从培养员工献身精神的角度出发进行企业的员工激励及绩效考核设计等就有着更重要的意义，在人力资源管理中也将会产生更大的效用。

(四)实行基于培养员工献身精神的人才提拔和培养

培养员工的献身精神，更要制订对具有献身精神的员工进行激励的方法。

1．献身精神是提拔的重要指标

在决定一位员工的提拔和晋升时，除了对其工作业绩和能力的考察，还要考察其具有的献身精神。在提拔高层的企业管理人员时尤其应该注意这一点，因为高层管理人员的献身精神不仅会影响本人和所在的部门，更会影响到企业整体的员工献身精神这一价值体系建设。

现代企业中高层人才的大量跳槽给企业带来巨大的损失，因此在企业的人才提拔和培养中必须更加注意员工献身精神的问题。献身精神是否在企业中作为人才提拔和培养的必要指标，将会对该企业所有员工的献身精神培养产生指导性的作用。

2．韦氏管理办法

韦尔奇对中层经理人员管理的四种办法，如表8-1所示，值得制定培养员工献身精神的企业借鉴。

表8-1　韦尔奇对中层经理人员管理的四种办法

能力献身精神 \ 业绩	优秀	差
具有	提升	培养
不具有	利用	离开

第四节　广告公司的激励机制

背景资料

虽然激励机制被广泛地应用于各个行业的企业之中，但是每一个行业都具有自己不同的行业特征、企业需求以及文化环境。因此，有效运用激励机制的最重要的前提是准确把握行业特征，根据具体人力资源管理特点制定相应的激励机制。

因此对于广告企业来说也有其具体的激励机制应用模式，而这些模式至今仍在不断发展与探索之中。

一、广告公司激励机制的模式

广告行业作为创意产业，其人力资源与其他行业相比具有创意产业的独特性，因此对于创意的激励就尤为重要。广告公司应该以创新和激励为侧重点和切入点，针对中国广告公司起点低、规模小、专业系统不足的特点，提炼出一套适合现状改良又能推进中长期发展的激励和管理模式，换言之，该激励模式是基于创新激励模型而建立的。

(一)创新激励系统模型

企业创新激励系统模型根据个人和公司创新行为的发生条件，以及创新行为的个人层次、公司层次和公司整体层次等的相关论述、模型化的表述，此为企业创新激励系统模型，如图8-3所示。

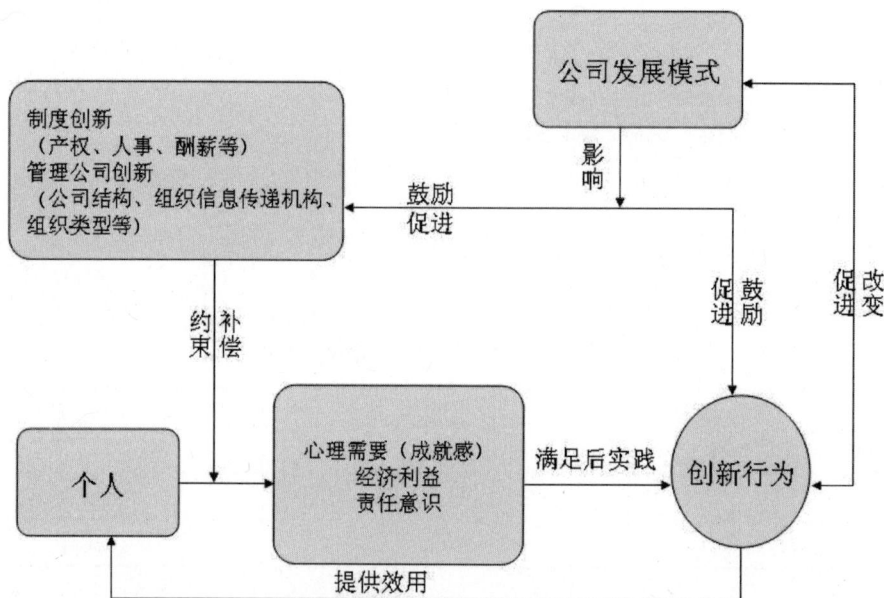

图8-3　企业创新激励系统模型

在图中，体现了创新行为的3个层次分别与创新行为相联系。基于创新行为的3个层次，可抽离出企业创新系统的3个方向，分别如下。

(1)个人——动机满足(心理需要、经济利益、责任意识)——创新行为——个人，图8-4所示为模型分解图一。

(2)公司制度(制度创新、管理公司创新)——个人——创新行为——公司制度(制度创新、管理公司创新，图8-5所示为模型分解图二。

(3)公司整体(公司发展模式)——创新行为——公司整体(公司发展模式)，图8-6所示为模型分解图三。

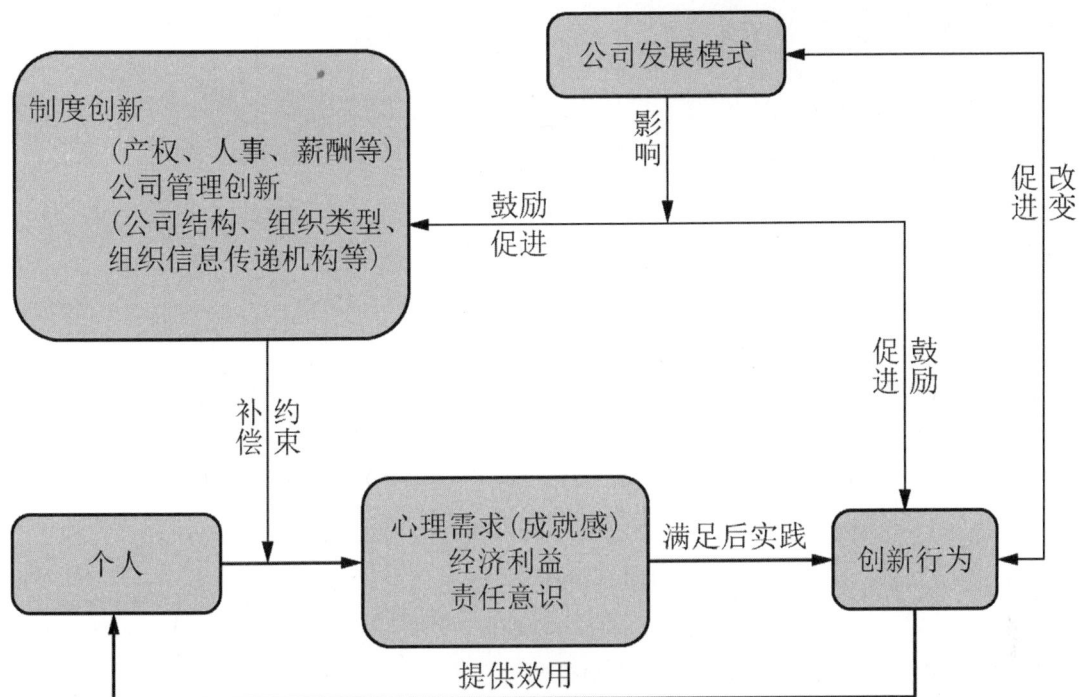

图8-4 模型分解图一

08

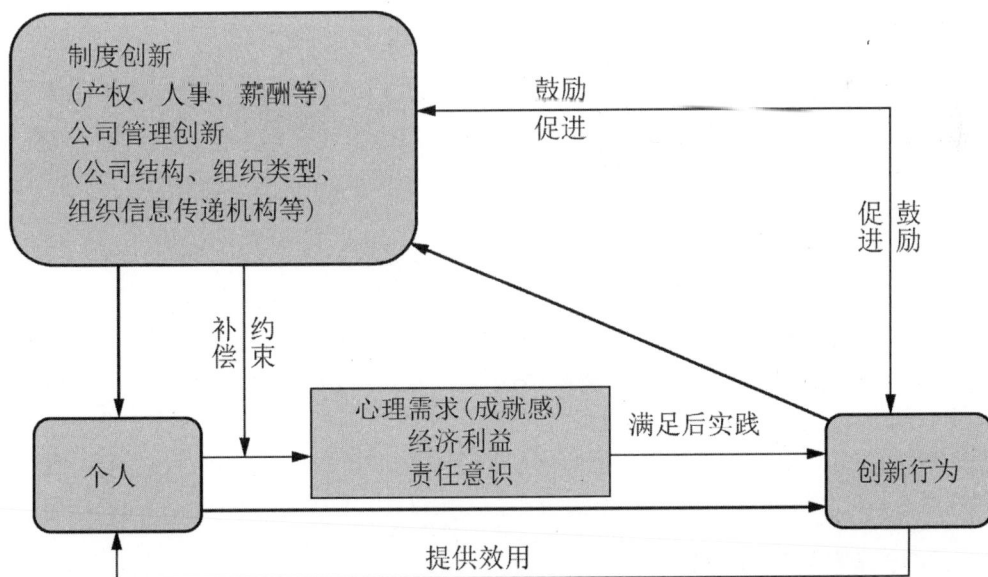

图8-5 模型分解图二

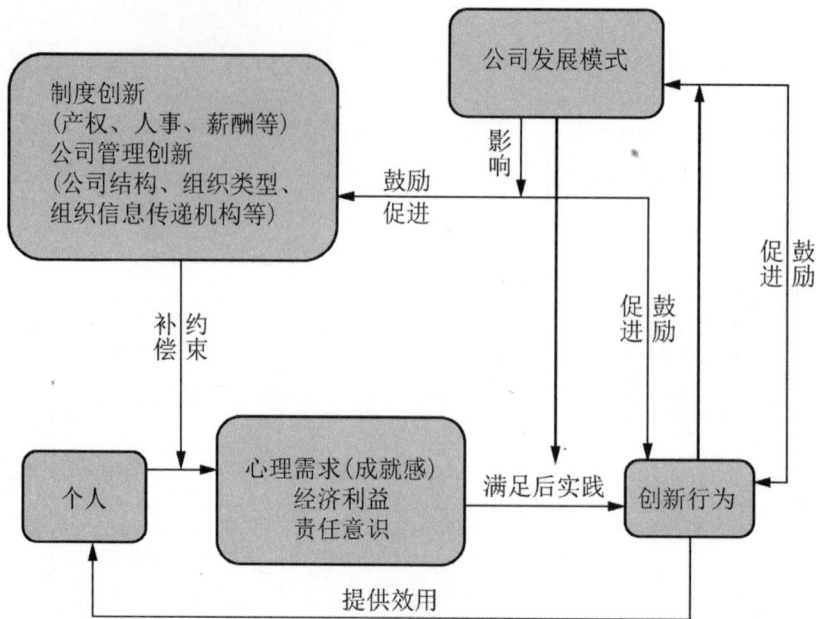

图8-6　模型分解图三

作为公司整体发展模式的创新，对公司内部和个人的创新活动也具有微观性激励作用。这个模型就成为我们推导广告公司创新激励模型的基本范式。

(二)企业创新激励系统的三个层面

一套切实可行的创新激励系统有利于优秀人才脱颖而出，在落实和发展过程中，使这个系统更加成熟和完善，促进企业发展目标的实现。

1．以制度为起点的创新激励层次

从制度的变革出发，当企业将创新激励制度专项化、指标化后，便会对个人产生激励和约束的作用，促使个人产生创新行为；个人的创新行为促使公司层面做出革新，在制度上表现为创新激励制度由变量转换为常量，从而让公司的激励创新水平上升到一个新台阶。至此，完成一个创新过程。

2．以个人激励为核心的创新激励层次

以个体为最内层级，向外发散分别是公司层级、创新激励制度层级，以及公司制度层级。当公司在制度上做出改变，将创新激励制度作为专项制度，从而激励公司层面做出反应，实施激励行为，当个人受到激励时，就会反馈为实践创新行为。反过来，创新行为会逆向从个人层面开始，分别反馈于公司层面、创新激励制度层面以及公司制度层面，最后实现公司创新激励模式的专项化。

3．公司整体性创新激励层次

在公司整体层面，公司整体的创新发展模式，是靠鼓励和促进公司制度的变革而形成的，而制度的创新与变革来源于公司制度对于公司成员即个人的约束和补偿。在补偿方面，是公司系统激励制度的建立，如股权激励、薪酬激励、培训激励、愿景激励等；在约束方面，具体表现在对公司治理结构和机制的变革，如从公司制度上规范和制约员工行为。

1) 创新激励系统模式

通过对员工个人的补偿和约束，公司组织结构和管理体系会相应发生变革(即制度的正向改革或创新)，如将层级化公司变为扁平化公司，更有利于创新和激励的实施等。因此，公司和个人之间的创新行为的循环互动，得到建立在个人行为、公司内部行为和公司整体行为之上的创新激励系统模式。图8-7为公司整体发展与体制、个人关系模型。

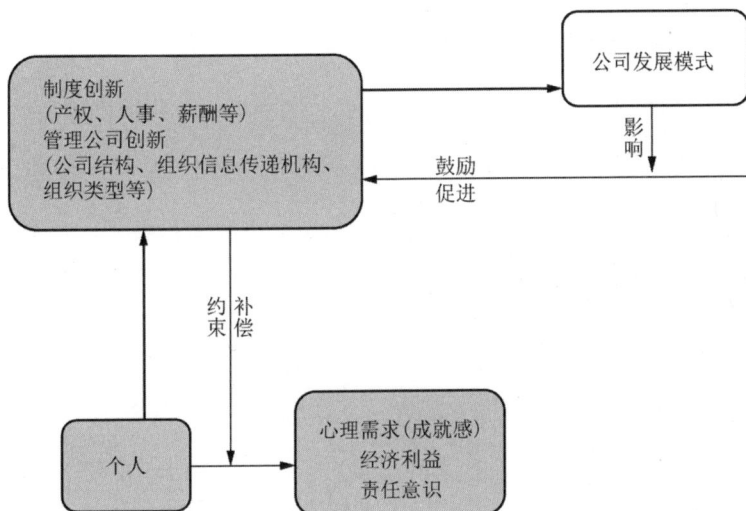

图8-7　公司整体发展与体制、个人关系模型

2) 经过约束与补偿的个人模式

在同时经过约束与补偿个人层面，其各种层面的需求(如经济上的、成就感上的需求)更容易得到满足，因而能够更好地进行创新活动。图8-8为制度约束与补偿对于个人影响模型。

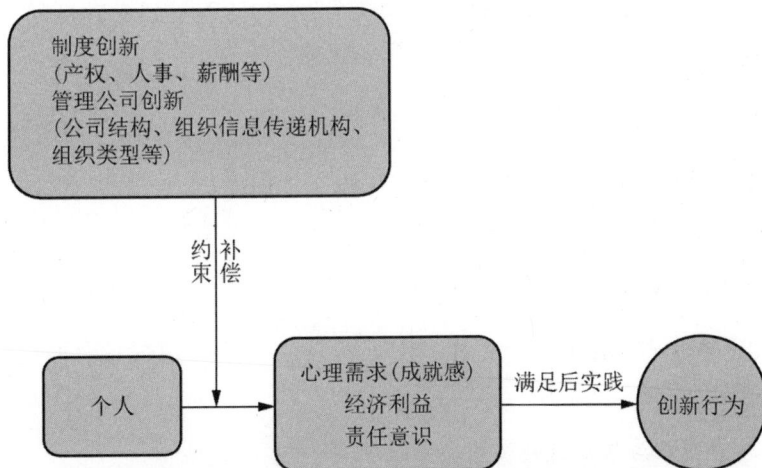

图8-8　制度约束与补偿对于个人影响模型

3) 个人板块与公司板块间的关系

个人板块是整个系统的推动力和起点，而公司板块则是创新反应和保障机制建立的终点。个人板块推动公司板块运动，在公司板块上，将创新激励机制专项制度化和指标化，以确保创新激励的效果和系统性，从而又反馈于个人板块推动创新行为，在公司和个人层面进行创新激励的循环。

通过该模板，我们将得到具有创新激励特色的企业经营管理制度。该模型比较符合中国广告行业目前的管理实践，是中国广告公司的经营管理实践带来的一个新的视角和一次有益的尝试。

二、激励机制在广告公司中的重要性

广告公司的业务性质更需要采用一些切实可行的激励机制，营造良好的团队和留住人才。

1. 广告公司超强的竞争压力需要激励机制予以引导

广告公司不仅对员工的业务能力和素质要求很高，更有来自客户、商家、创意、市场各方面的压力，使得广告公司中的员工面临着比其他性质公司的员工更大的竞争压力，而只有在良性的竞争压力下，才能很好地激发员工的积极性和创造性，这就需要激励机制予以正确引导。

2. 团队合作需要激励机制营造融洽氛围

任何一个广告公司都是一个团队，无论是客户洽接、市场调研，还是策划创意提案、全程实施效果监控，每一个环节都是全体员工上下通力合作完成的。连奥格威都曾说在广告公司中没有孤身英雄。在最讲究沟通的广告公司需要正确运用激励机制营造融洽的氛围，这样才能让公司员工同舟共济，激发出更多的创新灵感。

3. 专业性服务行业对人才的依赖需要运用激励机制"留人"

作为专业性很强的商业服务公司，广告公司销售的不是看得见摸得着的实物，而是抽象的创意，具有专业知识与技能的复合型人才对广告公司的生存和发展是第一重要的，如何培养人才、留住人才成了广告公司管理的重要课题。只有建立良好的激励机制，才能使公司人才辈出，使员工不断成长，并使人才对公司产生归属感。

三、激励机制在广告公司中运用的缺憾

在企业实践过程中，大多数的广告公司对于激励机制在认识上和具体操作上都存在着很多误区。

(一)广告公司对于激励机制的认识误区

管理是一门艺术，对于激励机制，很多管理者会存在理解误区，下面将从两个方面阐述存在的问题。

1. 很多广告公司认为激励就是奖励

很多广告公司都简单地认为激励就是奖励，因此在设计公司的激励机制时，往往只片面

地考虑正面的奖励措施，轻视或者不考虑约束和惩罚措施。

从字面意思上看，激励有激发、鼓励、诱导、驱使之意，但在管理科学中，激励不等同于简单的奖励，约束和惩罚措施的共同施用，才能达到良好的效果。

2. 很多广告公司认为只要建立激励机制就能达到激励效果

有一些广告公司在建立了激励机制后并未实施，或者实施以后发现，员工不但没有受到激励，努力水平反而下降了。这是因为没有系统科学的评估标准与之相配合，而最终导致了实施过程中出现了"平均主义"，打击了贡献较大的员工的积极性，使之对公司产生负面情绪，抑制和削减了员工的努力程度。片面地认为只要建立激励机制就能取得效果的认识是错误的，科学系统而灵活变通的激励机制和强大的执行力相结合才能取得预期效果。

(二)广告公司对于激励机制的操作误区

在实际运用激励机制进行管理的过程中，也存在着很多问题。

1. 激励机制的实施缺乏科学性和系统性

很多广告公司对员工的激励并没有进行科学和长远的规划，具有很大的随意性和临时性。以致曾出现某广告公司为激励员工，想出让业绩好的员工坐高椅，业绩差的员工坐矮椅的"奇招"，招致员工非议的"突发奇想"事件。

2. 目前企业比较重视物质激励而轻视精神激励

许多广告公司在实施激励措施时，并没有对员工的需求进行认真地分析，对公司所有员工都采用同样的激励手段："工资+奖金"即最为简单和单一的物质激励模式。实际上，人的需求不是一成不变的，不同人的需求更有很大的差异。不考虑人的个体差异，不考虑人所处不同阶段的心理变化，采用简单划一的激励方式只能事倍功半。

(三)完善激励机制

目前绝大多数广告企业的激励机制以物质奖励为主，并且以各种薪酬形式包括奖金、津贴等最为常见。进行激励的对象也较多，比如在项目制作中合理地降低了成本、减少了工作时间、创意部的成果得到甲方的高度认同、广告成果得到奖项等。但是对于出现差错给公司造成损失的问题(如可以避免的工期拖延、可以避免的耗材的浪费与损失导致成本的上升等)则没有相应的约束机制，有奖无惩的机制仍然会削弱激励的效果。

在激励机制的实施中缺乏公平、公正、公开性。很多广告公司的激励机制流于形式，甚至出现了部分下级员工作出贡献却只给上级员工奖励和晋升的现象。激励机制的公正性有待加强。

四、在广告公司中运用激励机制的建议

针对广告公司管理中运用激励机制的误区，建议从以下两个方面着手建设。

1. 重视精神激励在激励机制中的地位

美国学者赫茨伯格在他的专著中，提出了"双因素理论"，他认为物质的满足只能促进员

工从"不满意"到"一般"的转变，而不能抵达"满意"。而丰富工作内容，提供获得成就感、认同感，承担责任和更有挑战性的工作机会等更高层面的精神激励才是员工从"一般"转向"满意"的动力。可见，精神激励在激励机制运用中的必要性和重要性。

在精神激励的运用中，广告公司应该针对员工的"三高"特点，运用深入人心的企业文化激发他们的满足感、荣誉感和责任心；建立良好的培训制度为员工搭建个人发展的平台；以平等的态度尊重员工，在他们有困难的时候予以支持，在他们有差错的时候加以鼓励，在他们有建议的时候认真倾听；在情感上充分地肯定员工，上下级之间除了分工差异没有优越感和特殊感，给他们创造一个宽容、团结、温暖的良好氛围；营造包括人际关系、学术空气、敬业精神等精神氛围，培育良好的风气和周边氛围，做好环境激励；最后要树立员工正确的人生价值观和团结协作的组织价值观，挖掘员工内在动力，鼓励他们为了实现自身价值而满怀激情地投入到工作中去。

2. 建立奖惩分明的公司物质激励机制

物质激励是激励机制的基础，是满足员工基本需求的重要激励手段，公司应该建立完善的物质激励机制。完善的物质激励机制不但包括正向激励，还包括负激励，最常见的形式是罚款。公司应该做到物质激励和处罚相结合，奖罚分明。对那些违反公司管理制度、工作中给公司造成损失者，必须给予罚款处理，这也是建立激励机制的一项重要内容。需要说明的是，做到奖罚分明的关键在于建立和实施科学而相对公正的工作绩效评价体系和方法。

本章小结

本章内容包括广告公司的人力资源管理、激励理论和广告公司激励机制等几个部分。重点讲解了激励理论，其中可以细分为内容型、过程型、强化型和综合型四大理论类型；激励理论的几种实践模式，其中包括物质激励、工作激励、目标激励、典型激励和组织文化激励；企业中激励机制的内容，包括物质激励机制和精神激励机制两大方面；整体激励计划和培养雇员的献身精神的培养。

思考题

1. 在组织整体激励计划中，利益分享计划和收益分享计划有何区别？
2. 激励机制在广告公司中有什么样的重要性？
3. 人力资源管理在广告公司中有什么样的地位和作用？

实训课堂

激励理论的实践应用

项目背景

激励理论是一套系统、科学的理论体系，此项目需要学生站在员工的角度体会自身或家人、朋友在生活中经历的"被激励"事件，通过实例的阐述，可以强化学生对激励理论的深入理解。

项目要求

激励理论的实践应用具有五种模式，列举生活中、社会工作实践中的实例加以说明。要求以ppt的形式进行阐述。

项目分析

激励在广告公司的管理中是一项非常重要的内容。通过激励管理，可以使管理层了解员工的各种需要、调动员工的积极性。激励理论加以正确实践可以充分发挥员工的智力效应，使公司具有活力。

第九章

广告法律法规

学习要点及目标

- 通过本章学习，使同学们树立牢固的法律、法规意识。
- 通过本章学习，认识广告法律、法规对广告工作流程的制约作用。
- 通过本章学习，使学生了解广告工作流程中应该注意和避免发生的问题。

本章导读

广告法律法规体系是调整广告主、广告经营者、广告发布者共同参与的广告活动的有关法律、法规、规章的总称。广告是市场行为，在我国社会主义市场经济条件下，广告法律法规体系可以保证广告传播活动有序地开展，使广告业沿着健康的轨道运行。除了广告法律、法规，社会监督和行业自律也是监督广告传播的重要方法。

09

引导案例

"兰贵人"化妆品违法广告案

1996年8月，《广州日报》、《南方周末》等报纸纷纷发布了南京中美圣大保健品公司的"兰贵人牛奶面容嫩白露"的大幅或整版广告。该广告冠以《兰贵人"牛奶面容嫩白露"——走红广州！！！》的消息。连日来，广州各大百货商店出现了众多顾客争相购买兰贵人"牛奶面容嫩白露"的销售热潮。

一位来自番禺的卢杨华小姐听朋友介绍说，最近市面上新出了一种纯天然化妆品兰贵人"牛奶面容嫩白露"，效果很好，可使面容自然嫩白。卢小姐特意从番禺坐车赶到广州百货商场购买，没想到化妆品柜台前人山人海，水泄不通，争购兰贵人"牛奶面容嫩白露"的顾客个个挤得汗流浃背，她好不容易从下午两点等到晚上六点才买到一套。据商店营业员介绍，每天直到商场打烊，许多没有买到的顾客还等候在柜台前迟迟不肯离去……兰贵人"牛奶面容嫩白露"为何风靡广州，深受消费者青睐？

配合上述内容，报纸还配发了"众多消费者争购的场面"照片。广告中还以"雀斑不见了"、"黑痣不黑了"、"粉刺没有了"为题，分别使用了四位使用者使用该化妆品前后的照片和本人自述等。广告最后由美容专家介绍该化妆品的"科学奥妙"。

该广告的发布，引起广告监督管理机关的关注。经过调查，广州市工商行政管理局认为该广告含有下列违法内容：

一、广告报道失真，虚拟卢小姐的购买情节，不切实际的描述等；

二、广告引用兰贵人"牛奶面容嫩白露"秘方来自慈禧墓的资料，未有出处；

三、广告有宣扬迷信等不良文化之嫌；

四、广告极力夸大产品的效用；

五、广告利用张某某等四人的对比照片及证言，违禁使用他人名义保证化妆品效用。综上，该广告违反了《中华人民共和国广告法》第三条、第四条、第七条、第十条和第十九条规定。据此，广州工商局在先行暂停该广告发布后，依法对代理、发布该广告的有关当事人给予没收广告费用、罚款的行政处罚。

点评：

兰贵人"牛奶面容嫩白露"违法广告案是《广告法》施行后一则比较典型、情节严重的广告违法案件。

兰贵人"牛奶面容嫩白露"是卫生部批准的祛斑类特殊用途化妆品，企业及其产品都具有合法的资格。生产企业和经销商本应科学运用广告战略来开辟和巩固市场，如向消费者介绍产品功能，依法进行广告活动。遗憾的是生产企业及其经销商为了扩大销售，竟不顾事实，随意编造，愚弄和欺骗消费者。实际上，该广告除了发布了当地广告监督管理机关认定的违法表现外，还有其他违法之处。

(资料来源：张龙德. 广告法规案例教程[M]. 上海：上海大学出版社，2001，P168～169)

第一节　广告管理法规概论

背景资料

改革开放以来，我国社会主义广告业恢复和发展很快，是知识密集、人才密集、技术密集的新兴产业。但是，在迅速发展的过程中，不可避免地出现了一些消极现象和不健康因素，如果不予重视，通过行政、法律以及其他手段进行管理，就会成为我国广告业进一步发展的严重障碍。

广告管理是国家发展广告业的方针、政策得以落实的具体措施和手段，只有通过广告管理和立法，才可能抑制各种消极现象和不利因素，排除障碍，推动广告业沿着健康的轨道运行，使工商企业和广告经营企业的合法经营得到保护，在抵制不正当经营、促进合理竞争、推动经济发展等方面产生积极作用。

一、广告管理法规体系

管理是一种社会现象，是协作劳动的产物，是人们运用适当的方法，对人类生产劳动活动所进行的计划、组织和协调。广告管理是对广告活动的控制、监督和协调，是广告不同层次的组织机构，对广告活动的控制、监督，协调和服务。

1. 微观管理

微观管理指从企业的经营立场出发，为配合企业整体营销计划，对广告活动进行的分析、决策、协调、控制等一系列活动的总和。

2．宏观管理

宏观管理指国家、社会和广告业依据有关法规、政策对广告活动的全过程进行监督、检查、控制和指导的活动。这里主要介绍从宏观角度对广告活动进行的管理。

3．广告管理体系组成

广告管理法规体系是庞大、复杂而又相对独立的法律体系，主要有如下一些法律、法规。

(1) 调整广告法律关系的基本法：《中华人民共和国广告法》。

(2) 调整广告法律关系的主要法规：《广告管理条例》、《广告管理条例实施细则》。

(3) 调整广告法律关系的相关法规：《消费者权益保护法》、《产品质量法》、《反不正当竞争法》、《经济合同法》、《商标法》等。

这些法律、法规所要调整的社会关系包括：广告经营单位在建立过程中发生的社会关系；广告主和广告经营者之间发生的社会关系；广告主、广告经营者和广告发布者之间的关系；广告行政管理过程中发生的社会关系。

二、广告法规的特点

广告法规是国家广告管理机构进行广告管理的依据，是我国政治、法律制度的一个组成部分。它具有以下特点。

1．利益性

不同的法规是为不同的社会制度服务的。资本主义制度下的广告法规是为资产阶级利益服务的，在社会主义条件下，广告法规是为社会主义制度服务的。

2．概括性

广告法规所制约的对象是抽象的、一般的，具有高度的概括性，不是针对具体的人、单位或事情而提出的行为准则。我国广告法规的约束对象是我国所有广告活动主体，因此，所有从事广告活动的人都要遵循广告法规。

3．规范性

任何法律都具有规范性，但广告法规的规范性更为具体，它明白无误地告诉广告人可以做什么，不可以做什么。它是指引和评估人们广告行为的标准。

4．强制性

强制性是法律必须体现出来的一个特点，广告法规也不例外，它是国家对广告业实行强制管理的一种手段，也是进行广告活动的人必须遵守的行为准则，具有普遍的约束力。

5．稳定性

广告法规同其他法律一样具有稳定性的特点。广告法规是国家对广告业在一段较长时间内进行管理的法则，只有当情况发生重大变化时，国家才按一定程序修改法规。

6. 预测性

由于广告法规对广告活动中的行为规范进行了明确规定，从而为人们的行为提供了可靠的依据，进而为人们提供了估量自己或他人行为是否合法的一把尺子，因此，它具有可预测性的特点。

三、广告法规管理的职能

广告法规管理的职能体现在以下三个方面。

(一)保障广告行业的良性运作和发展

广告法规管理的首要职能就是引导广告行业进行规范运作，满足行业发展需求，保障行业良性发展。

1. 保障广告行业的运作与发展

广告成为独立产业后，其自身的逐利性和对于大众媒体的运用使之给社会带来很多严重问题，出于行业制度的需要，广告管理应运而生。换言之，广告管理的目的即是为了保障广告行业的良性运作和发展，这也是其首要的职能。

2. 经济发展的需要

在一定时期内，国家根据国民经济和社会发展的总体需要，制定广告产业的发展规划、发展目标、发展重点和规模布局等。

3. 对广告行业的引导作用

通过政府的规制行为，广告管理引导广告产业向整个国民经济和社会发展相适应的方向发展，以保证整个广告行业的良性运作与健康成长。

(二)促进广告市场规范化运作

广告法规管理职能之一即促进广告市场规范化，为监管者执法提供依据，促进行业规范化发展。

1. 监管者

作为广告市场的监管者，政府必须对广告市场的运作进行规制，明确市场各个主体间的关系，规范其市场行为，促进广告市场的规范化运作。

2. 规范广告市场的依据

作为我国政府进行广告行业规制依据之一的《广告法》，就对广告市场中的广告主、广告经营者、广告发布者的权利和义务作了详细的规定，以便规范其市场行为，规范广告市场运作。

09

(三)防范与解决市场运作外部的问题

市场运作外部的问题，主要是指在广告及其广告活动对于广告行业外部所导致的问题，尤其是指广告及广告活动对于文化、社会习俗等所产生的消极影响。广告管理的一个重要职能就是要对这种可能产生的消极影响在市场规制过程中进行防范，并且对于已经产生的问题采取措施进行解决。

四、广告法规管理的内容

根据广告的分类，可以划分出不同类型的广告，对它们的管理便构成广告法规管理的内容。

1．对广告主的管理

广告主既是出费刊播广告者，又是广告内容的决策者，是广告的责任主体。对广告主的管理主要体现在两个方面。

第一，规定广告主的宣传内容必须在其民事权利范围、经营范围或国家许可的范围之内。

第二，规定广告主有提供主体资格证明和证明广告内容真实、合法、客观的证件及其他有特别规定的产品广告证明的义务。

2．对广告经营者及其行为的管理

对广告经营者的管理包括：必须依法核准登记，取得《广告经营许可证》，才能从事广告经营活动；必须符合相应的资质条件，才能从事特定的广告经营；必须在核准的范围内进行广告经营；必须按规章建立各项工作制度，如广告承接记录、广告审查、广告合同、广告档案、财务规定等，并遵照执行；必须服从工商行政管理部门的监督、检查，按要求配合年检、填报经营报表、服从工作检查等执法活动。

3．对广告内容的管理

广告内容有双重含义，一是指广告所要传播的信息；二是指信息附着的表现形式，如语言文字、影像照片、音乐音响等。

对广告内容要求：广告要传播的信息必须真实、客观；发出广告信息的主体资格及信息本身必须合法；必须维护国家利益和社会公德；必须维护消费者的利益；广告信息的传达必须清晰、明白，不得误导受众，更不能欺骗消费者；必须体现公平竞争，不得贬低他人；特殊产品，如药品、烟酒、农药等，必须遵循国家规定的特定标准进行广告宣传。

4．对广告费的管理

对广告费的管理，主要是采取广告收费价格备案的办法，即收费标准由经营者自定，报工商行政机关和物价管理机关备案。另外，广告业务代理的费用标准，也是由国家工商行政管理机关会同国家物价管理部门制定。

案例9-1

违法广告案例

案例一：哈药集团三精黑河药业有限公司生产的"明目蒺藜丸"，其功能主治为清热散风，明目退翳，用于上焦火盛引起的暴发火眼、云蒙障翳、羞明多眵、眼边赤烂、红肿痛痒、迎风流泪。该药品广告却宣称"分解排除玻璃体晶状体的混浊物，使晶状体清澈透明有弹性，溶解眼部血栓，疏通眼部血管，降低眼压，消除睫状肌痉挛，治疗各种眼病"等。

点评：广告中任意扩大食品药品监督管理部门批准的功能主治范围，含有不科学地表示功效的断言和保证，并利用患者名义为产品功效作证明，严重欺骗和误导消费者。

案例二：上海纳百川教育发展有限公司在报纸上发布一则题为"上海2010世博紧缺人才订单招生"的广告，并宣称"上海机场集团、东方航空"等企业为"定向就业单位"。

点评：实际上该公司并未获得2010上海世博会组织机构的授权，广告中的"定向就业单位"也与实际情况不符。

案例三：北京盛世巨慧文化传播有限公司在本市销售"毛主席珍邮大全套"收藏品，并在报纸媒体发布广告宣称"国家邮政部门倾其力量，最后只能完整发行1100套"、"要么就是第一、要么就是绝版"等无事实依据的内容。

点评：广告中所谓"经国家邮政局批准"、"国家邮政部门发行"的表述均与实际情况不符。

案例四：上海同盛营销策划有限公司为其销售的商品房进行广告宣传，声称"可零首付"。

点评：广告中并未同时标明"零首付"的条件，即需要购房者以原有的房屋申请抵押贷款，另外可申请抵押的房屋还有时间上的限制，由于未在涉案广告中明示重要信息，使不少消费者产生误解。

(资料来源：结核病治疗网，http://www.bjjsyk.com/viewnews-4891/)

第二节　广告行业自律

背景资料

2008年在北京召开的中国广告协会第五次会员代表大会审议通过了《中国广告行业自律规则》，禁止制作虚假和误导性广告，禁止以商业贿赂、诋毁他人声誉和其他不正当手段达成交易。

中国广告协会自1994年以来，先后颁布了《中国广告协会自律规则》等一系列自律性文件，为维护广告行业秩序和促进广告业健康发展起到了积极作用。但是，随着我国广告市场的日益活跃，原有规范已不适应新形势的要求。

新出台的《中国广告行业自律规则》规定了广告制作、发布时应遵守的一般原则和限制性要求，禁止制作虚假和误导性广告，提出广告应当尊重他人的知识产权，尊重妇女和有利于儿童身心健康，尊重良好道德传统。

新的自律规则对于广告行为也进行了规定和限制，禁止以商业贿赂、诋毁他人声誉和其他不正当手段达成交易，禁止以不正当的广告投放为手段干扰媒体节目、栏目等内容的安排。

对于涉嫌违反行业自律规则的广告内容和行为，新的自律规则明确，任何单位和个人都可以向中国广告协会及地方各级广告协会投诉和举报；经查证后，将采取自律劝诫、通报批评、取消会员资格等自律措施，直至报请政府有关部门处理。

一、广告行业自律的特点

广告行业自律是由广告从业者成立的民间的行业团体组织，通过行业章程、准则、规范等形式进行自我约束、自我管理。运用自律方法管理广告业，对于提高广告行业自身的服务水平，维护广告活动秩序，有着不可替代的作用，进行广告业自律，能有效地防止广告主滥用广告，加强广告主和广告公司、广告媒体对消费者的责任；规定对消费者进行广告的伦理准则、广告主间的伦理准则和广告代理业及媒体业的伦理准则，避免因不正当的竞争手段而造成的经济损失和信誉损失。

广告行业规范和行业自律作为广告从业人员遵循的规则和制度，主要有以下特点。

1. 自愿性

行业自律，是广告活动主体自愿进行的行为，不需要强制。这种广告组织的规章制度，不像法律、法令那样权威，不需要政府权力来执行。在自愿的基础上，在遵守行业道德和职业道德的前提下，广告组织及广告人自觉地要求自己。即广告行业自律靠的是信念和舆论的谴责。

2. 广泛性

比起广告法规来，广告自律规范的范围更加广泛。不少法规没有顾及的广告活动内容，广告自律规范却可以进行约束。这就是说，广告自律规范比较具体细致。

3. 灵活性

法律的制定由全国最高权力机构全国人民代表大会及其常委会来进行，法规、政策的制定由政府部门进行，而广告自律规范只是由自由参加的行业组织来制定。随着形势的变化，自律规范还可以不断进行修正。

4. 道德性

广告行业的自律不但要求行业组织成员遵守法律、法规，而且要求他们不能违背道德，也就是说，在法律、法规约束不到的地方，广告行业自律还用伦理道德来约束自己，因此，广告行业自律从根本上讲是一种道德要求，它要求行业组织的成员自觉地遵守广告的职业道德。

二、广告行业自律的意义

在我国，随着社会主义市场经济体制的建立，广告业如何适应市场经济的需要，沿着正确的轨道健康发展，成为繁荣有中国特色社会主义广告事业的一个重大问题。因此，在我国广告业推行行业自律，意义尤为深远。

1．加强政府对广告业的管理

可以协助政府对广告业实施有效的管理，并根据行业实际情况和特点，研究行业的政策、法规，提供行业规划的信息与服务。

2．有助于行业合作与交流

有利于开展行业内的业务合作和技术交流，提高从业人员素质，提高广告业务水平和经营管理水平。

3．有利于国内外广告业务交流

有利于我国广告业开展对外联络，协调会员间的工作，统一对外口径，加强国内外广告业务、技术与信息交流，以求广告行业的共同发展。

总之，加强广告行业自律，对于减少和杜绝虚假广告、非法经营，克服行业不正之风，提高行业整体素质，发展我国现代广告事业，将发挥巨大作用。

三、我国广告行业自律

广告行业发展到一定程度，为维护行业的良性发展和共同利益，急需行业自律，广告业成立的行业组织都为行业自律提供了一定的保障。

1．由中国广告协会组织实施

由中国广告协会对全国广告从业者进行指导、协调、咨询和服务，协助政府进行行业管理。

2．全国性广告行业自律管理组织系统

其所属各专业委员会和地区性广告协会，形成了全国性广告行业自律管理组织系统。

1991年，中国广告协会制定了《广告行业自律规则》。

1994年，中国广告协会制定了《中国广告协会自律规则》。

1997年，中国广告协会制定了《广告宣传精神文明和自律规则》。

1999年，中国广告协会制定了《广告行业公平竞争自律守则》。

3．广告行业自定规则

在广告行业内部，许多广告主、广告经营者和广告发布者根据自身的特点，分别制定了各自的自律规则，成为其进行自律的依据。

广告行业自律作为一种现实的需要，是广告监督管理工作的必要补充。在增强广告业的社会责任感、抵制不正当竞争、促进广告业的健康发展上，行业自律起到了重要作用。但我国广告业自律还存在很多问题，如广告自律组织数量不多、规模不大、制度不健全、自律意识不强等。

四、我国广告行业自律的内容与形式

我国广告行业自律的内容主要包括以下几个方面。

1．承诺遵纪守法

行业自律规则要把承诺遵纪守法放在第一位，在法律的指导和约束下实行行业自律。一般来说，行业自律规则应该比法律的规定更加严格和具体，否则就失去了行业自律的意义。

2．承诺广告真实可信

广告经营者应明确承诺"广告的内容要真实、准确"，如实反映商品性能，不以任何形式误导消费者。

3．承诺广告要遵守公认的道德准则

思想性是广告的灵魂，广告的表现形式和广告的内容要积极、健康，要遵守广告法规的规定和社会公认的道德准则。

4．行业成员之间互相监督

行业成员之间要互相监督，如果发现有违反自律规则的行为，要有处罚机制，否则行业自律就会流于形式，形同一纸空文。

5．行业成员之间交流经验

行业成员之间还应该互相交流经验，目的是使中国广告业的整体素质不断提高，赶上世界先进水平。

我国广告行业自律包括三种形式：建立行业协会、制定自律章程、进行行业指导及其自检互检并公开承诺。

小贴士

欺骗性广告的表现

1．承诺虚假。在广告中所做出的承诺，实际上实现不了。如有些药品或滋补品广告标榜能防治癌症，但缺少足够证据证明具有这种效能。

2．令人误解。对产品的性能、质量等描述或比喻无法在实际生活中证实，如"好如钻石"、"真正的文物复制品"等。

3．片面告知。不完整地传递商品的性能或成分信息，片面进行告知。如突出某小轿车行驶多少公里不用汽油，却隐瞒了需要进行长时间充电的事实。

4．设置陷阱。通过广告把顾客引诱到商店、饭店、美容店等，实际上却进行另外的服务或销售。如某美容店的广告说理发可以优惠，但进店后却必须再接受其他服务。

5．利用错觉。在广告中利用视觉效果美化商品，使广告表现的商品优于现实中的商品。如电视广告宣传降价出售小汽车，在屏幕上显示出豪华型，但实际减价出售的只是普通型小汽车；把普通的一块牛排放在一个很小的碟子上，形成反差，给消费者造成巨大牛排的错觉等。

五、我国广告相关的法律、法规

我国广告相关的法律、法规有国家级的，也有地方和行业的，下面列出其中的三十六项。

- 中华人民共和国商标法
- 国家计量局关于出具计量器具商品广告证明的暂行规定
- 财政部、国家工商行政管理局关于企业广告费用开支问题的若干规定
- 国家工商行政管理局关于烟酒广告和代理国内广告业务收取手续费问题的通知
- 国家工商行政管理局、文化部、教育部、卫生部关于文化、教育、卫生、社会广告管理的通知
- 国家工商行政管理局、广播电视部、文化部关于报纸、书刊、电台、电视台经营、刊播广告有关问题的通知
- 国家工商行政管理局、财政部关于对赞助广告加强管理的几项规定
- 国务院办公厅关于加强广告宣传管理的通知
- 国家工商行政管理局关于外国广告企业设立常驻代表机构批准权限的通知
- 国家工商行政管理局关于经济特区广告宣传的几点意见
- 国家工商行政管理局、国家体育运动委员会关于加强体育广告管理的暂行规定
- 2005年全国药品、医疗器械、保健食品广告审查管理工作检查内容
- 卫生部、国家工商行政管理局、广播电影电视部、新闻出版署关于进一步加强药品广告宣传管理的通知
- 上海市药品广告申请书
- 中国广告协会章程
- 中国对外经济贸易广告协会章程
- 中国广告学会章程
- 广告管理条例
- 广告管理条例施行细则
- 广告基本准则
- 广告宣传精神文明自律规则
- 广告活动道德规范
- 轻工业部关于加强对轻工产品广告宣传管理的通知
- 药品广告管理办法
- 药品广告审批表
- 关于开展药品、医疗器械、保健食品广告审查管理工作检查的通知
- 店堂广告管理暂行办法
- 房地产广告发布暂行规定
- 关于报社、期刊社和出版社刊登、经营广告的几项规定
- 关于加强融资广告管理的通知
- 关于举办来华经济技术展览会等经营广告审批办法的通知
- 关于设立外商投资广告企业的若干规定

09

- 关于受理违法广告举报工作的规定
- 广告服务管理暂行办法
- 广告经营者、发布者资质标准及经营范围用语规范
- 广告经营资格检查办法

拓展知识

中国与美国关于广告真实性规定的区别

我国对广告的真实性做了如下的规定。

广告应当真实、合法，符合社会主义精神文明建设的要求。

广告不得含有虚假的内容，不得欺骗和误导消费者。

广告内容必须真实、健康、清晰、明白，不得以任何形式欺骗和误导公众。

应该说，这些法规条文的表述，还是有缺陷的。其重要表征就是笼统、抽象，对于广告怎样是真实，怎样是虚假，没有更具体更细微的描述，因此在实际的管理运作中，有时缺少遵从的依据。

美国联邦最高法院对广告的真实性做了如下的规定。

作为广告，它不仅每段叙述文字都应是真实的，而且作为一个整体，广告也不应给人以误解的印象。

广告不得模糊或掩盖事实真相。

广告不得巧妙地设法使读者对辞藻的真实含义和对一项保证的实际内容发生忽视和误解。

广告不得设置圈套来诱导人们的购买行为。

相比之下，美国对广告真实性的规定，比中国要具体一些。

第三节　广告公司工作流程的法律问题

如何使公司的广告工作流程达到理想的效果，又不至于违法侵权，成为企业非常关心的一个问题，下面就广告的内容、合同的履行和避免广告纠纷三个方面例举工作流程中容易出现的问题。

一、广告的内容不能违法

无论何种类型的广告，其内容都不能涉及违法的情况，为了广告业的规范化发展，广告公司要熟悉各种相关的法律、法规条款，避免触及相关法律法规。

1. 不能违反法律的禁止性规定

如广告中不得使用我国的国旗、国徽、国歌，不准利用国家机关、国家机关工作人员的

名义来做广告等。

2．不能妨碍社会公共秩序和违背社会良好风尚

广告中不能含有淫秽、迷信、恐怖、暴力、丑恶的内容。如某地曾在户外设立了一醒目的关于方便面的广告，广告的画面是一个半裸的女人泡在浴盆里，上面的广告词为"泡"的就是你，因含有淫秽的内容而被当地有关部门责令取消。

3．不能有损害未成年人和残疾人的身心健康的内容

如现在香港的电视台播放的Sunday的广告，用肥胖的人做健身，然后瘦身，说明Sunday的产品可以减少很多费用。这则广告受到香港某些人的批评，认为有歧视肥胖人的倾向。

4．不能有贬低其他竞争对手的商品或服务的内容

如农夫山泉的广告及某厂生产的洗衣粉为了说明自己的洗衣粉好而做的对比实验，均有贬低同行的嫌疑，而招致纠纷产生。另外，虚假杜撰、夸大、失实的广告也很多，可把它归纳为第五类违法广告。如巩俐的盖中盖口服液广告就有夸大失实内容而引致纠纷。

二、合同履行中的法律风险

广告服务涉及内容广泛，在履行合同中要注意合同具有的法律意识，尤其是发生纠纷时要依法解决问题。

(一)广告合同的定性

广告服务涉及面广，对象复杂，加之广告的多元化、现代化和高科技化等，广告合同缺乏具体的衡量标准，从而使现实的广告服务与广告受益者之间所期待的广告效益相去甚远，极易引起广告合同的履行纠纷。当发生纠纷时，广告合同的定性、法律的适用无疑对案件的处理结果是至关重要的。

(二)广告案件纠纷的定性和法律、法规

我国合同法只就广告制作合同归类于承揽合同，其他的情形则未作明确规定。然而，对案件纠纷的定性是确定法律关系的前提，是正确适用相应的法律、法规的基础。对司法实践中出现的各种各样的广告纠纷案件的定性和法律、法规的适用有如下情形。

1．广告制作合同纠纷

符合承揽合同的构成要件，广告制作已纳入承揽合同调整的范畴，对该类纠纷案件定性为承揽合同纠纷，适用承揽合同的相关规定。

2．租赁广告牌位合同纠纷

对于租赁广告牌位合同纠纷的案件，尽管法律对广告租赁合同未有明示，但符合租赁合同的构成要件，对这类纠纷案件定性为租赁合同纠纷，适用租赁合同的相关规定。

3．广告发布合同纠纷

对于广告发布合同纠纷案件，符合委托合同的构成要件，对这类案件定性为委托合同纠纷。

案例9-2

某广告公司与某房地产公司广告发布合同纠纷案

原告：某广告公司

被告：某房地产公司

2000年4月1日，原被告双方就被告租用原告广告位发布广告事宜签订合同书。合同约定：广告形式为三角形电脑喷绘射灯广告牌，广告租期自2000年4月18日至2002年4月18日，以亮灯日正式起租；原告负责办理广告发布的有关报批手续，制作画面及安装一次，提供用电并承担广告发布所需的电费，负责广告的维修、维护；被告负责提供资料给原告制作画面并保证广告内容不违法；被告应在两年内分八期付款，每期租金人民币182 500元，第一期应于合同签订之日支付；第二期应于2000年7月23日前支付，以后每季度支付一期，以上费用已包括广告发布费、租金、维修费、画面制作费；被告有权在第一年广告期满两个月之前，书面知会原告要求停止第二年广告刊出，此合约第二年的广告方可终止；单方不得毁约，如一方违约，由违约方按合同未履行部分的30%支付违约金，如因违约给对方造成损失应支付相应的赔偿金；如被告逾期付款，原告每日按5%收取滞纳金，如逾期一个月未付款，视被告违约，原告有权解除合同，被告须支付违约金及赔偿由此造成广告位空置的经济损失。

合同签订后，被告依约支付了第一期租金人民币182 500元(租期自4月14日至7月13日)。广告牌于2000年4月14日正式亮灯启用。2000年7月14日，被告向原告发函，要求合同由第二季度开始延至2001年5月继续履行。原告收函后没有答复。2000年8月7日，被告再次向原告发函，明确提出中止广告发布。8月10日，原告复函被告，表示对被告暂停广告刊出的要求不能接受。此后，双方就广告停刊时间及违约金数额等问题多次协商，但终未能达成一致意见。

2000年10月23日、11月21日、12月5日，原告三次向被告发函，要求被告接函后三日内即付租金，否则解除合同。但被告一直未付。原告遂于2000年12月19日向法院起诉，请求判令解除原告、被告签订的合同，被告支付广告租金人民币273 750元(自7月23日计至起诉时止)、滞纳金人民币1369元、违约金人民币228 124元(按合同第一年未履行部分的30%计算)。

法院受理后，原告才停止原广告的发布。

(资料来源：110法律咨询，http://www.110.com/ziliao/article-140054.html)

4．广告的制作和发布合同纠纷

对于既有广告的制作又有广告的发布的合同纠纷的案件，要根据此类合同在制作阶段还是在发布阶段发生的纠纷来确定案件的性质。

5．既有广告的制作、发布，又有广告牌位租赁的纠纷

对于既有广告的制作、发布，又有广告牌位租赁的这类合同，很难判定其性质为某类有名合同，要根据实务中价值的取向来确定。即根据这类合同在哪个阶段发生的纠纷按相应发生阶段法律所调整的范围来适用法律。

如纠纷发生在广告制作阶段，则适用承揽合同处理；如发生在广告发布(不含制作附随义

务)阶段，则适用委托合同；发生在广告牌位的租赁阶段，则适用租赁合同。

(三)广告合同履行过程中常见的法律风险

随着人们法律意识的增强，很多公司已经重视合同的签订，并会邀请律师参与，这很重要。虽然说很多合同法律风险是在合同签订时留下的隐患，但大多数合同法律风险都是在合同履行过程中发生的，或者演变为显性法律风险。

1．广告合同不能履行的风险

这里除了不可抗力外，主要存在于企业请明星做形象代言人。在正常情况下，一般不会有什么问题，但当明星因某种原因导致个人形象大幅下降时，仍继续使用这样的明星形象无疑只能给企业带来负面作用。由于对于这类事件，企业在签订合同时都没有预防措施或解决条款，一旦出现这种情况，只能自食其果。

2．广告程序违法导致的法律风险

按照《广告法》的规定，企业委托设计、制作、发布广告，应当委托具有合法经营资格的广告经营者、广告发布者。企业利用广播、电视、报纸等媒介发布广告，应由其专门从事广告业务的机构办理，并依法办理兼营广告的登记。

3．广告图像侵权的法律风险

个别企业在利益驱动下，未经许可擅自使用他人肖像或美术作品做广告，结果导致侵权。

4．虚假广告的法律风险

所谓虚假广告，即广告的内容与实际情况明显不符。主要表现在：对商品的性能、产地、用途、质量、价格、生产者、有效期及服务的内容、形式、质量、价格与实际不符；广告中使用的数据、统计资料、调查结果、文摘、引用语言不真实；广告不能实事求是地传递商品或服务的信息，如有的广告所宣传的商品或者服务根本就不存在，有的商品未取得专利权但在广告中谎称取得专利权等。虚假广告一旦败露，只能对企业的形象塑造起到相反效果，并且由广告主承担民事责任。

三、避免广告纠纷

要避免广告引发纠纷，主要应注意以下几点。

1．合同

在广告活动中应当与广告经营者、广告发布者签订书面合同，明确约定各方的权利和义务。

2．资格审查

要审查广告经营者、广告发布者是否有合法经营广告的资格。

3．资格的合法性核实

应具有真实、合法、有效的证明文件：营业执照以及其他生产、经营资格的证明文件；质量检验机构对广告中有关商品质量内容出具的证明文件；确认广告真实性的其他证明文件。

4. 肖像、名义的合法性

使用他人名义、形象的，应当事先取得他人的书面同意；使用无民事行为能力人、限制民事行为能力人的名义、形象的，应当事先取得其监护人的书面同意。如"美媛春"口服液的广告画面使用了某画家的"泉"的油画，却未征得画家的同意，后引致法律纠纷。

5. 内容合法

广告的内容要符合《广告法》规定的有关内容。

小贴士

广告合同样本 1

广告合同

甲　　方: _____　电话: _____　传真: _____
媒体名称: _____
地　　址: _____　电子信箱: _____

乙方(广告主/乙方): _____　电话: _____　传真: _____
地　　址: _____　电子信箱: _____

版面位置: _____　　颜　色: _____
规　　格: _____　　样稿提供: _____
发布日期: _____　　发布期次: _____
单　　价: _____　　总　　价: _____
付款日期: _____　　付款方式: _____

备注提示: 请仔细阅读合同条款并在完全理解其含义后签字、盖章。

甲　方: (盖章)　　　　　　　　乙　方: (盖章)
代表人: 　　　　　　　　　　　代表人:
日　期: 　　　　　　　　　　　日　期:

合同条款

第一条　证明文件的提交

　　乙方在发布广告之前，须在甲方指定的期限内向甲方提交包括但不限于下列证明文件，并对其提交的证明文件的合法性、真实性负责: (1)营业执照副本复印件; (2)经营许可证书(适用于法律规定的酒类、食品、化妆品、医疗器械、药品等特殊行业); (3)其他有关法律事实的证明文件。

第二条 广告样稿的确认和修改

1. 乙方应对其自行或委托他人设计、制作的广告样稿,以盖章或授权代表人的签字予以确认。

2. 甲方有权对不符合法律法规、国家政策规定的广告内容,予以删改或拒绝发布。

3. 乙方欲修改已向甲方提交并经甲方认可的广告样稿时,其修改必须符合以下要求:(1)修改的请求必须在广告发布五日前以书面形式向甲方提出;(2)修改后的广告样稿必须在广告发布五日前向甲方提交。

第三条 责任的承担

1. 由于乙方提供的广告内容及相关证明文件不符合法律规定,致使广告不能发布或不能按时发布的,由乙方自行承担一切损失。

2. 由于乙方提供虚假的、非法的广告内容所引起的一切法律后果,均由乙方自行承担。

3. 由于甲方工作失误造成广告刊误,应负责对错误部分更正一次;由于乙方原因造成广告刊误,乙方自行承担责任。

第四条 合同的变更和终止

1. 合同双方对合同的变更或终止,应以书面形式进行确认。

2. 未经双方协商一致,任何一方不得擅自变更和终止本合同,否则构成违约。

第五条 违约责任

合同一方或双方当事人不履行或不完全履行合同任一条款均构成违约行为,违约方应赔偿对方因此而导致的损失,并向对方支付合同价款总额10%的违约金。

第六条 免责条款

1. 因地震、火灾、水灾、叛乱、爆炸、罢工、运输中断、政府禁令、媒体等非甲方所能控制的原因致使广告不能发布或不能按合同约定发布,甲方免予承担违约责任。

2. 在上述影响合同履行的原因消除后,甲方应在三日内以书面形式通知乙方;如需提交有关部门证明文件的,甲方应在合理期限内向乙方提交有关证明文件。

第七条 其他

本合同一式二份,具有同等的法律效力,自双方代表人签字、盖章之日起生效。

小贴士

广告合同样本2

奥美广告合约

代理公司:上海奥美广告公司北京分公司(甲方)

广告客户:×××(乙方)

根据《中华人民共和国经济合同法》、《中华人民共和国广告法》及有关规定,甲乙双方本着诚实信用、平等互利的原则，经协商一致，订立本合同。

双方确认：甲方担任乙方在中国境内的独家广告代理。

一、甲方将向乙方提供下列广告及其他的行销传播代理服务按双方商定的时限完成广告及广告相关的服务：

(1) 提供营销策略与整合传播策略方面的咨询及建议。

(2) 提供年度广告活动的策划、创意和执行。

(3) 各种媒体计划的分析拟定、购买与媒体执行日程的控制、监看。

(4) 媒体实施效率评估及媒体情报的提供。

(5) 日常书面作业：

a) 会议记录；

b) 竞争动态季报及年报；

c) 固定作业会议；

d) 广告效果评估分析季报与年报。

二、具体行销传播服务

(1) 各种整合行销传播行动(直销行销、促销、公关等)的策划、创意和执行。

(2) 品牌识别系统的建立。

(3) 各种市场调研的咨询及支持服务。

(4) 小册子、标签、包装或各类平面及立体辅助销售制作物的设计。

三、收费标准

1. 广告及广告相关服务的收费

1) 媒体费用

媒体净价(即甲方支付媒体成本价)加上净价乘以17.65%的服务费向乙方收费(亦即乙方支付总额的12%)。该项服务费主要是支付业务及媒体人员的计划及执行的成本。

2) 制作费收取内容

乙方同意甲方所提出的广告创意，决定开始执行以后，所发生的费用即称作制作费。

a) 制作相关的外付费用(例如：打字费、摄影费、影片制作费、喷修费……)皆加上17.65%的服务费。甲方将评估并选择最合适的制作公司或供应商，并付起监督与保证质量的责任。

b) 创意人员之时间成本，包括创意奇想、文案撰写、美术设计、计算机设计、完稿等，每小时RMB1000元。

c) 电报、电话、交通、住宿等杂费，制作前由甲方开列"估计单"，由乙方签署后，开始执行，待执行完毕，直接开列发票向乙方收取实际发生净费用。10%的金额变动，是属容许范围。

3) 印刷费用

印刷厂净价加上17.65%的监督费向乙方收取。

除以上所列费用外，本合同广告及广告相关服务条款中所列的其他服务项目不再向乙方收费。

2．其他行销传播服务的收费

甲方将根据专业人员的估计工作小时数或依照双方同意的金额提出估价单，在征得乙方大致同意后，按估价单向乙方收取。所有外付成本另加17.65%服务费。

四、付款

1．付款条件

甲方向乙方收取费用，以媒体计划和估价单为依据。媒体计划和估价单应征得乙方指定的代表书面同意，货运费用除外。经乙方签字认可的媒体计划和估价单是双方结算的最终凭证，任何一方均不得单方变更。

所有媒体费用之收取，乙方应支付30天以内之期票或现金(例如：八月广告费，9月30日以前付款)。但如遇媒体要求预付款或支付现金时，则乙方亦应预付款项或支付现金。

2．甲乙双方发生的任何费用均以人民币进行计算。

3．税务

因甲方提供乙方国家认可的发票而引起的国家规定的有关税项及费用。由甲方向乙方收取的服务费用和额外付成本费用(不包括媒介费用)产生的税款8.69%(营业税5.43%及文化事业建设费3.26%)，由乙方承担。

4．请款作业

甲方一律开具奥美之发票，并附上请款细目。在每月15日之前送达上月之发票及必要的凭证，任何乙方之对价目之质疑，甲方有义务接受必要的查询。

五、赔偿

甲方为乙方策划、制作的广告及有关活动，经乙方书面确认后方可实施，未经乙方确认而实施的行为由甲方承担责任，并赔偿乙方因此受到的一切损失。经乙方确认后实施的活动，若乙方提出变更或终止，所产生的损失由乙方负责。若甲方或甲方委托之第三方未依乙方确认的内容执行，则由甲方负担责任，并对乙方进行补救及补偿。

甲乙双方在履行本合同中，都必须遵守《中华人民共和国广告法》及其他有关规定，乙方不得要求甲方在为乙方提供服务时做出违反法律规定的行为。如乙方有上述行为，甲方有义务依据有关法规向乙方提出必要建议，并可拒绝执行。因甲方没有尽到此义务而产生的纠纷由甲方负责。

甲方对于其发想的创作概念(意念、文本及图像)，尤其是广告作品必须保证没有侵犯他人的合法权益，并符合国家法律规定。如因此而产生的纠纷由甲方承担责任，并赔偿乙方因此而受到的损失。

六、保密

由乙方或代表乙方之人提供给甲方并向甲方明示应加以保守机密之资料及技术等信息，甲方将遵守下列规定，如有违反致乙方受到损害，乙方有权要求甲方赔偿。

1．除非甲方认为有充分理由及执行本商品之广告所需并获得乙方书面同意外，不得对任何第三方泄露前述资料及技术等信息。

2．双方合约终止时，应即将前述资料及技术等信息归还乙方并从合约终止日起一年内，未经乙方书面许可，甲方不得以任何方式将该信息向第三方泄露，也不能利用该信息进行任何商业活动。

七、使用权

1. 由甲方为乙方创作的概念(意念、文本及图像)所有权归甲方，只要乙方能根据事先认可的估价单支付费用，甲方将赋予乙方独家、无限制及无限界地使用其创作概念的权利。

2. 任何由甲方在执行代理乙方所获得之版权使用权，在乙方全数支付甲方之发票后自动转移至乙方，甲方必须保证乙方没有侵犯他人知识产权，若因此产生的一切纠纷由甲方承担全部责任。

3. 由甲方聘请之第三者，例如摄影师、插图画家、模特儿、演讲者、歌手，乙方可事前就估计费用及确保法律保障方面在区域空间或时间上限制该使用权。

八、合同有效期

本合同任何一方解除合同，应提前90天书面通知对方。

九、违约责任

本合同接受中华人民共和国法律的制约，在合同有效期内，任一方违反约定则视为违约，应承担以下违约责任：

1. 停止违约行为；

2. 经对方要求继续履行合同；

3. 赔偿对方因此而受到的全部直接及间接损失，赔偿金额由受损失一方提出，经双方共同确定的公证人评估后协商解决。

十、终止

经双方协商同意可终止本合同，任何一方严重违反合同规定，另一方认为无履行合同之必要时，可单方终止本合同。甲方将于终止期限内收取所有电台及电视广告费用，如终止期后之刊物广告之载稿期限仍在此期间内，有关刊物广告费用亦同时收取。

当合同终止及有关账目付清后，甲方将交回乙方所有创作物料，包括初稿设计、画稿、制版、录像/录音带、软片等，而甲方亦会将所有当时之媒介合约移交新广告代理商。

十一、本合同在履行中发生纠纷，双方应协商解决，协商不成，任一方提起诉讼。

十二、本合同未尽事宜，双方应协商解决，并另行签订合同。

十三、本合同经双方签字盖章后，于1999年 月 日起生效。

甲方：上海奥美广告公司　　　　　　　　　　乙方：×××

签字：　　　　　　　　　　　　　　　　　　签字：

日期：　　　　　　　　　　　　　　　　　　日期：

本章小结

广告法律法规是我国社会主义市场经济法律体系的重要组成部分，其对规范市场经济中最活跃的因素之一的广告业具有至关重要的作用。本章从广告法规管理、广告行业自律及其他相关法律等几个方面向大家展示了广告法律制度，并针对广告公司工作流程中容易出现的法律问题给予了一定的建议。

思考题

1．找出两个身边的违法广告并指出在广告中违背了哪些广告法条例。
2．消费者有哪些基本权益？

实训课堂

违法广告案例收集

项目背景

《中华人民共和国广告法》是我国对于广告内容、形式等方面做出的最为全面、细致的规定的法律，对广告公司的工作流程起到了一定的法律制约作用。只有充分了解了相关内容，广告公司的业务工作才能得以顺利开展。

项目要求

在详细了解《中华人民共和国广告法》的基础上收集社会中的违法广告，范围包括电视广告、报纸广告、杂志广告、灯箱广告。学生每3人一组，将收集的资料以ppt的形式加以阐述。

项目分析

作为监管广告市场的广告法，对广告市场的运作进行了详细规制，学生在收集时，需要详细参照广告法条例，还需对目标广告有比较深入的了解。

附录　世界经典广告词欣赏

世界经典广告词见附表。

附表　世界经典广告词欣赏

序 号	品牌/产品	广 告 词
1	麦斯威尔咖啡	Good to the last drop．滴滴香浓，意犹未尽
2	雪碧	Obey your thirst．服从你的渴望
3	索尼影碟机	The new digital era．数码新时代
4	理光复印机	We lead. Others copy．我们领先，他人仿效
5	佳能打印机	Impossible made possible．使不可能变为可能
6	雀巢冰激凌	Take time to indulge．尽情享受吧
7	凌志轿车	The relentless pursuit of perfection． 不懈追求完美
8	丰田汽车	Poetry in motion, dancing close to me． 动态的诗，向我舞近
9	万宝路香烟	Come to where the flavor is. Marlboro Country. 光临风韵之境——万宝路世界
10	轩尼诗酒	To me, the past is black and white, but the future is always color. 对我而言，过去平淡无奇；而未来，却是绚烂缤纷
11	耐克运动鞋	Just do it. 只管去做
12	百事流行鞋	Ask for more. 渴望无限
13	雀巢咖啡	The taste is great. 味道好极了
14	三星电子	Feel the new space. 感受新境界
15	摩托罗拉手机	Intelligence everywhere.智慧演绎，无处不在
16	百事可乐	The choice of a new generation.新一代的选择
17	三菱电工	We integrate, you communicate.我们集大成，您超越自我
18	东芝电子	Take TOSHIBA, take the world. 拥有东芝，拥有世界
19	飞利浦电子	Let's make things better.让我们做得更好
20	IBM公司	No business too small, no problem too big. 没有不做的小生意，没有解决不了的大问题
21	M&M巧克力M&Ms	M&Ms melt in your mouth, not in your hand. 只溶在口，不溶在手
22	斯沃奇手表Swatch	Time is what you make of it. 天长地久

序 号	品牌/产品	广 告 词
23	爱立信Ericssion	Make you heard. 理解就是沟通
24	飘柔Rejoice	Start ahead. 成功之路，从头开始
25	可口可乐Coca-Cola	Things go better with Coca-Cola. 饮可口可乐，万事如意
26	诺基亚Nokia	Connecting People. 科技以人为本
27	第比尔斯De Bierres	A diamond lasts forever. 钻石恒久远，一颗永流传
28	雷达牌驱虫剂RADAR	Mosquito Bye、 Bye、 Bye. 蚊子杀杀杀
29	柯达相纸/胶卷Kodak	A Kodak Moment. 就在柯达一刻

（资料来源：威客.猪八戒网，http://www.zhubajie.com/task/index.php?mod=tasks&com=tl&tid=84821&page）

参 考 文 献

[1]　何海明. 广告公司的经营与管理[M]. 北京：中国物价出版社，1997.

[2]　陈俊良. 广告媒体的选择依据[M]. 北京：中国物价出版社，1998.

[3]　[美]加里德斯勒. 人力资源管理(第六版)[M]. 北京：中国人民大学出版社，1999.

[4]　张龙德. 广告法规案例教程[M]. 上海：上海大学出版社，2001.

[5]　文武文. 方法：国际著名广告公司操作工具[M]. 北京：线装书局，2003.

[6]　张金海. 广告经营与管理[M]. 北京：高等教育出版社，2006.

[7]　何佳讯. 广告案例教程[M]. 上海：复旦大学出版社，2006.

[8]　[美]达尔. 超越广告策划[M]. 北京：机械工业出版社，2006.

[9]　丁俊杰. 现代广告通论[M]. 北京：中国传媒大学出版社，2007.

[10]　季靖. 广告心理学[M]. 杭州：浙江大学出版社，2007.

[11]　李名亮. 广告传播学引论[M]. 上海：上海财经大学出版社. 2007.

[12]　陈培爱. 中外广告史教程[M]. 北京：中央广播电视大学出版社，2007.

[13]　刘洋. 广告策划与设计[M]. 重庆：重庆大学出版社，2007.

[14]　王宏. 广告公司规范化管理操作范本[M]. 北京：人民邮电出版社，2007.

[15]　黄合水. 广告心理学[M]. 北京：高等教育出版社，2008.

[16]　朱海松. 国际4A广告公司媒介策划基础[M]. 北京：中国市场出版社，2009.

[17]　崔晓文. 广告学概论[M]. 北京：清华大学出版社，2009.

读 者 回 执 卡

QING HUA WEN YUAN
清源

欢迎您立即填妥回函

您好！感谢您购买本书，请您抽出宝贵的时间填写这份回执卡，并将此页剪下寄回我公司读者服务部。我们会在以后的工作中充分考虑您的意见和建议，并将您的信息加入公司的客户档案中，以便向您提供全程的一体化服务。您享有的权益：

★ 免费获得我公司的新书资料；　　　　　　★ 免费参加我公司组织的技术交流会及讲座；
★ 寻求解答阅读中遇到的问题；　　　　　　★ 可参加不定期的促销活动，免费获取赠品；

读者基本资料

姓　　名＿＿＿＿＿＿＿＿＿　性　别□男　□女　年　龄＿＿＿＿＿＿＿＿
电　　话＿＿＿＿＿＿＿＿＿　职　业＿＿＿＿＿＿　文化程度＿＿＿＿＿＿
E-mail＿＿＿＿＿＿＿＿＿　邮　编＿＿＿＿＿＿＿＿＿＿＿＿＿＿＿
通讯地址＿＿＿＿＿＿＿＿＿＿＿＿＿＿＿＿＿＿＿＿＿＿＿＿＿＿＿＿

请在您认可处打✓（6至10题可多选）

1、您购买的图书名称是什么：＿＿＿＿＿＿＿＿＿＿＿＿＿＿＿＿＿＿＿＿＿＿＿＿＿＿
2、您在何处购买的此书：＿＿＿＿＿＿＿＿＿＿＿＿＿＿＿＿＿＿＿＿＿＿＿＿＿＿＿＿

3、您对电脑的掌握程度：	□不懂	□基本掌握	□熟练应用	□精通某一领域
4、您学习此书的主要目的是：	□工作需要	□个人爱好	□获得证书	
5、您希望通过学习达到何种程度：	□基本掌握	□熟练应用	□专业水平	
6、您想学习的其他电脑知识有：	□电脑入门	□操作系统	□办公软件	□多媒体设计
	□编程知识	□图像设计	□网页设计	□互联网知识
7、影响您购买图书的因素：	□书名	□作者	□出版机构	□印刷、装帧质量
	□内容简介	□网络宣传	□图书定价	□书店宣传
	□封面，插图及版式	□知名作家（学者）的推荐或书评		□其他
8、您比较喜欢哪些形式的学习方式：	□看图书	□上网学习	□用教学光盘	□参加培训班
9、您可以接受的图书的价格是：	□ 20 元以内	□ 30 元以内	□ 50 元以内	□ 100 元以内
10、您从何处获知本公司产品信息：	□报纸、杂志	□广播、电视	□同事或朋友推荐	□网站
11、您对本书的满意度：	□很满意	□较满意	□一般	□不满意

12、您对我们的建议：＿＿＿＿＿＿＿＿＿＿＿＿＿＿＿＿＿＿＿＿＿＿＿＿＿＿＿＿＿

请剪下本页填写清楚，放入信封寄回，谢谢！

1 0 0 0 8 4

贴　邮
票　处

北京100084—157信箱

读者服务部　　　　　　　收

邮政编码：□□□□□□

技术支持与资源下载：http://www.tup.com.cn   http://www.wenyuan.com.cn

读 者 服 务 邮 箱：service@wenyuan.com.cn

邮 购 电 话：(010)62791865   (010)62791863   (010)62792097-220

组 稿 编 辑：章忆文

投 稿 电 话：(010)62770604

投 稿 邮 箱：bjyiwen@263.net